煙花與戎馬，
南北朝的紛亂歲月

從拓跋崛起到河陰之變

南北朝橫跨一百七十年，是亂世走向盛世的過渡階段，
一位太后勵精圖治、一位太后敗壞朝政，北魏怎麼了？
亂倫、嗜殺、殘暴，劉宋的王朝代代頻出變態皇帝？

張程 著

漢化政策｜六鎮之亂｜南梁北伐｜河陰屠殺
這個以動亂分裂著稱的時代，是中國史最躁動最迷茫的輕狂歲月！

U0075337

目錄

前言　重溫年少叛逆的中國 …………………………………… 005

主角是這樣煉成的 ……………………………………………… 009

拓跋燾的赫赫武功 ……………………………………………… 021

最後一個史官：崔浩 …………………………………………… 033

成也太后：千古一后馮太后 …………………………………… 043

到洛陽去，到漢人的地方去！ ……………………………… 053

誰阻擋漢化就讓誰滅亡 ………………………………………… 065

草根做皇帝 ……………………………………………………… 075

君臣關係永遠是個大難題 ……………………………………… 085

元嘉之治，不過如此 …………………………………………… 095

戰場有風險，北伐需謹慎 ……………………………………… 107

劉家的精神病史：精神病開始發作 ………………………… 119

劉家的精神病史：一個都不正常 …………………………… 129

劉家的精神病史：沒有最變態，只有更變態 ……………… 139

七夕夜弑君 ……………………………………………………… 151

劉宋王朝的背水一戰 …………………………… 161

蕭子良謀位：書呆子鬥不過實幹家 …………… 173

蕭鸞篡位：爺爺奪了孫子的皇位 ……………… 183

變態皇帝代代有，南朝特別多 ………………… 193

蕭衍防衛過當，當上了皇帝 …………………… 205

盛極而衰，北魏也不能倖免 …………………… 219

南北方又打起來了！ …………………………… 231

戰場無贏家，大家都收手吧！ ………………… 241

亡也太后：胡作非為胡太后 …………………… 251

北魏社會分裂了 ………………………………… 261

六鎮起義：大動亂中的小人物 ………………… 269

河陰之變：大屠殺是如何釀成的？ …………… 281

河陰之變：大屠殺如何善後？ ………………… 291

前言
重溫年少叛逆的中國

如果可以將中國古代歷史看做一個人的一生，那麼南北朝時光就像極了他的青春期。

當散布在長江黃河等地的文明之火，孕育出完備的國家形態後，中國就如呱呱落地的嬰兒，開始塗抹自己的歷史長卷。經過夏商周、春秋戰國的嬰兒期和大秦、兩漢的孩童期，中國在三世紀（東漢末年）邁入了青春期。正如每個自然人都要經歷青春期的迷茫、躁動，才能走出種種不確定，從一個少年成長為青年，中國在從三世紀初到六世紀後期的三百多年裡，經歷了反覆的分裂混亂和南北征伐，迎來了隋唐時期的輝煌。而南北朝（西元四二〇年到五八九年）是這段歷史青春期的高潮，散發著濃郁的叛逆氣息。

南北朝的一百七十年間，中國從南北對峙、北方分裂走向大一統的盛世，期間難以確數的皇冠落地、權貴身首異處，華麗的鮮血橫飛；烽火硝煙起了又散，散了又起，多少生靈塗炭；幾代人篳路藍縷，走向希望和危險並存的未知地域。北方游牧民族跳下馬匹，來到黃河岸邊置地耕耘，中原漢族百姓則攜家帶眷，深入長江以南的蠻荒之地，繼續世外桃源般的夢想。那是普羅大眾的夢想，讀書人的夢想是實現個人價值、繼而國泰民安，而最高統治者們一直沒有放棄天下一統的追求。美好的夢想，是亂世中最耀眼的光彩，雖然一再遭致殘酷現實的打擊，卻支撐

了當時無數人的人生，讓他們能夠衝出動亂，挺立在嚴冬之中，並且穿透千年塵埃，閃耀到了今日。

　　如今，南北朝以分裂動亂而著稱。青春期以躁動和叛逆而著稱。兩者有共通之處，都是一個「亂」字，思想觀念沒有成形，各種思潮在腦海中交雜攪動；感覺體內充滿力量，卻不知道如何運用這股力量；不斷地吸收外界新資訊，還不知道如何內化為自己所有。也因為如此，青春期看似迷亂，卻是人生必不可少的成長期，亂中孕育著成熟的種子。歷史學界對南北朝的評價，也是分裂中孕育著統一，在破壞的同時穩步建設。

　　南北朝是一個民族大融合的時代。西晉末年，天下大亂，匈奴、鮮卑、羯、氐、羌等民族紛紛湧入中原地區。各民族間相互碰撞，激烈征伐，有矛盾，有戰爭，個別時候甚至表現為殘酷的屠戮，但各民族之間更有相互欣賞和學習。漢族農夫覺得游牧民族的服裝更實用，少數民族的乳酪、胡餅美味可口。少數民族也逐漸意識到漢族的政治制度能滿足統治需求，首領們則喜歡上漢族政治制度集權和專制的特點——它們能夠滿足少數民族統治者的權力欲。入駐中原長久了後，漢族的農耕傳統、詩詞歌賦也進入了少數民族的血液。北魏孝文帝拓跋宏的遷都漢化，就是這個潮流的表現。他的漢化是全面的、徹底的、激進的改革，堪稱中國歷史上的偉大事件。如今，顯赫一時的匈奴、鮮卑等民族已經淹沒在歷史長河中了，看似無跡可尋，但卻是如今中華民族身上流淌的基因之一。

　　南北朝是一個在社會結構上「試錯」的時期。世襲門閥在南北朝穩固發展，大家族壟斷了政權、霸占肥田良產，政治保障經濟，並且公權力世襲化，傳子及孫。出身打倒一切，將能力、品德、功績等踩在腳下。世族

子弟不勞而獲，富貴一生，寒族人家終日奔波勞累，還要為生計發愁。中國社會的等級開始固化，凍結了社會流動性。南北朝的門閥制度表面上登峰造極，卻不可避免地走上了下坡路。清要顯貴的官職都被世族子弟占據著，但實職實權漸漸流入寒族子弟的手中。後期，出身卑微的人才越來越能夠憑藉自身努力飛黃騰達。世族門閥的勢力在事實上削弱了，這個制度遭到多數人的反對。到了隋唐時期，科舉制建立，公開選才取代了門閥世襲。科舉制是中國歷史的一大發明，可算是在南北朝門閥制度「試錯」之後的創舉，保障了中國社會的流動性和公平公正。

南北朝還是一個各種思潮激烈碰撞的時期 —— 正如思想沒有定型的叛逆少年都要經歷迷茫徘徊和辨偽存真的青春期一樣。南北朝在中國思想史上承前啟後，舉足輕重。

竹林七賢的癲狂不羈，可以解讀為對自由的追求、對權威的藐視和反抗，何嘗不是暴露了那一代中國知識菁英對自身、對世界、對兩者關係認知的迷茫與徘徊。南北朝時代，兩晉時期的玄學思潮歸於沉寂。講求報應和避世的佛學思想大放異彩。佛教飛速發展，大批佛經被翻譯介紹到中國，佛學廣泛滲透到政治、經濟、社會、民俗及文化各個方面。後世蔚為壯觀的北方佛像石刻和隱現在江南煙雨中的「南朝四百八十寺」，就是這個時期佛教大興的例證。儒學好比中國這個少年郎之前的主導思想，如今面臨嚴峻挑戰 —— 正如每個青少年的思想在青春期都會遭遇危機一樣。儒家思想在南北朝接納了玄學、佛學等的養分，儒生們也虛心與僧侶等交遊，適應了時局的變化，繼續保持了主導思想地位。土生土長的道教則繼續發展，組織更加嚴密，道規教儀更為完備。儒、釋、道三者共同主導中國文化和中國人思想觀念的格局開始形成。不同的人、個人的不同階段，都能從三者中找到思想的養分乃至歸宿。

　　具體反映到文化上，亂世和盛世一樣，為文化創作提供了豐富素材。南北朝既有「羽檄起邊亭，烽火入咸陽」（〈代出自薊北門行〉）的混亂，讓文人們「對案不能食，拔劍擊柱長嘆息」（〈擬行路難〉其六），也有「池塘生春草，園柳變鳴禽」（〈登池上樓〉）的清麗靈動，還有「野曠沙岸淨，天高秋月明」（〈初去郡〉）的闊寥恬靜。

　　駢文統治著南北朝的文壇。南朝的謝靈運、謝朓出身世族豪門，作品傳誦一時，世稱「大小謝」；詩人鮑照出身寒微，作品往往抒發憤世嫉俗的情懷。南方的吳歌越曲明麗柔婉，北方則稍遜風騷。但北方有「風吹草低見牛羊」的敕勒民歌。北方民歌質樸剛健，情意真切，同時不乏其他類型的作品，如北魏酈道元的《水經注》、楊衒之的《洛陽伽藍記》，北齊顏之推的《顏氏家訓》。最有成就的還是由南入北的作家庾信。庾信的〈哀江南賦〉糅合了跌宕劇變的時代背景和坎坷曲折的個人際遇，融合了南方成熟精緻的文學技巧和北方剛健爽朗的精神，集南北文學之大成。南北朝的文壇，為迎接唐朝文學的成熟和繁榮，做好了充分的準備。

　　長大後的我們時常還會回顧青春期，尋找我們性格、觀念等成形的路徑，思考我們一些言行的成因。我們翻閱歷史的目的，也是古為今用，讓歷史關照現實。我們重新閱讀南北朝這段歷史，可以更全面地了解中國社會、文化成形的脈絡，理清中國歷史的發展。如果讀者能從本書中得到若干現實的影子——那就是在南北朝種下的中國社會和文化的種子開出來的鮮花。

　　翻過這一頁吧，去看看中國是如何走過懵懂和躁動、迷茫和動盪，成長為成熟溫潤的青年！

張程

主角是這樣煉成的

一

談到南北朝，首先要了解一下主角拓跋部落。

拓跋部和魏晉時期建立五個燕國的主角慕容部一樣，都屬於鮮卑族，都發源於東北地區。和慕容鮮卑的「少年得志」不同，拓跋鮮卑在歷史上長期是一個「跑龍套的」，直到南北朝時才熬出頭做了主角。

拓跋鮮卑作為中國古老的民族，可能發源於現在東北嫩江流域和大興安嶺附近地區，後來南遷。拓跋部的遷徙，不是漸進的鬆散的遷徙，而是所有部落人民集體性的徹底遷走，因此事後難以確定他們最初的居住地。等拓跋部發達後，《魏書》上說他們祖上發源於「大鮮卑山」，在山上鑿有石室作為祖宗之廟。北魏太武帝拓跋燾還曾派人去祖宗發源地祭祀，《魏書》抄錄了祭祀的祝文。後人對拓跋部的發源地始終有爭論，直到一九八〇年在今內蒙古呼倫貝爾盟鄂倫春旗大興安嶺北段巔峰東麓的嘎仙洞內發現了石刻銘文，與《魏書》所記載的祭祀祖宗之廟的祝文完全相同，這才證明嘎仙洞就是拓跋部落的祖宗之廟。而大鮮卑山就是現在的大興安嶺了。當時，拓跋部處於原始的氏族部落階段，沒有明顯的階級分化和組織形式。

南方溫潤的氣候和豐饒的物產，對遠處大興安嶺的拓跋部落具有極大的吸引力。恰好在東漢時期，占據蒙古高原的北匈奴被東漢打敗西遷，空出了一大片無主的土地。拓跋部趁機向南、向西遷移，逐步占領、消化了原來匈奴人的領地。到東漢桓、靈二帝的時候，拓跋部已經生活在現在的遼河西部地區，開始了游牧生活。此後，他們沿著陰山山

脈繼續向西南遷徙，進入到內蒙古南部地區。

隨著越來越靠近中原地區，拓跋部開始進入傳統史書的視野。不過他們僅僅被當做可有可無的配角，出現在朝貢表演和邊地逸聞之中。拓跋部的人有一個特殊的習俗，喜歡剃掉頭頂的部分頭髮，再把周邊的頭髮編成小辮子垂下來，所以他們被東漢稱為「索頭鮮卑」。

拓跋部的游牧生活過得很富足，部族人口不斷增長（其中也吸收了部分匈奴殘部）。他們保留著氏族社會的特點，加上不斷遷徙向未知的前方，內部凝聚力特別強。到了三國時期，拓跋部出現了一個傑出的領袖，叫做拓跋力微。他擔任大酋長時，帶著部落大規模南下，最後遷居到盛樂（今內蒙古和林格爾）一帶。力微施行強權統治，部落中有首領不服從號令或者僅僅是沒有按時參加部落集會就會受到嚴刑懲罰。這從反面證明，當時的拓跋部已經逐漸告別氏族社會，大酋長廢除了民主推舉而變為世襲，部落開始出現政權的雛形。不過，力微還沒有組建明確的政權形式，更沒有編練固定的軍隊，還是有事的時候就召集部落，沒事的時候聽任部落四散游牧。

力微先是臣服於三國中的曹魏，後來又是西晉的藩屬。拓跋部和中原王朝展開了積極的交往，用北方的皮毛、牲畜交換中原的糧食、布匹和金銀。魏晉為了籠絡拓跋部，不時給予豐厚的賞賜。拓跋部落的力量進一步增強。力微還派兒子沙漠汗去洛陽當「質了」（人質），結果沙漠汗嚴重漢化，幾十年後返回草原時儼然是一個漢族貴族的做派了。拓跋貴族們接受不了沙漠汗，又擔心力微將位子傳給他，就設下埋伏將沙漠汗暗殺了。

據說力微活了一百多歲。北魏建國後，追諡他為「神元皇帝」，廟號「始祖」。

這應該是一個民族在童年時期編造的神話。拓跋鮮卑類似的神話還有他們在遷徙過程中經歷的「九難八阻」，以及如何在上天的幫助下戰勝諸多困難等等。神話迭出，恰恰說明了一個民族還沒有發展成熟。

力微死後，拓跋部出現了短暫的動盪，最後力微的孫子拓跋猗盧重新統一了拓跋部落。猗盧很有祖父的風格，並且將祖父的強權統治發揚光大。他屠殺了任何膽敢挑戰自己權威的部落貴族和百姓，進一步打破了部落內部的民主傳統，把權力都集中在自己手中。當時，中原大亂，強大的拓跋部自然成了北方各派爭取和利用的對象。猗盧支持的是西晉的殘餘勢力，和劉琨勢力一起四處出擊。由於劉琨出面爭取，西晉在愍帝建興三年（西元三一五年）封猗盧為代王。拓跋部落第一次有了明確的政權名稱和形式。猗盧也徹底從一個部落聯盟的大酋長變成了割據勢力的君主。

猗盧死後，拓跋部又經歷了短暫的動盪，直到東晉咸康四年（三三八年）猗盧的姪孫拓跋什翼犍成為新一任代王。

什翼犍根據史書的描繪，天生就是君王像。他「生而奇偉，寬仁大度，喜怒不形於色。身長八尺，隆準龍顏，立髮委地，臥則乳垂至席」。如果什翼犍真長成這樣，的確不是「凡人」。什翼犍的經歷也很傳奇。他從小被當做「質子」前往後趙，居住在趙都襄國（今河北定縣）多年，漢化比較深。什翼犍學會了不少漢族的政治話語和手腕，比凶悍的同胞們更懂得收買人心。比如他有一次在作戰中被射瞎了一隻眼睛。後來抓住了射箭的敵人，大臣們提議將射箭的人活活割死。什翼犍說：「各為其主，何罪之有？」於是將其釋放了。

在政治上，什翼犍對拓跋部落的貢獻是里程碑式的。如果說爺爺猗盧為拓跋鮮卑描繪了政權的藍圖，那麼孫子什翼犍則實現了這個藍圖。他設官分職，頒布法律，制定國家機構，正式建立了代國。拓跋人建國過程中，漢族人幫了大忙。什翼犍以漢人燕鳳為長史、許謙為郎中令，幫助自己建立法制。經過一番作為後，拓跋部勢力大長，統治區域東到現在的遼寧，西到甘肅一帶，南距陰山，北盡沙漠，面積幾百萬平方公里。拓跋部的軍隊有多少呢？史書說什翼犍「帶甲四十萬」。這就過於誇張了。如果什翼犍真的有四十萬軍隊，早就可以爭奪天下了。比較可信的是，這四十萬人可能是拓跋部能夠動員的所有青壯年的總數。那時候，部落有事，青壯年都得跨馬橫刀出征，在一定程度上大家都算是軍人。

什翼犍還想走得更遠，讓部落定居下來。他計劃在盛樂等地築造城池。可是，以他母親為代表的貴族們反對定居。他們的理由是，一旦定居下來就可能遭到敵人的包圍，到時候連迴旋的餘地都沒有了，還不如游牧來得安全自在。什翼犍覺得有道理，最終放棄了築城定居的計畫。

初生的代國四處征戰，到處擄掠，日子過得頗富足。可惜什翼犍的運氣實在不好，遇到了更強大的敵人 —— 前秦。前秦在苻堅的率領下，逐一消滅北方割據勢力，勢力如日中天。苻堅不能容忍代國的存在，於西元三七六年率領五十萬秦軍大舉北伐拓跋部。什翼犍硬著頭皮應戰，結果敗得一塌糊塗，倉皇向蒙古高原逃亡。沿途因為缺乏糧草，拓跋部傷亡慘重。屋漏偏逢連夜雨。什翼犍的庶長子拓跋寔君又聽信讒言，先殺儲弟，後殺什翼犍。什翼犍時年五十七歲。苻堅捕殺了拓跋寔君，將拓跋鮮卑殘餘分別劃歸匈奴劉庫仁、劉衛辰兩部治理。代國正式滅亡。

二

如果是一般的部落，遭到如此重創，在歷史舞臺上的戲基本上就算唱完了。可是拓跋部不是一般的部落。他們在常年的遷徙和游牧中強化了內部凝聚力，如今即便亡國了相互之間還保持著緊密的關係，一心謀劃著復國。同時，他們要感謝動盪的年代。亂世中隱藏著大把的機會。

西元三八三年，前秦在淝水之戰中慘敗。被它征服的北方各族紛紛復國。西元三八六年，散落的拓跋部落一致推舉什翼犍的嫡孫、十六歲的拓跋珪為代王，正式復國。拓跋珪移居盛樂，不久改國號為「魏」。為了與三國時的曹魏相區別，歷史上將拓跋珪建立的魏國稱為「北魏」。拓跋珪就是北魏的道武帝。

拓跋珪稱魏王後，陸續擊敗周圍部落，兼併劉衛辰等匈奴部落（劉衛辰的兒子劉勃勃逃脫拓跋人的追殺，後來改名赫連勃勃，建立了夏國），勢力日益強大。當時北方最強大的割據勢力是慕容鮮卑建立的後燕。拓跋珪和後燕皇帝慕容垂有親戚關係。他的爺爺什翼犍曾向前燕的慕容皝求婚，迎娶了慕容皝的妹妹。按照輩分來排，拓拔珪是慕容垂的外甥。北魏起初也向後燕稱臣，作為後燕的附庸。慕容垂很關照什翼犍這個小外甥，客觀上他也需要在北方有個盟友安定邊境，牽制其他部落。所以，北魏和後燕很快進入了蜜月時期。拓跋珪得以全心全意在北方作戰，有的時候兵力不夠還向舅舅慕容垂求援。慕容垂也很爽快地出兵相助。

但是拓跋珪並不甘心做後燕的附庸，所以當慕容垂封他做西單于、上谷王時，他就不肯接受。又過了兩年，他的羽毛更加豐滿，對燕的態度更有變化。西元三八八年，拓跋珪派堂弟拓跋儀出使後燕首都中山。慕容垂問他，魏王為什麼不親自前來朝賀？拓跋儀回答說，北魏和後燕的先世都是晉朝臣子，兩國應該世代結為兄弟，委婉地提出了地位平等的主張。一心蕩平天下的慕容垂對此很不快。而拓跋珪等人看到「燕主衰老（慕容垂六十三歲了），太子闇弱」，判斷後燕強盛不了多久。北魏暗暗有了兼併後燕之心。

後燕不久發動了滅亡西燕的戰役。西燕向拓跋珪求援，拓跋珪出兵援助。西燕滅亡得太快，北魏軍隊沒有趕上與後燕兵交鋒。但如此一來，北魏和後燕已經處於敵對狀態了。慕容垂滅掉西燕後，下定決心要遠征北魏。西元三九五年，慕容垂以太子慕容寶為主帥，率領後燕主力大舉進攻北魏。拓跋珪避其鋒芒，堅壁清野，帶著軍隊和百姓隱藏在黃河南岸河套地區，害得慕容寶在黃河以北遊蕩了幾個月，硬是找不到敵人戰鬥。初冬很快就到了，慕容寶失去了戰鬥意志，又風聞父皇慕容垂在後方病危，倉促決定撤退。為了防止北魏軍隊追擊，慕容寶撤退前留了一手。他燒毀了黃河上的所有渡船，以為這樣北魏就無法追擊了。沒想到，拓跋珪挑選了兩萬精兵，親自披掛上陣，踩著黃河的薄冰尾隨而去。最後在一個冬天的早晨，北魏追兵在參合陂包圍了還在睡夢中的後燕大軍。一場決戰變成了屠殺。慕容寶僅帶少數人倉皇逃命。北魏大獲全勝，僅戰後俘虜的燕軍就有四五萬人。拓跋珪殘忍地將這些俘虜全部活埋了。

這場戰鬥扭轉了北魏和後燕的力量對比。慕容垂鬱鬱而終，拓跋珪趁熱打鐵，大口大口吞噬後燕的領土。西元三九六年，北魏占領了并州

（今山西地區），並越過太行山進入冀州（今河北地區）。拓跋珪親臨陣前，魏軍包圍了中山城。後燕在生死關頭，慕容家族卻還在內訌。繼位的慕容寶要求遼東龍城（今遼寧朝陽，是慕容鮮卑的老巢）的軍隊南下增援。不想龍城方面希望慕容寶早死，可以爭奪帝位。最後無奈之下，慕容寶放棄中山，帶領精幹軍隊北逃。其實，中山城內的多數百姓都有親友在參合陂被魏軍殺害或者活埋，抵抗意志很強。他們在慕容寶逃跑後，又堅持抵抗了半年。後來因為彈盡糧絕，中山城被北魏攻克。這回，拓跋珪吸取教訓，沒有大開殺戒，還特意救死扶傷，收攬人心。

自此，後燕被截為兩段。慕容寶北逃後，勢力融入北燕。南邊的後燕勢力以困守鄴城的慕容德為核心。慕容德在北魏的逼迫下，南逃山東，勢力轉化為南燕。後燕大部被北魏吞併。西元三九八年，拓跋珪稱帝，定都平城（今山西大同），北魏成為北方最強大的勢力。

拓跋珪不僅建立了赫赫武功，在文治上也頗多建樹。攻占并州後，拓跋珪仿照漢族政治制度建立臺、省等官署，又在地方上設定刺史、太守等官。這些官職都由三個人同時擔任，比如某州刺史同時有三人。一人是拓跋宗室，一人是鮮卑貴族，還有一個人是鮮卑平民或者漢族人。當時地方上治安不好，地方官的主要職責就是抓強盜、保境安民。北魏規定有能力穩定一縣的縣令可以兼任兩個縣的縣令，穩定兩個縣的縣令兼任三個縣的縣令，如果能穩定三個縣三年就直接升任太守。而能夠治理多個郡的太守也可以照樣兼任和提升，直接當刺史。由此可見，當時北魏的統治還不穩定，政權組織也很粗糙，保留著許多原始的習俗，但畢竟走出了質變的一步。

拓跋珪很重視生產，立國不久就讓拓跋儀組織屯田。占領華北大部後，拓跋珪強迫各族人民上百萬人口遷移到平城。他們當中有的人「計

口受田」，租種國有土地，做了國家的農奴；有的被分配到作坊從事手工業，為官府和貴族生產商品；有的被劃定為「營戶」，世世代代當兵（純正的拓跋人口不多，北魏軍隊中有許多異族士兵）；有的被賞賜給鮮卑貴族當奴婢。北魏規定鮮卑貴族可以擁有二百名奴婢，達官顯貴們實際擁有的奴婢都數以千計。這些移民被稱為「新民」，低人一等，甚至沒有人身自由，情況比奴隸好不到哪裡去。普通拓跋部落的人民理論上地位很高，有人身自由，可以從事各種職業，不過絕大多數人都從事單一職業：當兵打仗。他們當中的許多人在戰爭中劫掠致富，不過多數人始終一貧如洗。他們在戰鬥間隙四處遊蕩，沒有固定的職業，被稱為「遊手」。這部分人大約相當於拓跋部人口的三分之二。

以平城為核心的地區，過去就是拓跋部游牧的地區，如今成了北魏的根據地和政治中心。北魏著力經營這一地區，然後再輻射到四周去。他們把平城周圍叫做「畿內」；環繞著畿內一千多里的地方，叫做「近畿」。這一地區以外的地區，分別叫做「方」和「維」，一共有四個方和四個維，組成了「八部」，由「八部大人」管理。這八部大人和之前拓跋部的部落酋長不同，不是民主推舉的，而是由拓跋珪任命的，不負責領兵打仗，而是監督百姓耕種納稅。拓跋珪用徵收的賦稅多少來考核八部大人。雙方的關係已經完全不是部落內部大小酋長之間的關係，而是君臣關係了。

鮮卑貴族也接受了這種上下關係的變化。為什麼呢？因為他們從國家的發展中獲得了切實的好處。戰爭的不斷勝利為他們帶來無數戰利品，分配了眾多的奴婢。而定居農耕的收穫遠比游牧要輕鬆，收穫也多。鮮卑貴族們對現狀比較滿意。可以這麼說，拓跋珪用物質利益換取了鮮卑貴族們的政治權力，北魏膨脹發展的收益淹沒了貴族們的失落感。

政權在不斷穩固，北魏和漢族的關係也得到改善。不少漢族人或主動或被逼地進入北魏政權。拓跋珪曾問博士李先：「天下有什麼好東西對人的神智有益？」李先說：「沒有比書籍更好的了。」於是拓跋珪下令徵集書籍，送到平城。自然，這些書籍都是講授儒家學說和漢族政治的圖書。華北的世族大家們也接受了新的統治者。為了為自己的「投靠蠻夷」找個藉口，同時也為了增強拓跋鮮卑統治中原的合法性，漢族讀書人們經過「仔細研究」，發現鮮卑族拓跋部原來是黃帝後裔。根據他們的「研究成果」，黃帝娶妻嫘祖，生子昌意，昌意的小兒子悃被封到北方。黃帝以土得王，而北方習俗將土稱為「拓」，將後稱為「跋」，所以黃帝的這一支後裔就以拓跋為姓了。這個說法很合拓跋貴族們的胃口，被他們欣然接受。既然大家都是黃帝後代，那麼拓跋鮮卑統治中原就是合情合理的事情了。

拓跋珪建立了北魏王朝，文治武功都很了不得。但他有一個毛病：性格殘暴。地位越高，拓跋珪就越不自信，老覺得有人覬覦皇位，於是更加殘暴地鎮壓部下。堂兄弟拓跋遵、拓跋儀等人先後被推上了斷頭臺，還有不少人被滿門誅殺。他們當中只有少數人有謀反的真憑實據，多數人都是死於拓跋珪的猜疑。北魏朝廷人人自危。西元四〇九年十月，拓跋珪猜疑賀夫人，準備殺掉她。賀夫人所生的兒子清河王拓跋紹惶恐不安，搶先動手，殺掉了拓跋珪。拓跋珪當時只有三十九歲。

在拓跋部之前的歷史上，首領死後都引起了動盪。但是，拓跋珪被殺後，北魏並沒有陷入之前的循環。這要歸功於已經穩固下來的北魏政權。它已經迅速從類似部落聯盟的階段飛躍到封建政權階段了。

拓跋珪死時，十七歲的長子拓跋嗣正在外地。拓拔鮮卑有個陋習，就是皇子被挑選為繼承人後，生母要自盡。拓跋珪要立拓跋嗣為太子，

就逼其生母劉貴人自盡。拓跋嗣知道後悲傷不已，日夜哀號。拓跋珪聽了，要怒責他。拓跋嗣不得不逃出平城，流亡在外。拓跋紹殺了父皇後，平城的貴族們卻不擁戴他。大家都希望拓跋珪的長子拓跋嗣繼位。於是，拓跋嗣在宮中衛士的支持下很順利地殺入皇宮，砍死弟弟拓跋紹，於同年即位。拓跋嗣就是北魏明元帝，廟號太宗。

拓跋嗣是一個平穩的過渡性皇帝。他喜歡漢學，尤其喜歡學習歷史。在位十五年，拓跋嗣繼續推進父皇的制度建設。在對外征伐上，拓跋嗣抓住南宋劉裕病死的良機南征，和南朝在河南一帶展開了激烈爭奪。當時南朝力量還相當強大，南北幾乎以黃河為界。拓跋嗣付出了慘重的代價後，打敗了宋朝軍隊，占領了河南和山東等地，將南北邊界線推向淮北一帶。這是南北朝期間，北方對南方的第一場勝利。由於長途征戰勞頓，拓跋嗣回到平城不久就病死了，年僅三十二歲。他留下了一個蓬勃向上的新帝國。

至此，北魏成了一個天下人不可小覷的重要角色，終於從一個虛渺的配角蛻變為耀眼的主角了。

拓跋燾的赫赫武功

一

　　拓跋嗣死後，繼位的是兒子拓跋燾。拓跋燾當時只有十六歲，和爺爺拓跋珪、父親拓跋嗣一樣都是少年繼位。也和祖父輩一樣，拓跋燾將北魏王朝推上了更高的臺階。

　　拓跋燾的運氣很好，接手的是一個北方最強大的帝國。不過，北魏帝國雖然強大，卻只是若干個北方割據政權中的一個。

　　前秦滅亡後，北方經過多年的相互吞併，還有北魏、北涼、北燕、夏和西秦幾大政權。其中北魏占領現在的山西、河北大部和河南、山東的一部分，最強大。和北魏有世仇的匈奴後裔赫連勃勃建立的夏國占據陝西大部地區，也就是古代的關中地區，勢力僅次於北魏。北燕是後燕的殘餘（後燕的另一支殘餘南燕在劉裕北伐時滅亡），占領現在京津地區和遼東一帶。西秦、北涼是現在甘肅、青海一帶的割據政權。臥榻之側，豈容他人鼾睡？拓跋燾繼位後，就把統一北方作為奮鬥目標。

　　統一要用拳頭來說話，誰的拳頭硬誰就有希望統一天下。

　　為了磨礪一雙硬拳頭，拓跋燾非常重視軍隊建設。

　　長期的游牧射獵生活鍛鍊了拓跋鮮卑健壯的體魄和高超的騎射能力。北魏軍隊戰鬥力很強，尤其是騎兵，算得上北魏克敵致勝的法寶。有了硬體優勢，拓跋燾又在軟體建設上下功夫。他常從普通士兵中提拔將官，激勵士兵們英勇作戰，對在戰鬥中表現勇敢的將士，或升官晉爵，或賞賜以人口、牲畜及金銀、古玩、繒帛等物品；對違犯軍紀的官兵，拓跋燾嚴懲不貸，即便是親貴重臣也痛下殺手。臨淮公丘堆是歷代

鮮卑貴族，幾朝老臣，貴為太僕。在和夏國作戰的時候，丘堆聽到前線兵敗的傳言臨陣脫逃。拓跋燾毫不猶豫地將丘堆斬首。扶風公拓跋處真等八人則因為偷盜軍用物資，也被斬首。

拓跋燾嚴格治軍，首先做到了以身作則，對自己嚴格要求。每次征戰，他非但御駕親征，還身先士卒 —— 大概是小夥子年輕、體力好。比如始光四年（西元四二七年），拓跋燾親自帶上三萬輕騎突襲夏國的都城統萬。途中，他與官兵們頂著風沙、強忍饑渴，並親自參加了統萬城下的惡戰。戰鬥中，拓跋燾的坐騎力竭倒地，把主人帶倒墜地。拓跋燾上馬後繼續戰鬥，殺死夏軍十多人，後來身中流矢還血戰不已。看到拓跋燾玩命地衝鋒在前，北魏官兵們也都英勇殺敵，「是以人思效命，所向無前」。

當然，拓跋燾不是一味窮兵黷武的武夫，知道建設離不開經濟基礎。他忙於征戰的同時也不放鬆經濟生產。北魏統治民族和百姓眾多，拓跋燾尊重各民族的風俗習性，治理百姓卻不強迫百姓改俗易性，追求生產效益卻不強求整齊劃一。一句話，拓跋燾「因地制宜」地「開展多種經營」，既發展鮮卑等少數民族的畜牧業，又尊重漢族人的農耕和商貿。難能可貴的是，拓跋燾還派出使者用太牢大禮祭祀孔子，真正做到了物質和精神並重。

很快，北魏兵強馬壯，和其他割據政權的差距越拉越遠。統一的時機成熟了！先消滅誰呢？

以長孫嵩、長孫翰、奚斤等為代表的鮮卑武將們主張先進攻柔然。新興的游牧民族柔然不斷侵擾北魏北方邊界，日益成為北魏的大患。同樣出身游牧民族的鮮卑武將們渴望和柔然們一決雌雄，擄掠牲畜來補充軍需。大臣劉絜等則主張先打北燕，因為北燕最弱小。做事情先易後

難，也算是人之常情。太常卿（掌宗廟禮儀的官）崔浩反其道而行之，認為應該先進攻最強大的赫連氏大夏政權。崔浩的理由是大夏政權殘暴無道，已經失去了人心，看似強大其實不難戰勝。拓跋燾毅然接受崔浩的主張，親自領軍渡過黃河襲擊夏國首都統萬城，擂響了統一的鑼鼓。

北魏對大夏的征戰開始並不太順利。拓跋燾親自出馬也沒能攻破統萬城，只擄獲牛馬十多萬班師。赫連氏匈奴還有相當強大的軍隊。為了消滅夏軍的有生力量，拓跋燾在始光四年（四二七年）再次進攻統萬。這一次，他只帶一支小部隊佯攻城池，然後假裝不敵撤退，引誘夏軍離開統萬城追擊。拓跋燾早在城外的山谷中埋伏了主力，就等夏軍出城，在城外解決敵人。夏國的赫連昌看到北魏軍隊「戰敗」了，並沒有出城追擊。他擔心這是拓跋燾的誘敵之策。崔浩向拓跋燾獻計，故意讓犯死罪的士卒逃走報信，說魏軍糧草已盡，軍中士卒每天只吃菜，而輜重補給還在後方，步兵也未能趕到。赫連昌終於上當，大喜，親自帶兵出城追擊。這一下就中了拓跋燾的計謀了。訓練有素、嚴陣以待的北魏主力給了夏軍致命打擊。就是在這次激戰中，拓跋燾墜馬又身中流矢，仍然血戰不停，鼓舞士氣，消滅了夏軍的主力。赫連昌狼狽而逃，放棄統萬城逃往現在的甘肅一帶去了。夏軍殘餘則逃入統萬城。拓跋燾帶少數隨從混在夏軍的敗軍中衝進城裡──猜想是想來個釜底抽薪。匈奴人覺察到有魏軍混入城中，把城門全都關上，四處搜捕。拓跋燾和隨從闖入宮裡，拿到女人的裙子，化了裝，翻城出去，最終脫險。第二天，他指揮大軍猛攻統萬城，最終占領這座夏國的都城，匈奴王公、大臣、將校、妃婢都成了俘虜。經此一戰，夏國敗局已定。

拓跋燾戰後巡視統萬城，看到當年赫連勃勃驅趕無數血肉之軀花費幾十年修成的都城，感嘆道：「夏國國土不大、人口不多，卻濫用民力修

建這樣的都城，哪有不亡的道理？」

在南邊，魏軍占領了長安。夏國仍在掙扎，在西部和北魏打持久戰。第二年（四二八年），魏軍在隴西俘獲赫連昌。赫連定在隴西即位稱帝，繼續抵抗魏軍。他一度擊敗北魏軍隊，奪回長安。兩年後，北魏最終收復長安，平定關中地區。赫連定向西逃竄，竟然還在西元四三一年迫使乞伏暮末投降，滅亡了西秦。但是，北魏大軍接踵而來，赫連定畏懼魏軍，不敢接戰，向青海一帶繼續逃竄。同年六月，赫連定被吐谷渾所俘。夏國滅亡。

夏國滅亡的第二年（四三二年），北魏再接再厲進攻北燕，包圍其都城和龍（今遼寧朝陽）。北燕皇帝馮弘連戰連敗，在太延二年（四三六年）自己放了一把火燒毀和龍的宮殿、城池，逃往高麗（朝鮮）。馮弘後為高麗人所殺。北燕滅亡。

十六國政權中就只剩下一個北涼了。涼主沮渠蒙遜對自身實力本來就沒有信心，不斷依附於中原強者。誰強大，他就向誰稱臣，以求苟延殘喘。劉裕滅後秦的時候，沮渠蒙遜擔心自身地盤不保，非常恐慌。他看到漢族大臣劉祥奏事時面有喜色，罵道：「你聽到劉裕入關，竟敢這樣高興！」就把他殺了。他先向東晉、劉宋稱臣，北魏崛起後又向北魏稱臣。西元四三三年，沮渠蒙遜死了，終於在有生之年保住了地盤。六年後（太延五年，西元四三九年），拓跋燾御駕親征北涼，包圍其首都姑臧（今甘肅武威）。繼位的涼主沮渠牧犍聯合柔然人，守城不降，寄希望於柔然入侵可以迫使北魏撤軍。沒想到柔然不成器，只能騷擾一下北魏邊境，撼動不了全域性。拓跋燾一心一意要滅北涼，抓緊攻城。沮渠牧犍困守孤城一個半月，山窮水盡而降。北涼滅亡，十六國結束。

北涼雖小，消滅它的意義卻不小。首先，北涼占據著中原地區和西

域的交通要道──河西地區。北魏滅北涼後，通西域更方便，西域各國紛紛臣服北魏，使得後者的影響力劇增。其次，從晉末張軌割據河西以來的一百多年時間裡，河西地區相對安定。中原人士避居河西的人很多，其中有許多讀書人，世代詩書相傳。北涼滅亡後，北魏將這些文人遷到平城。他們對北魏王朝的漢化過程造成了重要作用。

至此，拓跋燾基本統一了北方。時隔多年以後，統一的光芒重新照耀北方大地。南北朝對峙局面正式形成。

二

必須指出的是，拓跋燾的統一是形式上的、脆弱的。

北方分裂了上百年，數十個政權相互廝殺，留下了各種矛盾。拓跋燾殲滅其他割據政權只是消除了表面的統一障礙而已。深層的民族問題、財政問題等更要命，更難解決。拓跋燾的高超之處就在他不僅打倒了其他梟雄，還大大緩解了深層的矛盾。能夠做到前一點的人不少，但能同時完成後一點的人就不多了。拓跋燾，一個少數民族的年輕人，能夠兩者兼顧，實在是難能可貴。

我們來看看拓跋燾面臨哪些深層的矛盾。主要是柔然、民族、收入和南方威脅四大問題。

柔然是繼鮮卑之後在北方興起的少數民族。鮮卑人南下發展得如火如荼的時候，空出來的塞北草原被柔然占領。到北魏初期，柔然已經占領了東起朝鮮半島、西到西域、北達西伯利亞、南至長城的廣袤土地，

成為中原王朝新的心腹大患。拓跋燾剛繼位，柔然就不給他面子，出兵侵擾。拓跋燾親自迎戰，結果被柔然騎兵包圍了整整五十重。全賴北魏將士拚死殺敵，拓跋燾才脫險逃出。北魏王朝對柔然的政策遵循「穩中求變」的原則，在北方各地建立軍鎮、以守住現有疆域為前提，然後看準時機積極出擊。拓跋燾一共對柔然發動了不下十次征戰。北魏組織敢死隊，將士們都只帶有限天數的糧食深入敵後，抱著不成功就成仁的決心，給了柔然不小的打擊。尤其是在西元四二九年，拓跋燾大敗柔然，取得了策略意義的勝利。北魏俘獲柔然軍民數十萬人、牛羊上百萬頭，將他們南遷，安置在邊界南北。柔然餘部北遁，逃到了漠北地區。原先依附於柔然的高車（北方游牧民族，據說所乘之車輪子高大而得名）等部落改弦易轍，投靠北魏。柔然元氣大傷。不過他們依然沒有放棄侵擾北魏這項「非常有前途」的事業。

北魏對柔然的戰爭，耗費了大量的物資和人力。朝野有許多人因此反對主動出擊柔然，認為柔然地處荒遠，即便得到土地也不能耕種，俘虜人口也不能直接驅使，主張消極建造軍鎮防守。拓跋燾在崔浩的支持下，力排眾議屢次出擊柔然，雖然沒能根除柔然勢力，但基本解除了北方的威脅，免除了內政外交的一大後顧之憂。

第二個民族問題，從西晉末年就開始了。北方犬牙交錯地生活著漢、匈奴、氐、羌、鮮卑、羯、屠各等民族。割據戰爭往往和民族仇殺相伴隨，導致北方民族關係非常緊張。

和鎮壓異族的十六國政權一樣，北魏也推行民族高壓政策，尊崇鮮卑族人，強遷其他民族加強控制，對反抗的異族力量大開殺戒。許多異族百姓被北魏王朝罰做各種府營雜戶，供各衙門驅使奴役，甚至被迫從軍當炮灰。拓跋燾用兵關中和隴西的時候，為籌措軍需對關中百姓橫徵

暴斂。因此，表面統一後的北魏王朝民族矛盾激烈，尤其以關中地區最屬害。

關中百姓的反抗屢有發生，北魏只能控制長安、杏城等重要軍鎮，沒能實現有效統治。太平真君六年（四四五年）九月，匈奴別部的盧水胡百姓在蓋吳的領導下起義。關中各族人民紛紛響應，起義軍迅速擴大到十萬餘人，分兵三路進逼長安。關東的河南、山西等地老百姓聞訊，也紛紛響應，占領弘農等地，進逼潼關。一時間，烽火燃遍北魏王朝半壁江山。拓跋燾不敢怠慢，緊急抽調軍隊鎮壓起義。連新歸附的高車部落的騎兵都奉命從內蒙古地區南下作戰，可見拓跋燾抽調範圍之廣，也可以看出蓋吳起義的衝擊之大。

遺憾的是，蓋吳起義雖然聲勢浩大，卻沒有明確的發展策略。起義軍四處活動，卻沒有攻克長安、潼關等策略要地，也沒有建構起確定的防線。這就讓拓跋燾有充分的時間來調兵遣將。他先調兵趕赴長安固守，又派兵屯守渭北，嚴令務必阻止關中局勢進一步惡化。拓跋燾自領主力先清剿山西、河南一帶的起義。第二年（四四六年）正月，拓跋燾成功隔斷了關中和關東起義軍的聯繫，隨後乘起義軍沒有戒備發起突然襲擊，鎮壓了關東的起義。二月，拓跋燾馬不停蹄渡過黃河，殺向關中。蓋吳聞訊北撤，在杏城遭到魏軍包圍，損失嚴重。八月，蓋吳遇害，年僅二十多歲。有人傳說他是被親屬出賣的，也有人說他是屠各叛軍殺害的。但是之後，不斷有起義軍打著蓋吳的旗號繼續作戰，北魏還要花費兩年時間來徹底穩定關中局勢。

在鎮壓過程中，拓跋燾對響應起義的百姓殘酷殺戮。為震懾人心，屠城也在所不惜。之後一段時間，各族百姓屈服於暴力，起義浪潮逐漸息弱。

大起義的爆發，讓拓跋燾意識到國家財政的窘迫。赫赫武功離不開物質基礎。常年征戰讓原本就不富裕的北方百姓捉襟見肘，北魏的橫徵暴斂是關中各族大起義的重要原因。可是拓跋燾也有他的難言之隱，國家掌握的戶口很有限，分擔給每個人的賦稅自然就重了。所以，當務之急是增加戶口，只有增加了賦稅徵發的對象才能增加收入。

　　當時北方大量的戶口被貴族官僚、據守一隅的塢堡主、寺廟僧侶等人控制。亂世中，人們依附於強者，為強者勞動服務，並不對國家產生貢獻。官僚貴族依靠特權占有奴婢，拓跋燾一時無法剝奪；塢堡主們各據一方，擁有武裝，拓跋燾也無法驟然解決。而寺廟和僧侶控制的大批勞動力、土地和財產就進入了拓跋燾的算盤之中。

　　佛寺的興起在中國時間不長，畢竟佛教傳入中國也沒多久。但是撫慰人心的佛教理論遇到了魏晉南北朝的大亂世，如同火苗遇到硫黃，越燒越旺。信眾越來越多。拓跋鮮卑入主中原之初也接受了佛教，把它當做思想武器麻痺人民。從拓跋珪開始，北魏統治者大多敬禮沙門。寺廟規模日漸擴展，最後發展成擁有大批土地、財產和依附百姓的莊園經濟。許多信眾信仰、尊崇神佛超過了對朝廷的信仰，奉獻寺廟而不服從衙門，這就在官府和寺廟之間產生了矛盾。拓跋燾的赫赫武功恰好需要大批的物質支持，於是激發了蓬勃發展的寺廟經濟和北魏朝廷的矛盾。一些佛教僧侶和信徒藉助於鬼神方術擴大影響，追求特權，更讓官府看不慣。

　　拓跋燾一改之前對佛教的尊崇，強迫寺廟經濟納入朝廷的控制。在討伐北涼的時候，他就為了解決兵源不足問題，下令五十歲以下的和尚全部還俗，參軍作戰。太平真君五年（四四四年）正月，拓跋燾正式下令「禁佛」。他在詔書中指責佛教信眾假借神佛荒誕之說，影響朝廷政治，威脅皇權。規定上自王公下至平民，有私養和尚及巫師的，限在二

月十五日前遣送官府，不得藏匿。過期不送，一經查實，和尚身死，主人抄家。太平真君七年（四四六年），拓跋燾鎮壓蓋吳起義來到長安。一次，侍從牧馬來到一座寺院，發現其中藏有大批武器，就報告了拓跋燾。經搜查後，官兵又在其中發現數以萬計的贓賄之物和密室等。拓跋燾勃然大怒，在大臣崔浩的進言下，將「禁佛」發展為「滅佛」。他釋出了更為嚴厲的滅佛詔：佛圖形象及佛經一律擊破焚燒，和尚無論長幼一律活埋。這就是中國歷史上著名的「太武帝滅佛」。中國北方的滅佛運動掀起了高潮，北魏境內難覓佛教僧侶蹤跡，北方佛教勢力一時陷於衰落。

且不說滅佛背後的思想糾葛，僅僅從物質收益上來說，拓跋燾經此一舉獲得了不少物資和人口，緩解了北魏朝廷的收入窘迫的困境。但是，人口被官僚貴族和塢堡主藏匿的主要弊端，拓跋燾終其一生都沒能解決。要經過之後幾代人的努力，透過「三長制」、「均田制」等漢化改革才能徹底消除。

拓跋燾面臨的第四大問題是南方的威脅。早在拓跋燾全力殲滅割據群雄的時候，南方的劉宋王朝就很有「想法」，想趁北方內戰來收漁翁之利。劉宋元嘉二十七年（北魏太平真君十一年，四五〇年），宋文帝劉義隆發動了轟轟烈烈的「元嘉北伐」，很有氣吞河山、畢其功於一役的架勢。宋軍一開始也取得了部分成績，但很快就在拓跋燾的御駕親征下一敗塗地。當年年底，拓跋燾就帶著北魏官兵飲馬長江，向宋都建康（今南京）逼近了。北伐變成了拓跋燾的南征。最終，南北方都付出了巨大的傷亡，在淮南一帶達成了均勢（事見之後元嘉北伐的內容）。

這時候是北魏王朝軍力最強盛的時期。策馬揚鞭馳騁在長江北岸的拓跋燾也達到了赫赫武功的巔峰。

三

拓跋燾這個人果敢英武，事業成功，但性格上有個缺陷，就是脾氣暴躁。人到中年以後，拓跋燾的脾氣越來越差。一般人發脾氣的時候，也就是砸砸東西，最多打打人。拓跋燾發脾氣，後果就很嚴重了。他每回生氣都殺人，而且誅戮過多，造成他身邊的人終日戰戰兢兢，擔心什麼時候自己就成了喜怒無常的皇帝的刀下鬼了。拓跋燾也常常在殺完人之後後悔莫及，但就是改不了暴躁的脾氣。

話說，拓跋燾做事親力親為，經常領兵在外，留太子拓跋晃在首都平城監國，主持朝政。拓跋晃年紀大了，身邊自然聚集了一批人輔佐他。但是拓跋燾又不放心讓太子去做，而是信任太監宗愛，放任宗愛留在平城宮中胡作非為。拓跋晃一黨不時限制宗愛，雙方就產生了矛盾。

正平二年（四五二年）的時候，宗愛向拓跋燾進讒言，誣陷太子身邊的輔佐大臣們行為不軌。拓跋燾不辨真偽，就處死了他們。太子拓跋晃大為驚恐，擔心父皇接下來就要對自己開刀了，竟然驚懼而死，年僅二十四歲。事後查明，太子及其身邊的人都沒有什麼不軌的行為。拓跋燾追悔莫及，在白髮人送黑髮人的打擊下嚎啕大哭。

這下子，輪到宗愛害怕了。他害怕拓跋燾治自己的誣陷之罪，決定先下手為強。在一個漆黑的夜裡，宗愛趁拓跋燾熟睡之時，將他殺死在床上。北魏的一代雄主，一個面對數萬敵軍鐵騎面不改色、馳騁南北浴血百戰的拓跋燾糊裡糊塗地死在了親信的太監手中，時年四十五歲。

北魏史書對拓跋燾做了極高的評價：「世祖（拓跋燾的廟號）聰明雄斷，威豪傑立，藉二世之資，奮征伐之氣，遂戎軒四出，周旋險夷。……遂使有魏之業，光邁百王，豈非神睿經綸，事當命世？」等於是將拓跋燾看做開創北魏百年基業的領袖。就連被拓跋燾打得落花流水的劉宋王朝，也對他做了很高的評價，說拓跋燾是「英圖武略，事駕前古」。

最後一個史官：崔浩

一

北魏太平真君十一年六月己亥（西元四五〇年七月五日），都城平城（今山西大同）的大街上輾過一輛囚車。透過揚起的塵土，人們看到囚車中押著一個白髮蒼蒼的老者。「這不是司徒崔浩大人嗎？」

是的，這個死囚正是已經七十歲的崔浩，太武帝拓跋燾親自下達了對他的死刑令。

年邁的崔浩顯然被可怕的前景嚇壞了，驚恐得不發一言。崔浩被狼狽地押上刑場後，幾十名鮮卑族士兵還解下褲子，朝著他的身子解尿。崔浩嚇得嗷嗷大叫起來，叫聲之大連場外的行人都聽到了。不久，叫聲戛然而止，一個服務了三朝鮮卑皇帝的漢族重臣的腦袋滾落在地……

崔浩，出生於著名的清河（今河北清河）崔氏。身為北方首屈一指的世族大家，清河崔氏在晉末的大動亂中並沒有南遷，而是選擇留在北方。為了籠絡北方的漢族百姓，之後的少數民族政權建政後，紛紛延攬滯留北方的世族子弟入仕。清河崔氏門第高、聲望隆，自然是重要的「延攬對象」。

崔浩的曾祖父崔悅、祖父崔潛就分別在後趙、前燕做官。父親崔宏先是在前秦做官，前秦滅亡後他顛沛流亡。崔宏一度有意投奔東晉，一路向南跑去，結果在泰山被亂軍扣留。之後，崔宏被後燕政府任用。拓跋鮮卑興起，大肆進攻後燕的河北州縣。崔宏當時擔任高陽內史，大兵壓境後棄官而逃。拓跋珪久聞清河崔氏的名聲，派騎兵追趕，硬是把崔宏追到，拉入北魏政府做官。崔宏的經歷簡直是北方大世族的一部磨難

史。患難生活讓他養成了低調謹慎的作風。崔宏在北魏朝廷言行委婉曲折，不樹敵，也不攀附權貴。拓跋珪晚年動輒斥責大臣，崔宏卻安然無事，最後榮封白馬公，和他的性格有很大關係。

崔浩就是白馬公崔宏的兒子。他沒有經歷過父親那樣的磨難，是在相對安定的環境中長大的。崔浩從小博覽群書，喜好文學，二十歲就入仕，在拓跋珪身邊做官。拓跋珪死後，繼位的拓跋嗣很信任崔浩，賜爵武城子，常常讓他為自己講授經書。崔浩得寵，能夠和拓跋嗣同車出行，參與軍國機密，引起了鮮卑貴族的羨慕。拓跋嗣立拓跋燾為皇太子時，就指定長孫嵩、奚斤、安同為左輔，崔浩、穆觀、丘堆為右弼。這六個輔政大臣除了崔浩外，都是鮮卑貴族。拓跋嗣死後，崔浩很快遭到鮮卑貴族排擠，被罷免職務。但拓跋燾在行政和征戰過程中，日益覺得需要一個精通漢族制度、善於謀劃的大臣，離不開崔浩。崔浩在進攻柔然、滅亡大夏、征服河西和處理與南朝的關係方面，為拓跋燾出了很多好主意。北魏政府仿行漢族禮儀制度，崔浩也發揮了重要作用。《魏書》就說「朝廷禮儀，優文策詔，軍國書記，盡關於浩」，看來是金子在哪裡都會發光的。

一次，拓跋燾接見歸附的幾百名高車酋長，指著崔浩說：「你們看看他，身材瘦小，拉不開弓，提不起槍，但肚子裡卻有滿腹甲兵。朕打的這些勝仗，都有他指點的功勞。」拓跋燾還下令各位尚書有不能定奪的軍國大計，先問問崔浩，然後施行。除了政治上信任，拓跋燾在生活上也很親近崔浩。他不時到崔浩家中請教問題，事先也不打招呼。倉促之間，崔浩接待皇帝難免手忙腳亂，只能用家常菜招待皇帝。拓跋燾總是高高興興地拿起來就吃。同樣，崔浩也被允許可以進入皇宮的任何地方，其中就包括拓跋燾的臥室。

皇帝對大臣信任到這樣程度，古今罕見。那麼，既然崔浩掌握了朝廷大權，拓跋燾又無比親信他，他怎麼就遭到了斬首示眾的噩運呢？

這得從當時北魏嚴重的民族矛盾和崔浩張揚耿直的作風兩方面來說。

二

還記得拓跋燾「滅佛」嗎？在旁邊慫恿他下滅佛令最起勁的，就是官至司徒的崔浩。

崔浩這麼做，有消滅膨脹的佛教勢力增加國家財富的「公心」，也有「私心」。他本人篤信道教，和當時北方道教領袖寇謙之關係密切。崔浩引薦寇謙之給拓跋燾，經常諷喻拓跋燾滅佛。而當時北魏上至太子、公卿，下至一般鮮卑百姓，佛家信徒不計其數。佛教在東漢年間傳入中原後長期被視為「胡教」。鮮卑族人自認為「胡人」，既然是胡人就應該信仰胡教。崔浩則對中原土生土長的道教情有獨鍾，堅定滅佛。「滅佛」風潮興起後，大批鮮卑貴族心有不甘。他們不敢反對拓跋燾，就把攻擊的矛頭對準了崔浩。

事實上，寇謙之提醒過崔浩，說他高調而堅定的滅佛會得罪很多人的。崔浩就是不聽。他生長在官宦人家，沒有父輩的磨難，入仕後基本算是一帆風順，不知道做人為政要謹小慎微，相反，知無不言，言無不盡，做事雷厲風行，很少顧及同僚們的想法。加上君臣關係融洽，官位正隆，崔浩內心的兩大弱點就被放大了。一個是讀書人的高調和虛榮，

一個是世家子弟的優越感。我們來看看這些因素是如何發酵，最終將崔浩送上斷頭臺的。

太原王氏是和清河崔氏並列的北方頭等世族門第，西晉末年南渡。東晉末年，太原王氏子弟王慧龍從江南歸附北方。崔浩的弟弟羨慕王家門第，想把女兒嫁給他。有人懷疑王慧龍並不是王家的人。崔浩親自前去驗證。他看到王慧龍的鼻子生得很大，不禁讚嘆道：「這是真正的王家人，是個貴種。」原來太原王氏有個生理特徵，世代都出酒糟鼻。崔浩精通世族譜學（各個世族的家譜和特徵）。王慧龍通過崔浩「鑑定」後，受到了北方官民的推崇。崔浩並且多次對朝中的鮮卑諸公稱讚王慧龍長得俊美。他不知道，在鮮卑人建立的北魏朝廷中高調地稱讚漢族世族子弟是一個忌諱。果然，司徒長孫嵩聽了很不高興，跑去向拓跋燾告狀，說王慧龍是從南方歸降的，崔浩嘆服南人是「矮化祖國」、「蔑視鮮卑」的行為。拓跋燾大怒，把崔浩叫來一頓訓斥。崔浩脫帽叩頭，自責了一番才得到寬恕。

自責歸自責，崔浩沒有真正從心底意識到自己的錯誤，很快故態重萌。

神䴥四年（四三一年），北魏徵召一批漢族世族做官。范陽盧玄、博陵崔綽、趙郡李靈、河間邢穎、勃海高允、廣平遊雅、太原張偉等都應召到了平城。崔浩就想「大整流品，明辨姓族」，計劃由朝廷出面劃分世族門第的高低，作為區分政治待遇的標準，有點要恢復魏晉時期的九品中正制的味道。這個計畫肯定是對漢族世族掌握政權有利的。但是同樣是世族出身（范陽盧氏），又是崔浩親戚的盧玄勸他說：「創制立事，都要看時機是否適當。現在朝堂上對這件事樂觀其成的能有幾個人？」崔浩聽不進去，公開提出了這個計畫，還進一步提出分藩封鎮，希望恢復西周時期的諸侯制度。當然了，崔浩心目中裂土封到各地的諸侯對象多

數是漢族世族子弟。鮮卑族權貴們自然對這樣的政策懷恨在心：這不是要奪我們的權，讓漢族人掌權專政嗎？

拓跋燾伐涼時，留太子拓跋晃監國。崔浩自恃拓跋燾的寵信，專制朝權，惹得太子不滿。更嚴重的是，崔浩推薦了冀、定、相、幽、并各州數十名漢族世族人士，擬任命為郡守。太子拓跋晃不同意，說官員任用要一步步來，不能馬上就提拔為太守，再說朝廷裡還有很多優秀人才等著任用呢！應該說，拓跋晃的意見是有道理的。但是，崔浩固執己見，堅持要按照自己的意見辦，結果得罪了更多的鮮卑官員。中書侍郎高允見狀，對東宮博士管恬說：「崔公恐怕不會有好下場的，自己錯了不肯承認，一定要和上面爭到底，這樣怎麼得了！」

所有的不滿和矛盾，最終在崔浩主持修撰北魏國史的時候爆發了出來。

一直到太武帝的時候，鮮卑民族和北魏王朝都沒有自己的史書。所以，拓跋燾就讓崔浩以司徒的身分主持國史修撰工作，中書侍郎高允、散騎侍郎張偉等人協助。這是一件思想文化領域的大事，拓跋燾很重視，專門召集修撰團隊成員指示說：國史一定要寫好，一定要「根據實錄」。崔浩把這個要求理解為「實事求是」，所以採集了鮮卑民族數據，不避忌諱，編寫了北魏的國史《國記》，內容涉及鮮卑先輩許多同族殺戮、荒暴淫亂的史實。

崔浩這麼做，沒有什麼大錯。畢竟拓跋燾要求「實錄」，況且修撰國史是為了留下準確的數據，教育後代統治者，算是「內部參考讀物」。如果將內容過濾得乾乾淨淨、大唱讚歌，那還算什麼參考？裡面如果有讓讀者接受不了的內容，頂多算是崔浩「把關不嚴」。這個時候，崔浩身上文人虛榮和張揚性格暴露了出來。他並沒有將《國記》局限為內部參考讀物，而是將它大肆宣揚，犯下不可饒恕的錯誤。

事情是這樣的：參與修撰工作的著作令史閔湛、郗標想拍崔浩的馬屁，就建議把《國記》刊刻在石上，來宣傳這一文化盛事。同時刊刻的還有崔浩所注的《五經》。之前，崔浩曾註釋過《論語》、《詩經》、《尚書》、《春秋》、《禮記》、《周易》等書。他在日理萬機之餘，僅僅花了三年時間就完成了這麼多「學術圖書」的寫作，這些書的品質就可想而知了。閔湛、郗標二人巧言令色，平時拍崔浩馬屁拍慣了 —— 崔浩也很受用這些馬屁。如今，他們兩人將崔浩那些品質粗糙的作品抬得很高，說之前儒家學者註釋的五經都比不上崔浩作品的品質，不僅要把這些作品和《國記》一道刊刻出來，而且上書建議收集北魏境內的五經舊注，以崔浩的註釋為標準。

高允知道了很擔心。他對著作郎宗欽說：「閔湛、郗標的建議，恐怕會釀為崔家萬世之禍，我們也要受到連累的。」

但是，崔浩昏了頭，竟然對閔湛、郗標二人的馬屁照單全收，下令將《國記》刊刻出來。

馬屁有風險，拍時要謹慎，接受時更要慎重。

三

不久，在平城天壇東三里處出現了一片碑林。整片碑林方圓一百三十步，刻印著《國記》和崔浩所註釋的《五經》，一共用工三百萬才完成，不愧為一個浩大的「文化盛舉」。

麻煩立刻來了！《國記》如果僅限在小範圍內傳閱，即便少數鮮卑權貴對秉筆直書的內容不滿，他們也找不出攻擊崔浩的藉口來──畢竟崔浩記載的是事實。可是現在，崔浩將客觀但卻不光彩的鮮卑早期歷史曝光在大庭廣眾之中，無所避諱，引起圍觀者議論紛紛。鮮卑貴族就找到了攻擊崔浩的藉口。

　　大批鮮卑貴族怒不可遏──他們的確非常憤怒，先後到拓跋燾面前告狀，控訴崔浩有意「暴揚國惡」。拓跋燾沒有想到崔浩膨脹到這種地步，竟然私自在通衢廣場之上樹立「內部讀物」。他也怒不可遏。拓跋燾迅速下令收捕崔浩及祕書郎史，審查罪狀。

　　拓跋燾的火發得非常大。情況很嚴重。

　　一向不贊同崔浩做法的高允也參與了《國記》的修撰工作，名字也在要逮捕查辦的黑名單上。太子拓跋晃是高允的學生，決心救他。父皇正在氣頭上，拓跋晃不敢去為老師求情，就把高允召進宮裡保護起來，第二天早晨才帶著他去見父皇。一路上，拓跋晃叮囑高允：「一會兒不管陛下詢問什麼，老師都只能依照我的話講下去。」高允不明就裡，問道：「究竟發生了什麼事情？」拓跋晃三言兩語說不清楚，只是拉著高允見了拓跋燾。拓跋晃搶先說道：「中書侍郎高允在臣宮裡，小心謹慎，雖與崔浩同事，但一切都由崔浩做主。請饒了他的性命。」拓跋燾召高允上前問道：「《國記》是不是崔浩一個人所作？」高允實事求是地說明了各人分工情況，坦率承認自己編撰的部分比崔浩多。拓跋晃見狀，在一旁急得直瞪眼，但高允不為所動，毫不避諱地說了實情。果然，拓跋燾大怒，說：「如此說來，你的罪行比崔浩還重，我怎能饒你性命！」拓跋晃連忙替高允掩飾：「高允地位低賤，見了陛下早就嚇昏了，說的都是胡話。兒臣仔細問過了，《國記》都是崔浩一個人所作。」拓跋燾再問高允：「的

確是這樣嗎？」高允坦然說了一番道理：「臣才學粗劣，蒙陛下不嫌棄委以編修國史的重任。但是在修史過程中冒犯天威，罪應滅族。太子殿下念臣曾經為他授課，想救我一命，其實事先並沒有問過臣修史的情況。臣說的是實話，不敢說謊。」聽他說完，拓跋燾眼睛一閉，心想：完了！不想，拓跋燾很欣賞高允的耿直、坦率，對他免予治罪。

崔浩就沒高允這樣幸運了。崔浩被帶進宮來，遭到嚴厲審問。他一介書生，年已古稀，早就嚇得渾身發抖，連話都說不清楚了，更不用說自我辯護了。負責審案的鮮卑貴族們自然將他重重定罪。

拓跋燾拿到最後的案卷，又一次大發雷霆，命令高允起草詔書，要將參與修史的一百二十八人全部滅族 —— 其中大多數是漢族世家大族。高允奉詔後，心如刀絞，遲遲寫不出一個字來。他手裡的筆，可關係著北方數十家世族的幾千條人命呢！太監幾次來催詔書，高允實在熬不住了，就請求覲見拓跋燾後再寫。見到拓跋燾，高允說：「如果崔浩犯有別的罪，臣就不知道了。單單就觸犯忌諱來說，崔浩罪不至死啊！」拓跋燾大怒，命左右武士把高允拉下去砍頭。又是一旁的太子拓跋晃百般求情，甚至跪地叩頭替高允求饒，拓跋燾這才慢慢壓制了怒氣，覺得定罪確實太重了，同意赦免大多數人的族人，只處罰罪犯本人。拓跋燾指著高允對太子說：「若不是這個人惹朕發火，會死幾千人的。」

高允不僅又一次逃過了鬼門關，還拯救了很多人。他最後活到了九十八歲才死，是古代少見的長壽老人。

崔浩最終以修史「暴揚國惡」的罪狀被殺。遭到屠戮的除了清河崔氏滿門和參與修史的官吏外，還有和清河崔氏有姻親關係的范陽盧氏、太原郭氏、河東柳氏等，都遭滅族之災。崔浩身前竭力壯大漢族世族在北魏朝野的勢力，如今連累著這股勢力遭到了血腥的屠滅。

因為崔浩一案牽連人數很多，北方漢族世族為之膽寒，所以很多人懷疑北魏朝廷借崔浩修史一案來鎮壓漢族勢力。進而有人認為崔浩「身在曹營心在漢」、一直處心積慮地為漢族謀利（自然包括為南方的漢族政權說話），被拓跋燾發覺後借修史一事斬首。後來很多人「挖掘」了崔浩密圖光復的證據。比如崔浩反對北魏朝廷從平城遷都漢族腹心地區的名城。神瑞二年（四一五年），北魏糧食歉收，有大臣就建議遷都鄴城。崔浩藉口鮮卑人去河北容易水土不服發生疾病死傷反對，又藉口鄴城離北方邊界遙遠，如果大夏、柔然入侵救援困難反對，堅持都城要定在平城。他是不是不想讓鮮卑蠻族入居中華舊地呢？又比如劉裕北伐後秦的時候，崔浩竭力反對北魏出兵夾擊漢族軍隊，而且崔浩對北魏討伐其他少數民族無不全力支持，但一旦涉及南征或者與漢族軍隊作戰，崔浩總是反對，是不是也是崔浩「心懷故國」的證據呢？當然了，這樣的解釋揣摩的色彩較重。說崔浩是深藏在北魏內部的漢族間諜，缺乏直接的鐵證。

相反，崔浩在北魏統一北方和北魏朝廷的制度建設方面，功勛卓著，說他是北魏的開國元勛也不為過。在處決崔浩後不久，拓跋燾就後悔了，感嘆崔浩「死得可惜」。

從某種意義上說，崔浩是最後一位勇於直書國史的人物，從那以後，後來的史臣們出於種種考慮，都是本著「為尊者諱」的態度撰寫史書，無一敢直書帝王其人其事，像崔浩那樣個性張揚、心靈簡單的讀書人也越來越少了。

成也太后：千古一后馮太后

一

北魏歷史上，出現了兩位太后。前一位太后勵精圖治，推動國家走向了強盛，後一位太后敗壞朝政，將國家推向了崩潰與分裂的邊緣，可謂是「成也太后，亡也太后」。

第一位太后姓馮，是個漢族女子。一個漢人怎麼成了鮮卑人的太后呢？這得從頭說起。

馮太后身世坎坷，祖父馮宏是十六國時期北燕的末代皇帝。北燕被太武帝拓跋燾滅亡，馮宏帶著家人跑到高麗，後來在高麗被殺。馮氏家族紛紛逃回中原，投降北魏。北魏為了表示寬容，接納了這些亡國皇室後裔。其中馮宏的一個女兒還被拓跋燾納入後宮，封為左昭儀。馮宏的一個兒子馮朗被封為西域郡公，當過秦州和雍州刺史，後來因為某宗案子受到牽連被殺。馮朗留下一個幼女，孤苦無依，姑姑馮昭儀就將她接到宮中，親自撫育。這個小女孩就是日後的馮太后。

馮昭儀對小姪女傾注了無私的關愛，小女孩在北魏後宮平安地成長，並且耳濡目染了諸多的政治風暴，無形中鍛鍊了才幹。當她從女孩子長成少女的時候，正是北魏宮廷權力紛爭白熱化的時期。

北魏正平二年（西元四五二年）三月，太武帝拓跋燾被宦官宗愛殺害。宗愛將弒君的罪行掩蓋得很好，開始插手皇權更替，決心扶立便於操作的新皇帝。拓跋燾的太子拓跋晃已死，拓跋晃之子拓跋濬是皇位的第一繼承人。但是拓跋濬當時才十二歲。尚書左僕射蘭延、侍中和定以及侍中薛提三人認為主少國疑，新皇帝還是找年紀大的人來做比較好。

他們三人屬意拓跋燾的第三子秦王拓跋翰，並將拓跋翰叫到宮中，準備登基了。期間，薛提突然變卦了，覺得大家捨棄血統最近的皇孫拓跋濬，改立秦王，會引發動亂。分歧導致了衝刺時刻的猶豫。這一猶豫就被宗愛利用了。宗愛和秦王拓跋翰關係一般，與拓跋燾第五子吳王拓跋余私交很好。他也在同時策劃擁立拓跋余為新皇帝。宗愛先假傳皇后詔令，召蘭延、和定、薛提三人入內宮殺掉，又將秦王拓跋翰騙入密室殺害，然後擁立拓跋余為新皇帝。

拓跋余暴得皇位，喜出望外之餘知恩圖報，任命宗愛為大司馬、大將軍、太師、都督中外諸軍事，並封馮翊王。沒幾天，拓跋余就後悔了。因為天下的實權都被宗愛奪走了，自己這個皇帝成了傀儡。於是，拓跋余謀劃削奪宗愛權力。宗愛一不做二不休，乾脆又偷偷把拓跋余殺害了。

這一回弒君，宗愛做得不隱蔽，被禁衛軍官劉尼知道了。劉尼趕緊告訴了尚書源賀、陸麗等人。幾人聯手，捉拿宗愛。宗愛就是一個太監，並沒有多大實力，哪裡是大臣們聯手後的對手，很快就成了刀下之鬼。朝臣們重新迎立皇孫拓跋濬為帝，史稱文成帝。

文成帝拓跋濬在位十四年，沒有什麼豐功偉業可以說的。他最大的政策可能就是重新推崇佛法。拓跋濬的爺爺拓跋燾執行了嚴厲的滅佛令，公開的佛像和佛教勢力被摧毀了，但民間信仰依然堅定，繼續擴散。拓跋燾末期，官員對滅佛令的執行漸漸鬆弛。興安元年（四五二年）年底，文成帝正式允許各州縣建立佛寺，承認和尚剃度出家。拓跋濬本人似乎也信仰佛教，他不僅親手為高僧剃髮，還在僧侶的建議下，選定首都平城西北約三十里的武州山南麓，開鑿石窟，窟中雕鑿石佛像。這就是著名的山西雲岡石窟的緣起。

拓跋濬做的第二件影響深遠的事情，就是在太安二年（四五六年）立十五歲的馮氏為皇后。馮氏之所以能在候選人中脫穎而出，極可能得到了姑姑馮昭儀的幫助。北魏朝廷選皇后的規定是，先挑選一定數量的候選人，候選人要完成「手鑄金人」的考驗。「手鑄金人」很可能是類似鑄造玩偶的手工藝活動，是挑選過程中關鍵的一道程序，也是一個非常隆重的儀式。如果候選人不能鑄造成功，便被淘汰。而馮氏手鑄金人一次成功，順利打敗其他競爭者。後人有理由相信，姑姑馮昭儀長期的宮廷生活經歷對姪女馮氏的勝出造成了重要作用。

　　立后的同時，拓跋濬立年僅三歲的拓跋弘為皇太子，當夜依據制度賜太子生母自盡。

　　早在道武帝時期，北魏為了防止後宮干政，制定了「子貴母死」的制度，即皇子被立為太子後，其生母要被賜死。道武帝拓跋珪立兒子拓跋嗣為帝，就殺其生母，並且語重心長地對拓跋嗣說：「昔日漢武帝要立太子劉弗陵，殺了他的生母，是不讓婦人參與國政，防止外戚為亂。汝當繼統，故吾遠同漢武，為長久之計。」拓跋嗣繼位後，雖然懷念生母，但將立子殺母定為「祖宗家法」流傳了下來。

　　馮氏沒有生育，這是她的不幸，但她因此免於殺戮的命運。

　　和平六年（四六五年）五月，文成帝拓跋濬在平城駕崩。按照北魏風俗要焚燒文成帝生前的衣物用器等，文武百官和後宮嬪妃要到現場哭泣哀悼。正當百官和後宮痛哭的時候，皇后馮氏忽然撲火要自焚。眾人趕緊將她拉了出來。此事可見馮氏的剛硬和勇敢。

　　太子拓跋弘繼位，史稱獻文帝。馮皇后則升格為了馮太后。

二

事實證明，北魏「子貴母死」的家法並不能防止皇權旁落。拓跋濬死後，馮太后很快就獨攬了朝政，事實上掌握了北魏實權。

當時，獻文帝拓跋弘年幼，車騎大將軍乙渾趁機要攬權。他矯詔殺害大臣，自稱丞相，位居諸王之上，擺出一副獨斷專行的樣子來。他忘記了，馮太后可是敢往火堆裡跳的人。馮太后對乙渾的行為假裝不聞不問，暗中調大臣入京，突襲乙渾，將他殺死。接著，馮太后以皇帝年幼、防止奸臣攬權為名，宣布臨朝稱制，掌控朝政大權。

這是馮太后第一次臨朝主政，時間只有短短幾年。原因是獻文帝拓跋弘天資聰明、剛毅果斷，幾年後又生下了皇子拓跋宏（父子名字同音），馮太后臨朝的理由不充分了，於是歸政獻文帝，由他決斷朝事。

馮太后名為太后，其實還不到三十歲，加上結束臨朝後無事可做，熬不住寂寞，看到大臣李奕風流倜儻，就和他「親密接觸」，成雙入對了。朝野議論紛紛。

拓跋弘血氣方剛，得知後怒不可遏，完全不能容忍李奕和母親的不正當關係。巧的是，李奕的弟弟李敷在相州刺史任上收受賄賂，被人檢舉。拓跋弘就抓住這件事情不放，高舉反腐大旗，大開連坐之門，誅殺了李奕、李敷全家。馮太后遭到情感和顏面兩方面的打擊，對拓跋弘心生怨恨。於是，母子失和。

獻文帝拓跋弘鍾愛黃老之學，對佛經有手不釋卷之感，對富貴視為糞土，追求內心的平靜和安寧。他治理的朝廷處於亂世，後宮又母子失

和，不免心煩意亂，竟然萌發了退位歸隱的想法。拓跋弘要把皇位讓給
叔叔、京兆王拓跋子推。大臣們被皇帝的這個念頭給嚇壞了，紛紛反對
說禪位給皇叔紊亂宗祀，萬不可行；如果皇上一定要禪位，也要禪位給
皇太子。拓跋弘也不猶豫，在皇興五年（四七一年）八月禪位給五歲的
太子拓跋宏。拓跋弘做了太上皇，馮太后則升格為太皇太后。

拓跋宏即位，他就是歷史上著名的孝文帝。

拓跋弘這個太上皇只有十八歲，心中還有大展宏圖的想法。他雖然
禪位，但依然對朝政有決定性的影響，每天依然像之前一樣處理政務，
賞罰嚴明。五年後的一天，二十三歲的拓跋弘「暴亡」。那是馮太后派人
在他酒中下毒。原來拓跋弘禪讓之後，和馮太后的關係非但沒有好轉，
還進一步疏遠。皇位更替後，孝文帝拓跋宏年幼，馮太后本想再一次攬
權，不料拓跋弘把持實權不放，激起了馮太后的殺心。毒死拓跋弘後，
馮太后攬權道路上的巨石就被去除了。

如果說還有什麼障礙，就只可能是十歲出頭的孝文帝拓跋宏了。

對於孫子，馮太后的心態很糾結。一方面，為了大權獨攬，馮太后
不惜大開殺戒，北魏因為遭馮太后猜忌而被覆滅者十餘家。孝文帝的外
祖父、南郡王李惠的家族因為是可能替代馮太后的外戚，而被族誅。孝
文帝拓跋宏聰慧過人，對祖母表現得非常順從。有宦官對馮太后搬弄是
非，說拓跋宏的壞話，馮太后盛怒之下痛打了他一頓。拓跋宏默然接
受，並不申辯。但是馮太后還是擔心他日後對自己不利，想要廢掉孝文
帝。濃厚的猜忌心讓馮太后甚至曾經在寒冬臘月、冰凍刺骨之時，把只
穿單衣的拓跋宏關到小屋裡，三天沒給飯吃。這已經不是廢黜拓跋宏的
帝位，而是要他的命了。大臣李沖、拓跋丕、穆泰等紛紛勸阻馮太后，
她才改變主意。（孝文帝拓跋宏因此對李沖異常尊重，皇帝對王公重臣都

直呼其名，但是拓跋宏見到李沖都不呼姓名，而叫他「李中書」。）

　　另一方面，馮太后一旦消除了廢帝的心意，就用心教導拓跋宏，希望孫子能夠成為一代聖君。馮太后親自寫了〈勸誡歌〉三百餘章和〈皇誥〉十八篇，作為拓跋宏學習的指南和行為準則，悉心教導孫子治理天下的原則、方法。在馮太后的主持下，北魏展開了一系列的變革維新，歷史上把這一時期的一系列改革稱為「太和改制」（太和是孝文帝的年號），現代人更多地直接稱之為「孝文帝改革」。實際上在太和十四年（四九〇年）之前，馮太后才是北魏的實際執政者。她開啟了一系列改革的序幕，還親自策劃、推行了諸多重要方針政策。因為出身漢族，馮太后啟動的改革帶有鮮明的漢族特色。

三

　　以上這些描述可能讓人覺得馮太后是一個多疑猜忌、殺戮心很重的女強人。歷史上馮太后也是「多智略，情猜忍，能行大事，生殺刑罰，決之俄頃」。但她還有知人善用、生性儉素、仁慈和善的另一面。

　　馮太后對沒有政治野心的人往往加以籠絡，注意培養、選拔賢能之士為己所用。李奕被殺後，馮太后又挑選了不少健美強壯的男子作為新寵。其中他最寵愛王睿、李沖。

　　王睿本是以天文卜筮為生的江湖中人，長得偉岸英俊。馮太后因事接見王睿後就喜歡上了他，上床歡愉之後立刻破格提拔王睿為給事中。之後，王睿青雲直上，歷任散騎常侍、侍中、吏部尚書，賜爵為太原

公。王睿內參機密、外預政事，恩寵日隆。但是他不是一個只會獻媚的佞臣，而有相當的膽略和才幹。太和二年（四七八年），馮太后、孝文帝率百官、宮人去虎圈賞虎，有隻吊晴大老虎偷跑出來，眼看就要衝到御座之前了。帝后左右的衛士和宮人全都被嚇跑了，唯獨王睿一人揮舞畫戟，站在馮太后和孝文帝面前阻擋老虎。老虎最後被嚇走了。王睿被升為尚書令，封中山王，在四十八歲時病逝。

李沖出身高貴，是敦煌公李寶之子，自少就文雅大度、交遊廣闊，聲譽很高。他雖然也因為床笫原因得到提拔，升任中尚令，晉爵隴西公，但他也才幹出眾，對北魏政治多有貢獻。比如影響深遠的三長制就是他創造的。

馮太后寵愛王睿、李沖等人，多有賞賜。比如李沖原本家貧，馮太后就暗中將珍寶財物送到李家去，李沖很快成為富室。但馮太后自己日常生活儉素，不好奢華。她吃得十分簡單，穿著打扮也很隨意。馮太后一改北魏宮廷之前食不厭精、膾不厭細、花樣繁多的舊制，將食譜減少了十分之八九，平日就在一種寬僅幾尺的几案上就餐，杜絕鋪張浪費。她平日穿戴，都是縵繒（沒有花紋裝飾的絲織品），不用錦繡華麗的裝飾。馮太后在朝政上也屬行節約，臨朝之初就下令取消鷹師曹，禁止各地上貢鷹鳥。

但是由於馮太后好佛，北魏因敬佛而花費錢財巨大，投入成百上千的黃金，將金玉珍寶成斗成斗地裝嵌在佛堂佛像上。北魏時期的佛像形制恢弘，至今還多有遺物。

在日常瑣事上，鐵腕的馮太后表現得仁慈和善。一次，馮太后身體不適，要服用中藥。負責的廚師卻糊裡糊塗地端上一碗米粥，而且粥裡竟然還蠕動著一條數寸長的爬蟲。馮太后發現後，只是用湯匙輕輕一

攪，把蟲子挑了出來。一旁的拓跋宏見狀，很是惱火，痛罵那廚師，要砍他的腦袋。馮太后卻笑著擺擺手，將早已嚇得七魂出竅的廚師釋放了。對於身邊的宦官，馮太后恩威並施，寵信有加，但也不放縱自流。馮太后個性嚴明、不徇私情。左右宮人有小過錯，她就大加鞭撻，少的幾十下，多至數百下。可是事情過後，馮太后心中不存芥蒂，對受懲罰者待之如初，許多人還更加富貴，「是以人人懷以利欲，至死而不思退」。

馮太后對拓跋宏的控制極嚴。一直到馮太后死前，拓跋宏都不知道自己的生母是何人，可見馮太后的控制程度。拓跋宏生性至孝，事無巨細都先稟明馮太后再做定奪。他長期生活在馮太后的高壓下，卻養成了正常的心態，既能看到祖母攬權強硬的一面，又沒有心生怨恨，而是看到了祖母對國家發展有功的一面。他對祖母推行的諸多改革打心眼裡贊同，終身奉行，還進一步深化推進。西元四九〇年，馮太后病逝，當時四十九歲。拓跋宏哀痛至極，五天五夜漿水不進，為祖母上諡「文明太皇太后」，歷史上因此稱馮太后為文明太后。

馮太后生前，將兩個親姪女（哥哥、太師馮熙的女兒）安排嫁給了孫子拓跋宏 —— 似乎有點亂倫。拓跋宏先立妹妹為皇后，封姐姐為昭儀。馮昭儀和馮皇后同父異母，因為母親出身微賤，所以入宮要晚於其妹，但是長得漂亮嫵媚，很受拓跋宏的寵幸。她不滿於做昭儀，與妹妹爭寵。馮昭儀在拓跋宏面前百般詆毀皇后妹妹，後者毫無還手之力，最後被廢為庶人，罰去寺廟做尼姑，後又被賜死。馮昭儀如願以償，做了皇后。拓跋宏在祖母死後操心政事、常年征戰在外，馮皇后不甘寂寞，竟然與中官高菩薩通姦。一次拓跋宏南征，後方謠傳孝文帝在汝南病重，馮皇后公然不避諱地與高菩薩行淫。拓跋宏接到告發後，驚愕異

常，返回洛陽將相關人等羈押刑訊。拓跋宏親自審訊馮皇后，現場只留一個衛士，還用棉絮塞住衛士的雙耳，可見他也覺得「家醜不可外揚」。當馮皇后自陳淫亂本末後，拓跋宏召喚宗室彭城王、北海王等人，說：「昔是汝嫂，今為路人，但入勿避！」考慮到馮皇后是祖母的姪女，天性孝順的拓跋宏沒有馬上明令廢掉馮皇后。臨終之時，拓跋宏才囑託兩個兄弟賜死馮皇后。馮皇后不肯服毒，兩個王爺揪住她把毒藥強灌進嘴裡。

到洛陽去，到漢人的地方去！

一

西元四七一年，北魏皇帝拓跋弘將皇位禪讓給了五歲的兒子拓跋宏。

這原本是北魏王朝的一樁宮廷醜事，卻在客觀上開啟了一場偉大改革的序幕。

北魏皇太后馮氏在幕後掌握政權，將拓跋弘置於虛君的位置。拓跋弘殺死了馮太后的情夫李奕，想以此來打擊政敵。結果，馮太后強迫他退位，將他軟禁起來。不久，拓跋弘就「暴亡」了。新即位的拓跋宏年幼無知，無法處理政事，朝中大事均由太皇太后馮氏執掌。馮氏雖然是鮮卑人的太后，卻出身漢族人家。她提拔了許多漢族人進入朝廷，對新皇帝拓跋宏也進行了正規的儒學教育。在政治上，馮太后並不因循守舊，而是大膽進行了改革。

當然了，馮太后改革的出發點是為了鞏固太后的權力，削弱潛在的政敵。人事和吏治整頓往往是最好的突破口。馮氏就從整頓吏治入手，規定地方官只要治績突出，任滿一年就升遷一級；而治績不好的即使就任不久也要受到處罰。過去，拓跋鮮卑的賦稅制度混亂，地方上州郡縣爭收租調。現在朝廷嚴令只能由縣級政權徵收，削弱州郡的財權。如此一來，朝廷（其實就是馮太后）對地方官的控制就加強了，地方反抗中央的資本也大為削弱了。馮太后的人事改革還有許多清明的地方。比如北魏一改鮮卑民族的掠奪本質，在朝廷執行班祿制。鮮卑貴族原來是沒有「薪水」的，要用錢的時候就到地方財政上拿，或者公然敲詐勒索、

索取賄賂；現在馮太后申明任何官員在俸祿以外貪贓滿一匹絹布者，處死。考慮到許多官員都拖家帶口的，俸祿可能不夠，朝廷又規定地方官可以按官職高低領取一定數量的俸田，耕種收穫，補貼家用。這些俸田不准買賣，官員離職時移交下任。後來其他政權覺得「俸田制」不錯，紛紛效仿。馮太后也算是為中國官場提供了一項原創制度。

有一項改革可能在馮太后心目中並不是重點，卻對中國歷史產生了深遠的影響。那就是「均田制」。

身為漢人的馮太后對農業結構的基本理解是地主與僱農的結構。長期的戰亂造成了大批無地農民，也讓北魏朝廷掌握了大量無主土地。朝廷於是頒布均田令，根據百姓家庭的不同情況，授予不同數量的國有土地。授田有露田、桑田之別。其中露田種植穀物，不准買賣，得田百姓七十歲時交還國家；桑田種植桑、榆、棗等經濟作物，不需交還國家，允許百姓自由買賣。

均田制的推行對於「不習農桑」的鮮卑經濟來說是一大進步。它的本質是國有經濟，以國家掌握的土地和人口為基礎。戰爭導致百姓脫離田地，背井離鄉，國家手裡掌握著大片無主土地，但就是缺乏人口（原先固定在土地上的百姓不是成了遊民就是依附豪強地主，成了後者的「蔭戶」）。因此北魏又和地方豪強和宗主展開了對人口的爭奪。馮太后在國內推行三長制，抑制地方豪強庇蔭戶口。朝廷調查人口，規定每五家為鄰，設立一個鄰長；每五個鄰為一里，設立一個里長；每五里為一個黨，設立黨長。三長協助官府管理人口、徵發賦稅，大大削弱了地方豪強的勢力，保證了均田制需要的人口。

與均田制相呼應，朝廷調整了租調制，規定以一夫一婦為徵收單位，每年交納帛一匹、粟二石。均田制和租調制相結合產生了巨大成

功，以至於它日後飄洋過海，為日本等國所效仿。這些後事大大出乎了當初改革者的意料之外。

這些改革帶有突出的漢族色彩，都是以拓跋宏的名義頒布施行的。但是年幼的拓跋宏只是一個傀儡而已。他受到馮太后的嚴格教育和嚴密監視，終日戰戰兢兢，生怕惹怒太皇太后，招來被廢的厄運，甚至是殺身之禍。拓跋宏就是在大權旁落、擔驚受怕的環境中日益長大的。如果說他有什麼突出之處，就是他成功地處理了和馮太后的關係，並且養成了沉穩老練的性格，深諳政治。而改革的倡議者和主持人馮太后雖然缺乏高尚的目標和響亮的口號，卻在南北朝歷史上刻上了深深的痕跡。

只是馮太后此人，精於權謀卻疏於政治，長於戰術卻短於策略。她僅僅揭開了一次偉大改革的幕角，沒有能力讓它成為一場輝煌的大戲。

二

西元四九〇年，馮太后死後，拓跋宏將老人家風光大葬，然後從權力舞臺的幕後走到了幕前。

年輕的拓跋宏接受的政治遺產非常複雜。祖母啟動的改革取得了一些成效，卻沒有解決帝國的深層問題：北魏王朝與作為政治根基的漢族民族依然存在隔閡。中原各地反抗鮮卑的零星造反事件層出不窮。一道道鎮壓的使命不斷從平城發往各地。拓跋宏對祖母的改革是持完全肯定態度的。這不僅僅出於對政策方針本身的認同，更是因為馮太后留下了一整套政治團隊。拓跋丕、穆泰、陸睿等馮太后的老臣把持著朝政，依

然分割著皇權。拓跋宏透過對馮太后的高度尊崇，全面繼承祖母的政策來壓制這部分人的潛在政治威脅。

最讓拓跋宏頭疼的是，帶有漢族色彩的改革引起了鮮卑民族內部的不滿。

鮮卑貴族是在馬上得的天下，王朝建立後也始終保持著游牧民族的本性。他們居住在祖先經營多年的首都平城，自豪而且自信。他們感謝祖先留下的富貴生活，也願意為捍衛這樣的生活方式而奮鬥。馮太后透過自己的權威和高超的政治手腕推行了許多改革，卻絲毫沒有觸及鮮卑民族在精神層面的內容。拓跋鮮卑依然保持著保守的面貌。當年酋長拓跋力微的兒子沙漠汗在晉朝當質子後返回晉北。他用彈弓打鳥。這個很尋常的行為竟然引起了部落貴族的恐慌。因為在拓跋鮮卑的歷史上，弓都是用來發射箭，再用箭來射鳥的，從來沒有人用弓發射彈子。於是，惶恐的貴族們認為沙漠汗已經被南方漢族人的風俗習氣給「汙染」了，擔心他日後繼承了大位後，會改變鮮卑舊俗，進而對部落貴族們不利。大家討論的結果是建議拓跋力微殺死兒子，再挑選本分樸實的人為繼承人。這些保守的鮮卑貴族對已經開始的改革的不滿情緒是顯而易見的，現在「女強人」馮太后死了，這種情緒可能會尋找途徑爆發出來。

從小接受正規儒家教育的拓跋宏顯然不是舊式貴族的同路人。

只有繼續馮太后開啟的改革，仿效中原先進的政治文化，才能破解鮮卑族落後保守的面貌，才能突破王朝發展的瓶頸。

拓跋宏如今需要做的是尋找在舊貴族包圍中突圍而出的方法，一種既可以鞏固和擴大皇權又能夠推進改革的兩全其美的方法。拓跋宏想到的方法就是「遷都」。平城是拓跋鮮卑的老根據地，為北魏王朝的建立立下了汗馬功勞。這裡埋葬著本民族的列祖列宗。這裡是拓跋鮮卑祖宗耕

耘之地，靠近本民族熟悉的草原。但是平城越來越滿足不了一個日益強大的帝國的經濟需求，北魏王朝不得不定期從中原各地徵調物資和人口來支撐首都的正常運轉。隨著北魏立國時間越來越長，漢族人已經成為了王朝人口的多數，成為了王朝政治的根基，但鮮卑人顯然和他們缺乏溝通，也沒有得到他們的堅定支持。

且不說平城氣候惡劣、環境惡化、經濟薄弱，也不說平城遠離中原腹心地區，不利於王朝對中原地區的控制，就只說平城籠罩著的濃厚的游牧民族氣息和保守的思想就讓拓跋宏受不了。平城的氣氛與拓跋宏的思想不符，也不利於王朝的長遠發展。當時，拓跋宏經常要處理北方柔然不斷進犯北魏雲中地區的軍務。柔然的軍隊能夠威脅到平城的安危。拓跋宏覺得如果自己再繼續和柔然這樣後起的游牧民族糾纏下去，北魏朝廷就永遠擺脫不了游牧民族這個圈子了。現在的北魏王朝已經不是游牧王朝了，需要一次飛躍。那就是遷都。遷都到什麼地方呢？拓跋宏認為「國家興自北土，徙居平城，雖富有四海，文軌未一。此間用武之地，非可文治，移風易俗，信為甚難。崤函帝宅，河洛王里，因茲大舉，光宅中原」。他計劃遷都到中原腹心的洛陽去。

洛陽是之前東周、曹魏和西晉王朝的首都，處於中原漢族人口和經濟的中心，具有深厚的漢民族政治文化智慧的累積。遷都洛陽，可以解決物資保障問題、接受漢族政治遺產的滋養、爭取漢族主體的支持。至於平城的那些舊貴族，就讓他們和游牧後輩柔然人去糾纏較量吧！拓跋宏認定自己為北魏王朝找到了一個正確的發展方向。

有學者從年輕的拓跋宏的心理出發，認為由於馮太后「臨朝專政……太后多智略，猜忍，能行大事，生殺賞罰，決之俄頃，多不關高祖者。是以威福兼作，震動內外」，導致了拓跋宏心理和現實上始終處在

馮太后的政治壓迫之下。「平城諸多鮮卑元老重臣無時無刻不想把孝文帝（拓跋宏）控制在自己的掌心。而且，馮太后已經固有的政治業績在平城已經達到巔峰，不可能再有更大更多的發展，孝文帝（拓跋宏）在平城很難施展抱負。」

三

太和十七年（四九三年），拓跋宏突然嚷嚷著要南伐宋朝，統一全國。

皇帝的行動還很快，在明堂上當眾命令太常卿王諶親自去做龜卜，看看南伐是否吉利。

王諶是九卿之一的太常卿，本不應該由他親自去鑽烏龜殼做占卜。這些事情本應該是下面的僕吏去做的。拓跋宏下詔要王諶親自去做，頓時讓群臣感覺到了皇帝對南伐一事的重視。沒有人料到，在詔書下達之前，拓跋宏偷偷把王諶叫到一邊面授機宜了。沒多久，王諶就呈上來一個大大利於出兵的「革」兆。商朝湯武當年伐夏前占卜就得了一個「革」卦。

鮮卑人迷信占卜。拓跋宏見此，高興地宣布：「這是湯武革命，順天應人的吉卦。我們要擇日興兵，南伐宋朝。」群臣知道皇帝要來真的了。可是討伐南方統一全國是大事，關係王朝興衰，不是倉促能夠準備好的，更不是兒戲。但是占卜的結果卻是有利於出兵的吉卦。大臣們一下子愣住了，都低頭不敢說話。

任城王拓跋澄仗著自己是拓跋宏的叔叔，出來說：「易經說『革』是更改的意思。將欲應天順人，變革君臣的地位，所以湯武得到『革』卦是吉卦。但是陛下擁有天下，有好幾代了。現如占卜出征，只能說是『伐叛』，不能說是『革命』。因此，占卜得到『革』卦，並非君人之卦，並不吉利。」群臣見有人帶頭反對南伐，待拓跋澄話落，紛紛點頭表示同意。

　　拓跋宏厲聲反駁說：「象云『大人虎變』，何言不吉也！」拓跋澄也和姪子槓上了，說：「陛下龍興已久，怎麼能和虎變相提並論！」拓跋宏想不到遇到這麼大的阻力，氣得臉都變了色：「社稷是我的社稷，任城王難道想破壞士氣，阻礙國家南伐嗎？」拓跋澄也不示弱：「社稷的確是陛下的社稷，但臣是社稷的臣子，既然參與政事以備皇上垂問，就不能不竭盡所能，暢所欲言。」拓跋宏早就下定了遷都洛陽的心思，現在提南伐只是找個藉口而已。想不到南伐剛提出來，就遭到了拓跋澄的堅決反對，心裡一下子就煩躁不安起來。拓跋宏畢竟是拓跋宏，很快就從不快情緒中跳脫出來，意識到：「我和拓跋澄只是都將內心的想法表達出來而已。拓跋澄也不見得就是個老頑固。」拓跋澄反對南伐，是為國著想。既然為國著想，就不會反對遷都。打定主意，拓跋宏不再提南伐，轉移到了其他話題上。等到退朝，皇帝車駕還宮後，拓跋宏立刻召拓跋澄來見面。

　　拓跋澄還沒走上臺階，拓跋宏就遠遠地對他說：「我們再不談什麼革卦了，剛才在明堂之上，我是怕眾人爭相發言，阻我大計，所以厲色震懾群臣。我現在叫你來，是希望你能了解我的真意。」接著，他把名為南伐、實為遷都的計畫單獨告訴了拓跋澄：「今日之行，誠知不易。但

國家興自北土，徙居平城，雖富有四海，文軌未一，此間用武之地，非可文治，移風易俗，信為甚難。崤函帝宅，河洛王里，因茲大舉，光宅中原，任城意以為何如？」拓跋澄原本是擔心年輕的拓跋宏一時興起，對南宋發動衝動的討伐傷害國家元氣。現在他終於知道了拓跋宏深謀遠慮，為國家發展著想的真實意圖，立即表示支持：「伊洛中區，均天下所據，陛下制御華夏，輯平九服，蒼生聞此，應當大慶。」拓跋澄也認為洛陽地處中心，遷都洛陽有利於對全國加強統治，也就是「制御華夏，輯平九服」，是件大好事。

有了叔叔的支持，拓跋宏的心放寬了一些。但他還是心存擔憂：「北人戀本，突然聽到朝廷要遷都，不能不驚擾。」拓跋澄堅定地說：「遷都大事，本來就是非常之事，當非常人所知，只要陛下聖心獨斷，其他人亦何能為也。」拓跋宏受到鼓舞，高興地說：「如果遷都能成，任城王就是我的張良啊！」

拓跋宏決心甩開群臣，開始「南伐」的準備。他先加封拓跋澄為撫軍大將軍、太子少保，又兼尚書左僕射，再和出身漢族的尚書李沖等人祕密部署。拓跋宏任命李沖負責選拔勇士南征，命令北魏全國戒嚴，軍隊總動員，正式宣布南伐，還命令與南朝接界的揚州、徐州徵發民夫，招募兵丁。夏末，拓跋宏拜觀了馮太后的永固陵後告別平城，率領人批大臣、將領和三十萬大軍浩浩蕩蕩往南去了。

地下的馮太后不知道，自己的孫子從此將她孤零零一個人留在了寒冷的晉北。

平城也想不到，這個城市從此再也沒能成為任何一個政權的首都。

四

　　拓跋宏率領著大軍，風塵僕僕地趕到了南征途中的洛陽。

　　來到洛陽前後，河南一帶陰雨連綿，讓長途跋涉、全副武裝的將士們苦不堪言。拓跋宏於是下令全軍在洛陽休息待命。

　　洛陽還下著雨，拓跋宏則興致勃勃地帶著群臣參觀了城內殘存的漢家宮殿。洛陽從西晉末年開始屢經戰亂，早已經失去了往日的恢宏景象，但是曹魏和西晉各代皇帝對這座城市長期經營，留下了眾多的遺跡。滿目荒涼的殿址斷垣殘壁、雜草叢生。拓跋宏觸景生情，對左右大臣說：「西晉不修功德，致使宗廟社稷毀於一旦，宮殿荒廢至此，朕實在感到痛心。」說完，拓跋宏潸然淚下，吟誦起了《詩經‧黍離》來：「彼黍離離，彼稷之苗。行邁靡靡，中心搖搖。知我者，謂我心憂。不知我者，謂我何求。」他熟知歷史，擔心北魏王朝也重蹈西晉的覆轍。其他王朝是在洛陽走到了末日，對於北魏來說，只有留在洛陽才能遠離末日。

　　為了留在洛陽，拓跋宏披甲上馬，又要拔劍出城，下令全軍繼續南進。當時，連綿的秋雨已經下了一個月，河南地區道路泥濘，士兵前行困難、士氣低落。隨行的大臣和將領們原本就對草率的南伐缺乏信心，現在在洛陽的生活苦不堪言，偏偏遇到皇帝督促上路，紛紛出來勸阻拓跋宏。群臣攔著拓跋宏的馬，尚書李沖（他其實是個「幌子」）指出此次南伐本來就沒有取得朝野的一致意見，現在皇上又緊緊催促進攻，群臣懇請他收回成命。他的話得到了許多大臣的認同，但拓跋宏緊握韁繩，毅然決然地要繼續南伐。安定王拓跋休等人最後都哭著勸諫皇帝不要南

伐了。拓跋宏這時裝出無可奈何的樣子，嚴肅地說：「此次朝廷興師動眾，如果半途而廢，豈不是貽笑大方？既然停止南伐，不如就將國都遷到洛陽。」大臣們聽了，面面相覷。皇帝同意停止南伐了，但是提出了遷都的新要求。誰都不敢搶先發表意見。拓跋宏緊接著說：「諸位不要猶豫了。同意遷都的站到左邊，不同意的站在右邊。」在內心裡，多數文武官員是不贊成遷都的，但是眼前的雨水和危險的南伐是最緊迫的問題，遷都可以停止南伐，因此多數官員只好表示擁護遷都，往左邊站了。安定王拓跋休等少數人站到了右邊，反對遷都。少數服從多數，南安王拓跋禎代表多數大臣說：「今陛下苟輟南伐之謀，遷都雒邑。此臣等之願，蒼生之幸也！」

拓跋宏精湛的演技環環相扣，到現在算是取得了階段性的成績。

洛陽城殘破，拓跋宏先駐蹕在西北角的金墉城。

遷都一事在程序上確定後，拓跋宏下了一道詔書給拓跋澄：「遷移之旨，必須訪眾。當遣任城馳驛向代，問彼百司，論擇可否。」末了，他還意味深長地說：「近日論《革》，今真所謂革也，王其勉之。」在拓跋宏的心中，所謂的「革」卦完全應驗在了遷都洛陽這件事情上，它完全可以和商湯伐夏相提並論。

拓跋澄回到平城後，宣布了遷都的決定。留守平城的文武大臣聞言無不驚駭失色。他們一點心理準備都沒有。好在拓跋澄援引今古，耐心地一個一個人地說服引導，才沒有在平城引發出大騷亂來。貴族大臣們雖然不願意遷都，但一下子愣在那裡，不知道怎麼辦了。

第二年（太和十八年，四九四年）年初，拓跋宏親自回平城安排遷都事宜。他在太極殿正式宣布遷都。留守平城的鮮卑元勛顯貴藉機向拓跋宏發難，反對遷都。

燕州刺史穆熊說：「國家北有柔然的危險，南有南齊政權沒有臣服，西有吐谷渾的騷擾，東有高句麗的隱患，四方不定，尚待統一。在這個時候遷都，時機不對。況且征討四方，需要大量戎馬，平城有馬而洛陽沒有馬，遷都怎能取勝呢？」拓跋宏反駁說：「北方出產馬匹，朝廷只要在北方設立牧場，何必擔心無馬？平城在恆山之北，九州之外，非帝王之都，所以要遷都中原。」尚書于果反對說：「臣也承認代地（平城屬於代地）比不過伊洛（洛陽在此地），但本朝自先帝以來世代久居平城，百姓已安，一旦南遷，眾人未必樂意。」歷代宗室拓跋丕也反對說：「去年，陛下親率六軍南征，到了洛陽後派任城王回平城宣旨，命臣等討論遷都大計。臣等初奉恩旨，心中惶惑。遷都大事，應當訊問卜筮，審定是否大吉，然後定奪。」拓跋宏耐心地回答道：「卜以決疑，不疑何卜。人的認知超過占卜的力量，我們沒有什麼疑問，占卜又有什麼用呢？帝王以四海為家，或南或北，哪能常居一地！本朝遠足，世代居於塞外荒漠，平文皇帝開始南下草原，昭成皇帝營建盛樂新城，道武皇帝才遷都平城，朕為什麼就不能遷都洛陽呢？」至此，拓跋宏從細節、心理和理論上全盤駁斥了反對遷都的言論。保守大臣們爭辯不過，啞口無言。有的人乾脆痛哭流涕，表示誓死不離開平城。拓跋宏強行下詔遷都洛陽。平城的國家機構南遷的事情算是定了下來。

　　拓跋宏於是祭拜太廟，告訴列祖列宗後代要遷都河南的事情，再把祖廟的神主牌位遷往洛陽。平城的王公大臣及後宮都遷往洛陽，許多百姓也扶老攜幼開始前往洛陽。整個遷都行動直到第二年的下半年才大致完成。

　　浩大的北魏遷都工作從謀劃到最終完成一共持續了三年之久。

誰阻擋漢化就讓誰滅亡

一

　　遷都只是手段，不是目的。

　　拓跋宏的目的是推動整個鮮卑民族的漢化。遷都洛陽為拓跋宏大刀闊斧地深入改革提供了契機。

　　與祖母馮太后一樣，拓跋宏的深入改革也是先從政府人事開始的。

　　拓跋宏到洛陽不久，南方的大士族王肅從江南逃奔北方，來到鄴城。王肅是東晉大丞相王導之後，博學多聞，才華出眾。他尤其精通政治，為北方王朝帶來了完備的漢族政治思想和制度。拓跋宏聽說王肅在鄴城，親自召見。王肅辭義敏捷，對答如流，態度不卑不亢，對國家大事和發展引經據典，侃侃而談，非常切合拓跋宏的思路。拓跋宏細心地與王肅交談多日，有時談至深夜也不覺得疲憊。拓跋宏向漢族靠攏的政治和社會改革，正需要王肅這樣的人才。拓跋宏放心地對王肅委以重任，親切地呼他為「王生」。之後北魏王朝的禮樂改革，移風易俗和制度制定，多數是由王肅主持的。在改革的旗幟下，大量有真才實學的漢人得到了重用。而對於反對改革或者思想保守的貴族大臣，拓跋宏透過人事調整，逐步清理出了政治核心。拓跋宏任命反對遷都的馮太后親信拓跋丕留守平城，實際上剝奪了他的實權；又如原本顯赫的陸睿由鎮北大將軍調整為尚書令、定州刺史。

　　政治上的改革相對簡單，社會改革的難度要大得多。遷都洛陽後，大批鮮卑人南下中原，來到漢族核心地區。這些鮮卑人編髮左衽，男子穿袴褶，女子穿夾領小袖，與漢族人顯得格格不入。多數的鮮卑人不會說漢

語，就是在朝堂之上，鮮卑族和漢族的官員也不能直接交流。為此，朝廷和社會上都出現了專門的翻譯。習俗與語言的衝突還是其次的，最大的問題是大量鮮卑人來到洛陽地區，居無定所，又不擅耕種，缺乏糧食。在各式各樣的問題面前，南遷的鮮卑人難免人心戀舊，對遷都頗有微詞。

拓跋宏很快就將改革觸角延伸到了社會風俗和思想領域。他下令官民禁穿胡服，服裝一律依漢制。此令一出，引起了鮮卑人的巨大反彈。對於一個民族來說，政治雖然是上層建設，但畢竟不是一個民族內在的特徵。而服裝以及語言、風俗等與民族心理緊密相連，是各民族相互認同和區別的主要特徵。接到命令的多數鮮卑人都沒有改換服裝，依然我行我素。留守平城的太傅拓跋丕就公然拒絕換裝。

太和十九年（西元四九五年）年初，太師、京兆公馮熙在平城病故。馮熙是馮太后的哥哥，又是拓跋宏的岳父，按禮拓跋宏要參加他的葬禮。於是拓跋丕聯合陸睿等人上書，請求拓跋宏回平城參加馮熙的葬禮。當時，朝廷剛剛搬遷到洛陽，百廢待興，如果皇帝公開返回平城參加葬禮，無疑讓反對遷都的人增加了口實，也從一個側面表現了遷都帶來的不便。拓跋宏一眼就看出了拓跋丕等人的心思，斥責他們「陷君不義」，下詔將拓跋丕降為并州刺史，調離平城，其他官員相應降職處理。至於馮熙的葬禮，拓跋宏下令將他的靈柩迎至洛陽安葬。

不久，拓跋宏的一個堂兄在洛陽病故了，產生了一個新問題。拓跋宏的堂嫂子早死，已經葬在平城，那麼這位堂兄是否要葬回平城呢？按理說，拓跋宏應該讓人家夫妻團聚，但拓跋宏卻藉機規定從平城地區遷移到洛陽的人死後全部葬在洛陽城北的邙山；如果丈夫已死而且葬在代地，妻子死後可以歸葬；如果妻子已死而且葬在代地，丈夫死在洛陽後不准回代地與妻子合葬。拓跋宏還乾脆將所有南遷官民的籍貫都改為河

南洛陽。類似的改革很多，比如讓鮮卑人學習漢語。拓跋宏首先在朝堂上做起，規定三十歲以下的官員在朝堂上不講漢語的，一律免官，三十歲以上的官員不強求，但也要慢慢學；又比如下令鮮卑人將複姓改為音近的單音漢姓。拓跋宏率先將皇族拓跋氏改為元氏，因此拓跋宏就變成了元宏。其他的，比如獨孤氏改為劉氏，步大孤氏改為陸氏。

語言和姓氏等是一個民族的鮮明特徵，對一個民族的心理有著根深蒂固的影響力。拓跋宏要求在短時間內告別以往的民族特徵，盡量磨平民族差異，遭到了強大的阻力。整場改革行動更多的是依靠拓跋宏的皇帝權威去強力推行。一次，拓跋宏出去巡視的時候看到許多鮮卑婦女還穿著胡服，回來後就責備相關官員沒有落實改革措施，進行了處罰。為了讓皇族發揮表率作用，拓跋宏下令北方四個世家大族的代表人物（范陽盧敏、清河崔宗伯、滎陽鄭羲、太原王瓊）將女兒送進後宮。李沖出身隴西大族，與各個高門大族聯姻，與漢族大家的關係錯綜複雜。拓跋宏娶了他的女兒為妃。拓跋宏的六個弟弟已經娶妻，也在哥哥的要求下再婚，分別與隴西李氏、范陽盧氏、滎陽鄭氏和代郡穆氏聯姻。

有一次，拓跋宏在洛陽街道上看到一個鮮卑婦女坐在車上，全副鮮卑打扮。回到宮中，拓跋宏就召見群臣，公開責備了任城王拓跋澄，說他督查不嚴，落實政策不力。拓跋澄自我辯解說漢化政策貫徹落實得不錯，只有少數人還固守鮮卑服飾和語言。拓跋宏尖銳地反駁說：「難道要多數人都保留鮮卑服飾，講鮮卑話，才能算你督查不嚴嗎？你這樣說，簡直是『一言喪邦』！」他氣鼓鼓地轉向史官，命令將這件爭吵如實記載在國史上。可見，拓跋宏推動漢化政策是如何雷厲風行。

遷都和漢化改革，是拓跋宏眼中的國家正確發展方向。為此，他不近人情而又孤獨地前行著。

二

不客氣地說，拓跋宏的改革是對鮮卑族政治和文化的全面否定。

這樣的改革必然遭到本民族保守勢力的反對。拓跋宏推行的力度越大，意願越堅決，反對派設定的阻力也就越大。

拓跋宏對反對改革勢力的做法只有一個：強力鎮壓。

拓跋宏很早就立長子元恂為太子。太和十七年（四九三年），元恂在十二歲的時候，也就是拓跋宏動身去洛陽「南伐」前夕被立為太子。之後，元恂跟隨父親來到了洛陽。拓跋宏出外徵巡時，元恂都留守都城，主執廟祀。拓跋宏父子的關係還是正常和睦的。

元恂年紀輕輕，卻長得很胖很肥。他肥到什麼程度後人難以有確切的數據。一到夏天，元恂就渾身流汗，很不舒服。遷都到洛陽後，元恂對河南的氣候很不適應，老是想念平城相對涼爽的氣候。對於一個十多歲的孩子來說，他的這種思想是純真的，不帶任何政治因素的。

西元四九六年，拓跋宏巡幸嵩山，留元恂在洛陽主持政務。

出巡途中，拓跋宏接到了皇后的緊急報告，說元恂要逃回平城去，還親手殺死了苦苦勸他留在洛陽的中庶子高道悅。領軍元儼為了防止變亂，趕緊關閉宮門，才阻止了太子的出逃。接到報告的拓跋宏中止了出巡，匆匆返回洛陽。

經過初步審訊，元恂出逃的經過非常清楚，自己也供認不諱。因此元恂被捕。拓跋宏將兒子的出逃上升到了政治事故的高度。這也難怪，拓跋宏長期在改革和反改革的漩渦之中掙扎鬥爭。他獨自推動改革的車

輪向前進，每一個進步都要付出巨大的努力。拓跋宏感到累了。元恂逃到哪裡避暑不好，偏偏要選擇平城。平城是拓跋宏要捨棄的鮮卑民族落後保守的象徵。元恂要逃回平城，難道不是公開和自己唱對臺戲，反對改革嗎？這樣的太子還怎麼能託付大任？

拓跋宏迅速廢黜了元恂的太子位，當眾斥罵他的罪過，還親自杖責兒子。後來打累了，又令咸陽王元禧等人替他杖責了元恂百餘下。元恂還是一個十五歲的孩子，一頓打下來，遍體鱗傷，足足一個月趴在床上難以動身。拓跋宏還惡狠狠地說：「此小兒今日不滅，乃是國家之大禍。」之後，廢太子元恂被軟禁在河陽，由兵丁看守，每日只有粗食過活。殘酷的政治鬥爭讓拓跋宏喪失了理性的感情。

真正反對遷都和改革的代表人物是元丕、穆泰、陸睿等人。

穆泰出身鮮卑貴族世家。祖父穆崇對拓跋珪有救命之恩，任太尉，封安邑公；父親穆真是馮太后的姐夫。穆泰本人又娶了章武長公主，既是功臣之後，又是皇親國戚，先後擔任尚書右僕射、定州刺史、征北將軍等職。穆泰對拓跋宏還有「救命之恩」。最初的時候，大權獨攬的馮太后曾將拓跋宏幽禁，計劃廢黜。穆泰勸諫馮太后不要隨意廢立皇帝，保全了拓跋宏的皇位。拓跋宏親政後，對穆泰很感激。君臣兩人關係一度非常親近。但是拓跋宏推動遷都和漢化改革後，穆泰毅然站在了反對立場上 —— 因為他畢竟是一個頑固的老貴族。

太子元恂要逃回平城的那個夏天，穆泰正在定州刺史的任上。穆泰對逐漸深入的改革難以接受，藉口不適應定州的氣候奏請轉任恆州（治所就是平城）刺史。當時的恆州刺史是思想同樣保守的陸睿。拓跋宏於是決定讓穆泰、陸睿二人對調一下職位。

穆泰在回平城的路上，不滿和失落的情緒讓他做出了割據平城叛亂

的決定。等他到恆州時，陸睿還未起程。穆泰就煽動陸睿共同起兵。兩人一拍即合，並聯繫了安樂侯元隆，撫冥鎮將、魯郡侯元業，驍騎將軍元超，陽平侯賀頭，射聲校尉元樂平，前彭城鎮將元拔，代郡太守元珍，鎮北將軍、樂陵王元思譽等人參與。其中元隆、元超、元業三人是元丕的兒子。這簡直是一次保守勢力的大集合、大檢閱。他們祕密推舉朔州刺史、陽平王元頤為新主，要與拓跋宏分庭抗禮。

元頤卻對起事缺乏信心。這邊來推舉他的人剛走，他就派人快馬向拓跋宏告密。拓跋宏立即派任城王元澄率領大軍討伐。元澄先派治書侍御李煥潛入平城了解情況。李煥在平城展開了成功的攻心離間工作，各個擊破叛亂分子，很快瓦解了叛軍的士氣。穆泰自度必敗，一不做二不休，親自帶上一百多人圍攻李煥的住處。結果沒有打下來，穆泰只好單槍匹馬逃跑，被擒。元澄的大軍迅速進城，將叛亂分子一一抓獲。

事後，拓跋宏御駕親臨平城，審問罪犯，穆泰等多人被斬首。陸睿是老臣。馮太后曾賜他鐵券金書，答應許他不死。拓跋宏沒有將陸睿斬首，而是賜死。平城發生兵變時，元丕已經八十歲了，並不在城內，更沒有參與兵變，但他的兒子曾將密謀告訴過父親，元丕沒有發表意見。事後，元丕被認為「心頗然之」，應該連坐受死，但拓跋宏念他在馮太后當年要廢黜自己時曾和穆泰一起固諫，加上元丕也有免死詔書，因此只是被削爵為民。樂陵王元思譽、穆熊等也被削爵為民。

平城的未遂兵變，讓拓跋宏沉重打擊了反對勢力，也讓他加深了對反對勢力的警惕和仇視。

平城的兵變平息後不到四個月，拓跋宏下達了對廢太子元恂的處決令。

廢太子元恂在河陽每日忍飢挨餓，對自己的行為很後悔。他每天的行動主要是禮佛誦經，還經常書寫學佛心得。太和二十一年（四九七年）

四月，中尉李彪告發元恂與左右謀逆。拓跋宏隨即派中書侍郎邢巒與咸陽王元禧用「椒酒」賜死元恂。元恂死後，粗棺常服，被葬於河陽城。

元恂死後的第二年，御史臺令龍文觀違法當死。可能是為了開脫自己，龍文觀在審訊的時候交代了許多問題。他曾經接觸過廢太子元恂，說元恂被拘押時，寫了很多書信。龍文觀不知道元恂所寫書信的內容，供認中尉李彪和侍御史賈尚很清楚。為了查明此事，廷尉收審賈尚。當時李彪已免官回歸老家，廷尉奏請拓跋宏將李彪收赴洛陽。拓跋宏非但不准，赦免了李彪，還指示龍文觀交代的這條線索「到此為止」，不再追查。賈尚隨即被無罪釋放，回家後就得了「暴病」，沒幾天就死了。

這是一樁令人疑惑重重的無頭案。元恂到底寫了些什麼內容？拓跋宏為什麼不追查下去？拓跋宏明顯偏袒李彪，而對元恂的死漠不關心。最大的可能是元恂寫了一些對李彪不利的文字，導致了後者的誣告。而拓跋宏剛剛經過平城兵變的「考驗」，多疑煩躁。他本來就對廢太子不放心，剛好抓住李彪的誣告置兒子於死地。事後，拓跋宏也知道其中有蹊蹺，但他維權的目的已經達到了。

元恂的鮮血是無辜的，他是一樁孤獨艱難改革的犧牲品。

三

從某種意義上來說，拓跋宏才是北魏王朝真正的開國君主。

北魏王朝出自代國，不是拓跋宏創造的。但拓跋宏給予了它成其為一個王朝的基本內容：政治、文化和受到的認同。拓跋宏的先輩們利用

西晉末年的亂世建立了割據政權。像它這樣的少數民族政權在五胡亂華時期很多，多到隨起隨滅的地步。儘管北魏實力稍強，但也沒有真正得到中原百姓的認同。而拓跋宏實現了北魏從一個北方蠻夷政權到全國政權的飛躍。他的遷都和改革讓北魏融入了中原。

南朝名將陳慶之觀察北魏後，向南方人感嘆說：「自晉、宋以來，號洛陽為荒土，此中謂長江以北，盡是夷狄。昨至洛陽，始知衣冠士族，並在中原。禮儀富盛，人物殷阜，目所不識，口不能傳。」可見在南方人的心目中，北魏也不再是割據的蠻夷政權了。

這要歸功於拓跋宏。他領導了中國歷史上漢化程度最深的改革。正因為程度之深，導致了本民族內部的強烈反對。「在拓跋宏之前，十六國的君主中也不乏漢化程度很深者，如漢的劉聰、劉曜，前燕的慕容伽鬼、慕容光，前秦的苻堅，後燕的慕容垂等，他們本人都有很高的漢文化素養，但都沒有能夠解開本民族的情結，打破民族間界線，不得不實行民族之間、文化之間的雙重標準。相比之下，拓跋宏的高明之處是不言而喻的。正因為如此，拓跋宏儘管犧牲了自己兒子，不得不殺了一批企圖叛亂的宗室重臣，但付出的代價並不是很大，他的改革取得了影響深遠的成功。」

從物質上來衡量，拓跋宏的改革也非常成功。西晉鼎盛的太康年間，朝廷「編戶二百四十五萬九千八百四，口千六百一十六萬三千八百六十三，此晉之極盛」。到北魏五二〇年，朝廷控制的人口就超過了五百萬戶，是西晉太康時期的兩倍還要多。在冷兵器時代，人口的多寡是國力強盛的核心標準。

洛陽城從西晉末年起，經歷多場戰火，在迎接拓跋宏到來的時候已經殘破不堪了，幾乎就是一片廢墟。經過拓跋宏的營建和北魏之後幾十年的經營，洛陽迅速恢復為中原重鎮，規模宏大，市井繁榮。整個洛陽

「市東有通商、達貨二里。里內之人，盡皆工巧屠販為生，資財巨萬……市南有調音、樂律二里。里內之人，絲竹謳歌，天下妙伎出焉……市西有延酤、治觴二里。里內之人，多酒為業……市北有慈孝、奉終二里。里內之人，以賣棺槨為業，賃車為事……別有阜財、金肆二里，富人在焉。凡此十里，多諸工商殖貨之民，千金比屋，層樓對出，重門啟扇，閣道交通，迭相臨望。」

　　四方人士匯聚洛陽。城南四里的洛水之上，有一座浮橋叫永橋。北魏在橋南建造了整齊的建築群，招待各方來客。從南方投奔而來的「吳人」先居住在金陵館，三年後賜宅歸正里。洛陽人將歸正里叫做「吳人坊」。南齊建安王蕭寶寅來投降的時候，北魏就在歸正里為他安排了府邸。後來蕭寶寅娶了北魏公主，恥於居住在城外，得到允許後移居城內。後來，南梁的西豐侯蕭正德來投降，也先住金陵館，後來在歸正里找到了房子。從北方投靠來的「北夷」先被安排在燕然館，三年後賜宅歸德里。一些北方少數民族酋長還派遣兒子入侍北魏朝廷。因為忍受不了黃河流域的炎熱，這些人秋來春去，在當時被稱為「雁臣」。從東方依附而來的「東夷」先住在扶桑館，之後再賜宅慕化里。而西邊「西夷」來依附的則入住崦嵫館，之後再賜宅慕義里。這些附化之民，就超過了一萬戶。史書說：「自蔥嶺以西，至於大秦，百國千城，莫不歡附，商胡販客，日奔塞下，所謂盡天地之區已。」洛水岸邊，「門巷修整，閭闔填列，青槐蔭陌，綠樹垂庭，天下難得之貨，咸悉在焉」。

　　改革成功後的北魏國力強盛，四方百姓歸附。拓跋宏也以天下共主自居的君王，不斷發動對南朝的征伐。西元四九九年四月二十六日，拓跋宏逝世於南征途中，年僅三十三歲——北魏皇帝都不長壽。歷史上稱他為孝文帝。

草根做皇帝

一

了解了北朝的主角北魏，我們再來看看南朝的主角 —— 劉宋王朝。

東晉朝廷建立在司馬皇室和各大世族大家的勢力均衡上。司馬家族的權威和聲望並不高漲 —— 這也是東晉權臣迭出的重要原因，世族大家更多的只是將朝廷作為認可自身權益的招牌而已。長期以來，皇室形同傀儡，全賴地方藩鎮和世族相互廝殺，誰都沒有能力獨霸大權，司馬家族才能維持微弱的統治。桓玄一度推翻司馬家族自立，更是讓司馬皇室名聲掃地。東晉末年，軍政大權完全操於權臣劉裕手中。劉裕勢力日增，無人能敵。幾乎所有人都很清楚，劉裕篡晉自立只是時間的問題了。

司馬皇室對劉裕的步步緊逼沒有絲毫還手之力。在位的晉安帝司馬德宗自然不知道劉裕的篡逆之心。因為他是個白痴。但是他的弟弟司馬德文卻不是傻瓜，他很清楚自家的王朝已經處於風雨飄搖之中了。司馬德文是晉孝武帝的兒子，最早被封為琅琊王，在朝堂擔任地位崇高的虛職。他和哥哥的感情很好。晉安帝被桓玄廢掉的時候，司馬德文陪伴著哥哥居住在潯陽；桓玄敗死後，又一起被遷到江陵。

桓玄死後，部將桓振繼續叛亂，奪回了晉安帝。當時桓振躍馬奮戈，衝到晉安帝面前要為主子的死討個說法。他瞪著眼睛對晉安帝說：「臣桓氏一家有什麼辜負國家的地方，要遭到朝廷的屠滅之禍？」司馬德文當時正在榻上陪伴瑟瑟發抖的白痴哥哥，見事情緊急，下床對桓振說：「這難道是我們兄弟的意思嗎？」這句話說得桓振無話可說。的確，

哥哥司馬德宗是個天下皆知的白痴，連話都不會說，更不用說謀劃屠殺桓氏家族了；而桓玄是被劉裕打敗的，桓氏一家是在建康被殺的，與這兩個可憐的兄弟沒有什麼關係。這一句話也說出了司馬德文兄弟的無奈。身為皇室成員，他們對朝廷大事根本做不了主，卻要在亂世中因為血統飽受顛沛流離之苦。這一句話出自司馬德文之口，也恰好是他自己一生的寫照。

西元四一八年，劉裕篡位的野心越來越暴露了。他急於篡位，密令黨羽中書侍郎王韶之買通司馬德宗左右侍從，要伺機除掉晉安帝司馬德宗。司馬德文知道劉裕有殺害哥哥的企圖，加上晉安帝這個人不辨飢寒，沒有自理自衛能力，因此他便堅持天天隨侍於晉安帝左右。司馬德文整日陪侍皇帝，一時讓王韶之等人無法下手。年底，司馬德文突患急病，不得不回府醫治。王韶之乘機入後宮東堂，指揮皇帝侍從用散衣結成帶子，將晉安帝司馬德宗活活勒死。司馬德宗時年三十七歲，在位二十二年。還在府中醫治的司馬德文突然聽到宮中傳出的噩耗，得知皇帝暴病駕崩，痛哭失聲。他哭的不僅是兄長，還有東晉的國運。

殺安帝後，劉裕本想自己登基，但之前社會上有圖讖盛傳「昌明（晉孝武帝）之後有二帝」。劉裕覺得時機還沒有最後成熟，人心對晉朝還有依戀，因此決定再等一兩年。他指使黨羽偽造遺詔，於西元四一八年改立司馬德文為皇帝，次年（西元四一九年）改年號為元熙。

元熙元年（四一九年）正月，司馬德文為了表彰劉裕的「策立之功」，下詔進封劉裕為宋王，將徐州的海陵、東海、北譙、北梁，豫州的新蔡，兗州的北陳留，司州的陳郡、汝南、潁川、滎陽十個郡增劃為宋王封地。到了十二月，司馬德文又不得不允許劉裕佩帶十二旒的王冕，建天子旌旗，出警入蹕，乘金根車，駕六馬，備五時副車，置旄頭

雲罕，樂舞八佾，設鐘虡宮縣。與司馬德文的祖先司馬昭做過的一樣，劉裕控制的朝堂也進封宋王太妃為太后，王妃為王后，世子為太子，王子、王孫各有爵命。

西元四一九年就這麼平淡地過去了，轉眼到了四二○年。

劉裕覺得受禪的時機已經成熟，而且自己已經是五十八歲的老人了。一生的征戰讓劉裕遍體鱗傷，身體情況並不好。劉裕相信自己一定會在生命的時間長跑中輸給新皇帝司馬德文。因此他急於在有生之年稱帝。但是下面的大臣們卻沒有再出現劉穆之那樣知道他心意的人。也許他們覺得主子剛扶立了一個新皇帝不到一年，不會馬上受禪登基的。或許還有人以為他要做第二個曹操或司馬昭。

劉裕處於很想受禪又難以啟齒的尷尬中。於是他想了個方法，在宋國首都壽陽召集群臣宴飲。席間，劉裕感嘆說：「桓玄篡位的時候晉室鼎命發生移動。我首倡大義，興復帝室，南征北戰，平定四海，功成名就。於是我接受皇上的九錫之禮。現在，我也進入了遲暮之年，身分尊貴至此，生怕物極必反，不能久安。因此我計劃奉還爵位，歸老京師。」劉裕這番話的表面意思是回顧一生的成就，感嘆自己的遲暮之年。他宣稱退休養老的意思自然是裝出來的，實際上是希望群臣向他勸進。正如劉裕擔心的，自己已經位極人臣，一人之下，萬萬人之上，但也不是什麼好事，很容易物極必反。他想再進一步，不僅是自保的手段，也是胸中之志的展現。可惜大臣們都只理解了劉裕講話表面的意思，紛紛爭相拍馬屁，盛讚宋王的功德。劉裕也就和大家嘻嘻哈哈，等天晚了，宴會也就散了。

參加宴會的中書令傅亮在回家的途中，突然靈光閃現。他猛然意識到，這不是劉裕的稱帝暗示嗎？傅亮連忙折回宋王府，求見劉裕。當時

宋王府的宮門已經關閉，傅亮也不顧禮節，叩門請見。劉裕下令開門召見。傅亮見到劉裕後真的是千言萬語湧上心頭，憋了好一會兒，才說出一句話：「臣請求暫時回建康。」劉裕馬上就理解了傅亮的意思，沒有多餘的話直接問道：「你需要多少人馬相送？」傅亮說：「只需要數十人就足夠了。」劉裕馬上布置人手，跟著傅亮去建康辦事，聽從他的指揮。傅亮得到劉裕的首肯後，馬上告辭出宮。等傅亮出門的時候，夜都已經深了。傅亮插著腰仰望滿天的星星，感嘆說：「我之前不相信天文，今天終於開始相信了。」

幾天後，傅亮帶著草擬好的禪位詔書入宮去見司馬德文。他將詔書遞給司馬德文，讓他謄抄一份。登基不到一年的司馬德文馬上就明白是怎麼回事了。

經過片刻的驚訝，司馬德文欣然允諾。他邊抄邊對左右侍從說：「桓玄篡位的時候晉朝其實已經亡國了。多虧了劉公出兵平定，才恢復晉朝。我們司馬家族得以繼續君臨天下，近二十年全靠劉公之力。今日禪位之事，我心甘情願，沒有什麼可怨恨的。」司馬德文抄謄完詔書，交給傅亮，然後主動攜同后妃等眷屬搬出宮去。傅亮馬上宣布了皇上禪讓的消息。

劉裕得知這個意料之中的消息後，依照慣例上表推辭。但是司馬德文早已經自去了帝號，搬進原來的琅琊王官邸居住。也就是說，在那幾天中，天下已經沒有了皇帝。劉裕送上去的讓表自然也沒有了呈送對象。相反，以陳留王曹虔嗣（就是禪位給司馬炎的曹奐的後代）為首的建康貴族官員和宋國的群臣二百七十人向劉裕上表勸進。劉裕還是不答應即位。

依照之前的慣例，權臣還要三請。這回，太史令駱達呈上了天文符

瑞數十條；群臣又更加懇切地恭請劉裕登基。劉裕這才答應下來。六月，劉裕在建康南郊登上受禪臺，接受皇帝位，並舉辦柴燎告天儀式。

劉裕定新的王朝國號為宋，他就是宋武帝。傅亮因為有佐命輔立的大功被封為建城縣公，食邑二千戶，並且入值中書省，專門負責詔命，權重一時。司馬德文則被降封為零陵王，遷居秣陵縣城，由冠軍將軍劉遵考帶兵監管。《宋書》記載新朝給司馬德文的待遇是：「全食一郡。載天子旌旗，乘五時副車，行晉正朔，郊祀天地禮樂制度，皆用晉典。上書不為表，答表勿稱詔。」也就是說，宋朝以零陵一個郡的物產來供養司馬德文。司馬德文不僅保持皇帝的待遇和禮儀不變，而且在對皇帝的來往中可以不用稱臣，在封國之內奉行晉朝正朔。宋朝先是規定零陵王在貴族百官中的排位是「位在三公之上、陳留王之下」。之所以將零陵王放在陳留王之後，因為劉裕覺得自己的天下是先由陳留王所代表的曹氏傳給零陵王司馬家族，再傳給劉氏。後來，宋朝又規定「零陵王位在陳留王上」，給予了司馬家族特殊的禮遇。

遺憾的是，史載：「有其文而不備其禮。」遜帝的待遇是新朝給的。真正執行到什麼程度，自然是由新王朝來決定。之前禪位的劉協和曹奐的待遇都還不錯，但是司馬德文就沒有前輩這麼幸福了。劉裕一開始就沒打算讓司馬德文繼續活在世上。

劉裕常年征戰，養成了置對手於死地的習慣。對他來說，讓一個遜位的、明顯要比自己活得長的皇帝活在身邊，簡直是一件不能容忍的事情。萬一天下還有人對遜帝心存感情怎麼辦？萬一在自己百年之後，遜帝復辟怎麼辦？只是因為之前的禪讓先例規定了遜帝的一系列優待條件，劉裕才不得不做做樣子。

劉裕不僅派兵監視司馬德文的一舉一動，而且派人時刻尋找機會暗

殺遜帝。司馬德文皇后的哥哥褚秀之、褚淡之是晉朝的太常卿和侍中，在妹夫落難後迅速投靠劉裕，協助監視帝后。司馬德文的褚皇后在禪讓之時已經懷孕，遜位後生下一個兒子。劉裕怕這個剛出生的嬰兒日後對劉家不利，下達了暗殺令。褚秀之兄弟執行劉裕的命令殘忍地將自己剛出生的外甥殺死了。經過這件事後，司馬德文夫婦心驚膽顫，日夜生活在驚恐之中。夫婦倆整天共處一室；一切飲食也都由褚皇后親自動手。劉裕及其爪牙一時無法下手。

西元四二〇年九月，劉裕命令琅琊侍中、司馬德文原來的侍從張偉攜帶毒酒一瓶前去毒殺司馬德文。張偉不忍心謀害故主，對劉裕又無法交代，在路上飲毒酒自殺了。

劉裕一計不成，又生一計，派遣褚淡之兄弟出馬。兩兄弟假意去探望褚皇后，士兵悄悄地跟隨著他們身後。褚皇后聽說兄長來了，暫時離開丈夫出門相迎。士兵們乘機越牆跳入司馬德文室內，將毒酒放在他面前，逼他速飲快死。

司馬德文搖頭拒絕說：「佛曰：人凡自殺，轉世不能再投人胎。」

幾個兵士於是一擁而上，將司馬德文按在床上，用被子矇住他的臉，使勁扼死，然後再跳牆而去。司馬德文死時三十六歲。劉裕聽到噩耗後，率文武百官哭悼了三天，追諡司馬德文為恭皇帝，葬沖平陵（今江蘇省江寧縣蔣山西南）。

司馬德文死後，劉裕命司馬元瑜繼承零陵王爵位。零陵國一直傳國到南齊。之後，劉裕對司馬皇室痛下殺手，幾乎夷平了全族，開了後世受禪之君屠殺遜帝及先朝宗室的先河。這是個很惡劣的先例，之前文質彬彬的禪讓之後老是伴隨著腥風血雨。以後的皇帝還有所發展，趕盡殺絕，屠家滅族，慘無人道。

儘管劉裕在禪讓一事上開了一個壞先例，但他透過南征北戰結束了江南在東晉後期的動盪局面，並開啟了宋朝早期的安康盛世。整體而言，劉裕還是個值得肯定的皇帝。

二

劉裕的登基是大勢所趨，表面上是個謎，實際上是自然的政治結果。

司馬德文都承認東晉如果沒有劉裕二十多年的維持，早就滅亡了。多年來，東晉王朝名存實亡，完全喪失了制約地方，尤其是手握實權的軍閥的能力。在野心勃勃的造反者面前，東晉的最後幾代皇帝只能逆來順受，毫無抵抗之力。而劉裕不僅擁有軍隊，而且代表著他所生長的那個階層的利益。在東晉時期，門閥世族的力量已經大大削弱了。而劉裕所代表的寒門地主逐漸掌握了實權。他們自然期望出現一個寒門皇帝。另一方面，從主觀上說，東晉末期的亂政和動盪已經讓普通百姓對司馬家族喪失了信任。晉朝皇帝失去了民心，失去了君臨天下的道德基礎。而劉裕身為事實上的主政者，他的功績和能力有目共睹。再加上普通百姓對終日清談，無所事事的世族大家的失望，人心已經傾向了劉裕一邊。

劉裕的崛起意味著之前中國歷史上以個人出身為考核標準的門閥政治的瓦解，以及一個新的平民政治時代的到來。

劉裕的成功也是軍權對皇權的勝利。這是軍權對皇權的第一次完全顛覆。劉裕透過控制軍隊建立功勛，最終獲得天下。之後的南北朝權臣

都出身於軍隊將領，都是依靠控制的軍隊謀取政權。這也幾乎成為了古代中國的普遍現象。

身為從社會底層躍起的皇帝，劉裕即位後做得很出色。

魏晉以降，皇室、官府、世家崇尚奢華。由於是孤寒出身，劉裕知道稼穡艱辛。他平時清簡寡慾，事事嚴整有度，車馬不加裝飾，後宮不奏音樂，內府不藏財寶，甚至連床腳上的金釘也令人取下，換上鐵釘。女兒出嫁，嫁妝絕無錦繡金玉；日常回到家裡，馬上脫掉公服，只穿普通衣衫，腳下則拖雙連齒木履；住處用土屏風、布燈籠、麻繩拂。他喜歡逍遙散步，每次只帶幾個隨從，從不要任何儀仗。

當然任何一個從最底層躍升為皇帝的人都會受到最高處花花世界的吸引。對於許多從小生活簡樸，沒有見過珍寶美女的人來說，真正面臨這些物質利誘時的抵抗力異常薄弱。劉裕平定關中的時候，就得到了姚興家族的女兒。劉裕一度非常寵愛這個女子，並因此荒廢了政事。謝晦為此勸他。劉裕馬上將這個女子遣走，恢復了勤政的生活。

劉裕對珠玉車馬、絲竹女寵十分節制。一次，長史殷仲文上奏朝廷應該備齊音樂，武帝以沒有閒暇且不會欣賞為由予以推脫。殷仲文再勸皇帝經常聽聽自然會懂得欣賞。劉裕直接回答說：「正以解而好之，故不習之。」劉裕患有熱病和刀傷，需要睡在冷物上。寧州進獻光彩豔麗、價逾百金的琥珀枕，光潔華麗，武帝聽說琥珀可以療傷，令人搗碎分發給將士。劉裕不僅內外奉禁，處處節儉，還能不忘窮時。為了警誡後人，他在宮中懸掛著當年做工時使用過的農具、補綴多層的破棉襖。侍中袁盛上奏稱讚皇帝節儉樸素。劉裕回答說：「田舍公得此，以為過矣。」（老農夫過上我這樣的生活，還覺得過分呢！）後來，劉裕的孫子宋孝武帝劉駿看見這些東西，批評祖父是「鄉巴佬」。

　　在宏觀方面，劉裕採取了一系列抑制豪強兼併，減輕人民負擔和恢復農業生產的措施，與民生息。可惜的是，劉裕只做了兩年多皇帝就駕崩了，時年六十歲。不過他還是開啟了一個小康之世的大門，在宋武帝劉裕和其子宋文帝劉義隆統治時期，南方出現了難得的安定局面 —— 元嘉之治。

君臣關係永遠是個大難題

一

宋武帝劉裕是個「奉獻型」的皇帝。他戎馬一生，打下了江山，卻來不及享受就駕崩了，把大好河山留給子孫去享受了。

誰讓劉裕出身草根呢？他的起點太低了，好不容易奮鬥到頂點當皇帝了，卻已經五十八歲了。這在古代是徹徹底底的高齡。劉裕只當了兩年皇帝，就在永初三年（西元四二二年）五月病死了。長子劉義符繼位，史稱少帝。

劉義符當時只有十七歲。（劉裕生兒子很晚，年過四旬才生了長子劉義符。不過他的生育能力很強，之後隔幾年就誕生新皇子。）劉裕擔心幼稚的劉義符能否治理好一個新成立的王朝，臨終前指定了四個顧命大臣輔佐兒子。這四個人分別是司空徐羨之、中書令傅亮、領軍將軍謝晦和鎮北將軍檀道濟。

徐羨之，和劉裕一樣出身草根，沒正經八百地唸過書，但是辦事能力很強。更重要的是，徐羨之在劉裕初起時就進了他的幕府，開始是劉穆之的副手，劉穆之死後成了劉裕的大管家，稱得上劉宋王朝的元老重臣。由徐羨之來領銜顧命大臣隊伍，朝野都沒有意見。加上徐羨之本人掌握全域性、處理政務的能力較強，劉宋王朝沒有出現不穩定的跡象。

傅亮，我們在上一節已經熟悉了。他是替劉裕向司馬家族逼宮的關鍵人物，在劉宋王朝建立的節骨眼上立下大功。所以劉裕把他也安排進了顧命隊伍。

謝晦在四人中出身最好，是著名的陳郡謝氏的成員。讓他當顧命大臣一方面有拉攏江南世族大家的意思，另一方面，謝晦本人長於謀略。在劉裕北伐中原收復兩京的行動計畫中，十策有九策是謝晦出的主意。

檀道濟，是北府兵的舊將。北府兵是劉裕發家的基礎，是劉裕南征北戰的私家軍，可惜在北伐戰爭中先勝後敗，北府兵精銳損失殆盡，王鎮惡、沈田子、傅弘之、毛修之、朱齡石等名將相繼隕落。檀道濟是僅存的重要將領，指揮著北府兵餘部。

應該說，這樣一個顧命大臣團隊能力出眾，兼顧各方利益，且效忠劉宋皇室，是一個成功的、可以有所作為的領導團隊。但問題就在於這個團隊太強勢了，把朝政權力抓得太緊，反而讓皇帝成了擺設，成了傀儡。

再說宋少帝劉義符也實在是不成器。他繼位後，父親的卓越才能一點沒繼承，相反是不理朝政，嬉戲無度，讓朝野失望。史書說他「居喪無禮，又好為遊狎之事」，在為父皇劉裕守孝期間就不遵喪禮，召集樂工伶官歌唱奏樂取樂；他似乎很有商業頭腦，把宮中華林園創辦成市場，親自開店沽酒叫賣。後來覺得做買賣不過癮，又開瀆聚土，挖人工湖、造龍船，和隨從們一起呼喊號子拉船取樂。朝臣諫阻，劉義符壓根就不聽。

既然小皇帝不聽，徐羨之等人也不客氣，要代替老皇帝劉裕來教訓劉義符了。方法很簡單：廢帝！

要廢帝先要想好立哪個新的皇帝。按照長幼順序，應該擁立劉裕的第二個兒子、廬陵王劉義真。這劉義真就是當年劉裕留在長安鎮守關中的那個小孩子，北方大敗後僥倖從長安逃了回來。大難不死後，劉義真很排斥軍事，和一幫文人攪和在了一起。他和謝靈運、顏延之、僧人慧

琳等人交好，好到什麼程度呢？劉義真揚言如果自己當了皇帝，要任命謝靈運、顏延之為宰相，讓僧人慧琳做西豫州都督——這西豫州都督可不是一般的地方官，因為地處南北交戰前線而指揮宋朝精銳軍隊，是個大大的強勢職位。說者也許無心，聽著的徐羨之等人就擔心了：一旦劉義真成了新皇帝，我們權位不保！既然不能擁立劉義真，就得把他當做障礙排除掉。徐羨之狠下心來，乾脆先置劉義真於死地。恰好劉義符、劉義真兩兄弟關係不好，徐羨之等人就告發劉義真「潛懷異圖」，以皇帝的名義廢劉義真為庶人，安排在新安郡軟禁。

再接下去的人選就是劉裕的第三個兒子、遠在荊州刺史任上的宜都王劉義隆。徐羨之覺得這個小孩子沒什麼問題，決定以劉義隆取代劉義符。

廢帝計畫開始了！首先得準備軍隊，沒有槍桿子就沒有底氣。謝晦是領軍將軍，手上有軍隊。他藉口自家府舍房屋破敗，要翻新修理，把家人都搬出去，調集了一撥將士進府，名義上修房子，實際上準備動刀子。其次，要在團隊內部統一共識。在建康的徐羨之、傅亮和謝晦三個人意見一致，關鍵是鎮北將軍檀道濟在外地統兵，不知道他的心意如何。檀道濟名聲在外，又統率著北府兵，他的立場如何關係到廢帝行動能否成功。於是，徐羨之把檀道濟叫到建康來，告訴他廢帝計畫。檀道濟起初不贊成，但是少數服從多數，最後跟著同意參與廢帝行動。

行動的前一天晚上，檀道濟和謝晦一起夜宿領軍府。兩人同居一室，世家出身的謝晦緊張得輾轉反側，夜不能寐；行伍出身的檀道濟睡得又快又沉。謝晦自嘆不如。

第二天清晨，檀道濟率領尖兵打前站，徐羨之等帶著大部隊跟進，衝向皇宮。當天值日的中書舍人已經被買通，警衛們都木然不動，看著

一行人魚貫進入皇宮。前一天，宋少帝劉義符在華林園玩得很晚，睡在龍船上。亂哄哄的政變隊伍把劉義符驚醒了。他看到全副武裝的將士衝殺過來，知道不妙，趕緊指揮左右隨從抵抗。一場小規模的戰鬥爆發了，政變將士殺死了兩名皇宮隨從，劉義符手指被砍傷，疼得嗷嗷大叫起來，束手就擒。徐羨之等人沒收了劉義符的皇帝璽綬，扶著他走出皇宮，先安排在東宮居住，很快就遷往吳郡軟禁。劉義符前腳剛走，徐羨之等人後腳就擔心了，怕留著劉義符夜長夢多，擔心自己將來遭到報復，派人去吳郡殺劉義符。劉義符暫居在吳縣金昌亭，看到殺手嚇得拔腿就跑。殺手用門栓將劉義符一棍子打倒，再補上一刀殺死。同時，徐羨之等人還派人去新安郡殺了劉義真。兄弟倆死的時候，一個十九歲，一個十八歲，正是走向成熟的大好年紀。

宋少帝劉義符被廢的理由是嬉戲胡鬧。不過，和之後孝武帝、前廢帝、宋明帝、後廢帝等人的荒唐行徑相比，劉義符的行為太小兒科了，充其量也就是不懂事的小孩子瞎胡鬧而已。劉義符被廢得實在是有些「冤」。當然，這些都是後話了。

二

劉義符被廢後，傅亮率一行人逆江而上，到江陵奉迎宜都王劉義隆來建康繼位。

劉義隆並不知曉徐羨之他們的廢帝計畫，如今聽傅亮說大哥劉義符被大臣們從龍椅上趕下來了，他是無比的吃驚。讓他更吃驚的是，劉義

符死了，二哥劉義真也死了。後人不知道傅亮是怎麼向劉義隆解釋的，但劉義隆確信兩位哥哥是被謀殺的。他悲從中來，當著迎接他登基的人們嚎啕大哭。過了許久，劉義隆又拉住傅亮詳細詢問大哥、二哥遭廢和遇害的詳細情況，一邊問一邊悲號嗚咽。他哭得如此傷心，以至於部下、侍從們都低下頭，不敢仰視。傅亮不知如何解釋，汗流浹背，呆若木雞。傅亮知道不管有什麼樣的理由，他和徐羨之等人的行為都是弒君。一顆蒼涼、恐懼的種子開始在傅亮的心底扎根、發芽。

好在，劉義隆沒有過分糾纏兩位哥哥的死，同意繼任皇帝，改元元嘉。劉義隆就是宋文帝。

劉義隆心裡對兩位哥哥的死耿耿於懷，更對徐羨之等人擁有能夠輕易廢殺、更立皇帝的能力如鯁在喉。在皇權至高無上的時代，沒有帝王會允許大臣們對皇權構成威脅，更不用說能夠弒君換帝了。劉義隆的皇位是徐羨之政變集團「賜予」的，他是兩位哥哥之死的最終受益者，但他並不認為這是什麼好事。他要懲治徐羨之等人。但劉義隆深知徐羨之等人盤踞朝野，掌握大權，不是想剷除就能剷除的，所以他對徐羨之等人採取了迷惑和安撫的策略。他登基後並沒有動徐羨之等人，而是替他們加官晉爵，由他們繼續掌權。

宋文帝劉義隆比宋少帝劉義符要合格得多。他認真學習、勤奮工作、謙虛待人，很符合明君聖主的標準。朝野都認為劉義隆是個好皇帝，隨著劉義隆很快成年，徐羨之四人沒有理由繼續輔政了，該讓劉義隆親政了。

元嘉二年（四二五年），徐羨之與傅亮上表，主動要把實權歸還給劉義隆。劉義隆開始還不同意，推辭了三次。徐羨之兩人就連續請求了三次。最後劉義隆才同意了。徐羨之遜位，退居私第。

歸政前，徐羨之的姪子徐佩之、侍中程道惠、吳興太守王韶之等人都苦苦勸他不要放棄實權。徐羨之沒有聽從。不過他也留了一手。劉義隆當皇帝前是荊州刺史。荊州和揚州是南方政權最重要的兩個地方州府。兩地人口密集、經濟繁榮，是王朝賦稅和兵源的主要來源。首都建康隸屬揚州，揚州處於長江下游，以江陵為首府的荊州在它的上游，對建康形成逼迫之勢。所以，荊州的軍事重要性更勝揚州。歷任荊州刺史不是朝廷重臣、權臣就是皇族子弟；東晉以來，叛亂者也多次以荊州為割據地，和建康的朝廷對抗，比如王敦，比如桓玄，比如劉毅。荊州刺史的人選非常重要。劉義隆當皇帝後，荊州刺史就出缺了。徐羨之不等劉義隆動身，便任命謝晦繼任荊州刺史，作為外援。徐羨之退位後，謝晦還在荊州擁有重兵。他們一派的力量依然不容小覷。

　　劉義隆親政後，不露聲色，暗中加緊積蓄力量。他任命當荊州刺史時的親信到彥之為中領軍，掌握首都的軍隊，還努力爭取世族豪門的支持。很快，劉義隆就自信剷除徐羨之集團的時機成熟了。

　　元嘉三年（四二六年）正月的一天，這是南方最冷的時節。建康城裡陰冷刺骨，街上絕少有行人。皇宮裡傳出詔書，宣召徐羨之、傅亮二人進宮。傅亮接到詔書，乘車就向皇宮趕去。走到宮門口的時候，傅亮遇到了謝晦的弟弟謝嚼。謝嚼是當天皇宮值班的黃門郎。他攔住傅亮，輕聲對他說：「殿內有異，皇上可能要處分大臣。」傅亮心中的隱憂終於要爆發了。他慌忙藉口嫂子病重，讓人傳話申請暫時回家。不等劉義隆回覆，傅亮就奪了一匹馬，向城外跑去。

　　傅亮逃命前，不忘派人去通知徐羨之。徐羨之正乘車前往皇宮途中，聽到報信也趕緊驅車向城外跑去。出城後，徐羨之可能覺得乘車的目標太大了，舍車步行。在這個南方寒冬的早晨，已經六十三歲的徐羨

之跌跌撞撞地向前走去，一直走到了新林。劉義隆知道徐羨之、傅亮兩個人都沒來，已經派出到彥之和大臣王華兩人帶兵追捕了。徐羨之後有追兵，前路又茫然不知道在何方，最後逃入一個陶灶中，拔出佩劍自刎而死。徐羨之是一個有功的實幹家，很可能是一心報國的大忠臣，但他的高調掌權和輕易廢君觸犯了君臣關係的紅線，招致殺身之禍，令人惋惜。

傅亮乘車出城後，也茫然不知所去。冥冥中，他知道自己犯的是抄家滅族的大罪。想到自己為權位奔波一生，到頭來落得這麼個結果，傅亮不甘心又無可奈何。他騎馬來到哥哥傅迪的墓前。在之後的時辰裡，傅亮就待在墓地裡，直到追兵將他逮捕。在被押解回城的途中，劉義隆派人送來了誅殺傅亮的詔書，還帶了一句話給傅亮：「我想起了當日你在江陵無言以對但還算坦誠的表現，決定只殺你一人，不株連你的家人。」傅亮被殺，時年五十三歲。

劉義隆旗開得勝後，立即公布徐羨之、傅亮、謝晦三人殺害宋少帝和廬陵王的罪行，宣布捕殺徐羨之、傅亮、謝晦。謝晦不在建康，但他的兒子謝世休和弟弟謝嚼等家人受到株連，同時遇害。

四個顧命大臣中還剩下領兵在外的謝晦和檀道濟。劉義隆決定對他們區別對待、分化合併。檀道濟是廢帝弒君行為的脅從，並不是主謀，加上他掌握北府兵，劉義隆要想打敗謝晦還要仰仗他，所以對其安撫利用。他將檀道濟從廣陵召回建康，開誠布公地說：「廢立之事，你未參與謀劃，我不加追究。」檀道濟心中的一塊石頭頓時落地，不禁對劉義隆感恩戴德。接著，劉義隆說：「如今謝晦割據荊州，抗表犯上，不知你有何良策？」檀道濟馬上分析：「謝晦老練幹達，富有謀略，但他未曾親臨疆場，軍事非其所長。若陛下信任，請讓我率兵征討他。我可一戰擒之。」

劉義隆大喜。他要的就是檀道濟這個態度。

謝晦至此被徹底孤立。誅殺徐羨之的第二個月，劉義隆就迅速組織大軍，宣布御駕親征荊州，以到彥之為先鋒，檀道濟隨後，率水師溯長江西上。

謝晦得知劉義隆親征，留下另一個弟弟謝遁帶領一萬士兵留守江陵，親率水師兩萬人，以長史庾登之為參軍，順江而下迎戰。出師要有名，不然對軍心民心不利。戰前，謝晦很高調地上表劉義隆，盛讚徐羨之、傅亮等人忠貞為國，不幸為「奸臣」所害。謝晦不敢說幕後凶手就是皇帝劉義隆，把當時主政的王弘、王華和王曇首等人指為奸臣，高舉起了「清君側」的大旗。劉宋王朝第一次內戰就此爆發。

謝晦和到彥之兩軍在現在的長江湖南嶽陽段相遇。謝晦行軍打仗全靠長史庾登之。庾登之率軍占領了巴陵（今嶽陽），開局有利，卻不敢對到彥之發動主動進攻。適逢連日大雨，庾登之每天待在船中，不發一令。謝晦催他進兵，庾登之藉口要等天晴後發動火攻，一味拖延戰機。過了半個月，陰雨散去，天空放晴，庾登之沒了藉口，不得已主動進攻。到彥之部隊的戰鬥力很弱，將士怯懦無能，棄營而逃。首戰失利後，部將建議到彥之退守夏口（今武昌）。到彥之擔心劉義隆譴責，堅持屯守巴陵前線，並派人敦促檀道濟部前來會師。檀道濟率領北府兵很快抵達前線。宋軍走出戰敗陰影，士氣振作起來。

謝晦首戰告捷，高興地又向劉義隆上表，先誇耀自己旗開得勝的「輝煌戰果」，然後以此為籌碼要求和談。表文剛送走，探子來報檀道濟率北府兵已與到彥之會師，宋軍水師遍布長江江面。謝晦大吃一驚。他原以為檀道濟是弒君的同謀，肯定不會被劉義隆赦免，所以會站在自己一邊，現在發現檀道濟不僅被赦免，還率軍前來討伐自己，太出乎意料

了！謝晦深知領兵打仗自己遠不及檀道濟，惶恐起來，越想越害怕，幾乎手足無措。

雙方很快又打了一戰。謝晦的部隊有戰敗的跡象。謝晦已經徹底喪失了信心，一點小小的失敗在他內心擴大為全域性的慘敗，一看情形不妙拔腿就逃奔江陵，導致全軍大亂，四處奔散。謝晦逃到江陵後，見部眾散盡，難以堅守，帶著弟、姪等七人出城北逃。一行人逃到安陸（今湖北大悟）被擒，被押送建康斬首。

劉裕留下的顧命大臣集團勢力就此灰飛煙滅。這不僅意味著劉義隆剷除了能對皇權構成威脅的力量，也宣告他以全新的姿態閃亮登場，準備大顯身手了。這一年他十九歲。

元嘉之治，不過如此

一

　　在南朝的宋齊梁陳四個朝代中，劉宋王朝立國的時間最長，一共是
六十年。其中，宋文帝劉義隆一個人就在位三十年，是宋朝在位時間最
長的皇帝。不過整個南朝在位時間最長的皇帝是梁武帝蕭衍。蕭衍在位
四十八年，但是年長而無功。論成就，劉義隆還是南朝皇帝第一。

　　劉義隆親政後，和世族豪門保持了密切的關係。整個東晉、南朝時
期，世族豪門將官職當做家族遺產世代相傳，關係盤根錯節，勢力雄厚。
皇帝要想鞏固統治必須爭取他們的支持。劉義隆剛剛走上政治舞臺，加上
劉宋王朝建立年頭屈指可數，更要和世族豪門聯絡感情了。從世族豪門的
角度來說，他們總覺得劉宋開國皇帝劉裕是個只知道衝鋒陷陣的持刀莽
夫，雙方不是太合得來。而劉義隆博涉經史，寫得一手漂亮的隸書，談吐
溫文爾雅，自然很受世族們的歡迎。劉義隆清洗徐羨之、傅亮等人的行
動，就得到了世族豪門的支持。元嘉前期，劉義隆將朝政委託給王弘、王
華、王曇首等世族子弟，劉宋政權得以穩定發展了十幾年。

　　王弘、王華、王曇首三人都是赫赫有名的琅琊王氏的子孫。其中王
弘是東晉締造者王導的嫡曾孫。因為出身高貴豪門，王弘對出身草根的
劉裕等王朝締造者們不太熱情。劉裕專權還沒篡位的時候，一次在宴會
上半是感慨半是矯情地說：「我一介布衣，能有今天的地位，完全出乎意
料。」傅亮等親信馬上出來拍馬屁，盛讚劉裕的功德，說眾望所歸，宋王
有今天的地位完全是應當的、正常的。王弘卻淡淡地說：「這就是命啊！
求之不得，推之不去。」他的話反映了世族豪門當時普遍存在的對劉裕

冷眼旁觀的態度。他的這句話，被「時論」（世族們控制的輿論）稱頌為「簡潔、直率」。劉裕、傅亮等人雖然聽得刺耳，但也無可奈何。

但是對劉義隆，也許是覺得隔了一代，世族們感覺他已經褪去了草莽之氣，認可了他的高貴身分，轉而親近、支持劉義隆。不少大世族在劉義隆發達之前，就進入了他的幕府。徐羨之集團廢殺宋少帝，迎接劉義隆去建康登基的時候，有人擔心此行凶多吉少，反對劉義隆登基。王弘的弟弟王曇首當時在劉義隆幕府之中，堅定勸說劉義隆早日去登基。之後，世族們又支持劉義隆清除徐羨之集團。同屬於琅琊王氏的王華還帶著追兵捕殺了徐羨之。在內戰中，謝晦敢打出「清君側」的旗幟，要求誅殺王弘、王華、王曇首三人，也不是無憑無據。

大功告成後，劉義隆大宴群臣，向王弘兄弟等人舉杯勸酒，還撫摸著御床（當時沒有凳子，人們以榻為床，坐在上面）說：「如果沒有愛卿兄弟，這張床哪能有今日。」

幸運的是，琅琊王氏眾位兄弟雖然在蜜罐中長大，卻沒有沾染上驕奢淫逸、懦弱無能的富貴病，反而能力出眾，生活簡樸，操心國事。王弘主政的基本思路就是保持穩定，不要出事。因此，他建議劉義隆一方面要澄清吏治，嚴懲貪腐，一方面要與民為善，減輕百姓負擔。東晉時期，男子年滿十二歲就要服半役，年滿十六歲就要服全役。王弘認為天下太平，並禁止大興土木，奏請將半役的年齡提高到十五歲，全役的年齡提高到十七歲，被劉義隆採納。百姓們從中得到了實實在在的好處。

王弘很懂為臣之道，知道月盈則虧、盛極而衰，在主政的巔峰時期懂得謙讓，主動引進宗室、彭城王劉義康共同執政。王弘等人逐漸隱退，把劉義康推到了幕前。元嘉中期以後，王弘、王華、王曇首相繼逝世，實權轉移到彭城王劉義康的手中。

劉義康是劉裕的第四子，比劉義隆小兩歲。劉義康和文雅的三哥不同，他不喜歡讀書，知識淺薄，率性而為，主持朝政後獨攬大權，權勢顯赫。好在劉義康辦事勤勉、自強不息，政務沒有出亂子。劉義隆重視親情，對淺陋任性的四弟並不猜忌，所以兄弟君臣兩人關係還算融洽。劉義康又調自己當彭城王時的長史劉湛到中央當自己的助手。劉湛不尚浮華，也很有實幹精神，協助劉義康把朝政處理得不錯。國家繼續發展。

　　天下承平日久，劉義康淺陋驕縱的小毛病惡化成了大問題。他獨攬朝野內外大權，在自己的王府中決策朝廷大事。每天一早，彭城王府門口停的車子常有數百輛之多。漸漸地，劉義康在三哥面前越來越隨便，混亂了君臣之別。各地獻給皇帝的貢品，劉義康把上等貨送進彭城王府，把次等貨留給劉義隆使用。有一次，劉義隆嫌宮中的柑子形態、滋味都差，劉義康就說：「今年送上來的柑子，有一些還不錯。」他隨即派人到王府拿來上等柑子和三哥分享。劉義隆看到四弟享受的柑子比皇宮裡的大得多、好得多，頓時明白了怎麼回事。不過，他在前期心胸還比較開闊，知道自己這個四弟不讀書、沒腦子，也知道劉義康沒有謀反之心，拿著柑子笑笑而已，並不深究。劉義康也拿起柑子剝開了吃，還吃得津津有味，一點都沒意識到潛伏著的危險。

　　劉義康入朝前擔任荊州刺史，入朝後荊州刺史出缺。劉義隆就任命江夏王劉義恭繼任荊州刺史。劉義恭是劉裕的第五個兒子，比劉義隆小六歲。在兄弟們當中，劉義恭從小最受劉裕寵愛。劉裕講究節儉，其他兄弟都不敢向父親討要什麼好東西，即便開口要了劉裕也不會給。但是劉義恭要什麼，劉裕就給什麼。他出任荊州刺史的時候才十七歲，劉義隆不太放心，特地寫了一封〈誡弟書〉，語重心長地提醒父皇打江山不

容易、今日兄弟幾個守江山更不容易，所以要禮賢下士、要經常接見下屬、工作要勤奮、生活要節儉、不能大興土木、不能草率斷案等等。劉義隆的諄諄教誨事無巨細，細緻到要求五弟每個月的零花錢不能超過三十萬錢。

劉義隆的可貴之處在於，他不僅這麼要求弟弟，也是這麼自我要求的。他繼承了父親劉裕儉樸的生活和兢兢業業的工作態度。

西晉以來，由於皇室權貴帶頭，中國社會崇尚奢華。劉裕出身孤寒，知道百姓的艱辛，發達後清心寡慾，對珠玉車馬、絲竹美女十分節制。他日常穿著用度十分普通，常年就是尋常的裙帽配上一般的木屐，房間裡用的是土屏風、布燈籠、麻繩拂。對百姓，劉裕相對寬容。他廢除了政府物資從民間徵發的慣常做法，改為由官府出錢向百姓購買；他鼓勵耕作，降低了農民租稅，廢除苛繁法令，希望百姓能在寬鬆的環境中發展生產。劉義隆上臺後，進一步讓老百姓休養生息。除了上述的提高百姓服役的年齡，還在東晉義熙土斷的基礎上清理戶籍，擴大稅賦徵收面，減輕戶籍百姓的負擔；對於百姓拖欠政府的陳年舊帳，一律免除。劉義隆還派官員視察地方行政，了解民間疾苦。為了維護社會正義，劉義隆每年三次親自在華林園堂審理案件，直接為老百姓主持公道。

在劉義隆統治的元嘉年間，南方經濟得到了很大的發展。史書記載：「三十年間，民庶蕃息，奉上供徭，止於歲賦。晨出暮歸，自事而已……民有所繫，吏無苟得。家給人足……凡百戶之鄉，有市之邑，歌謠舞蹈，觸處成群，蓋宋世之極盛也。」後世豔稱為「元嘉之治」，將它列為中國古代的若干盛世之一。

說元嘉之治是「盛世」，有粉飾的成分，它更像是一個治世。與其說是經濟的繁榮，不如說是經濟的恢復，經過東晉末期的打擊後的恢復。

老百姓的生活仍然很窮苦，南朝在南北方的實力對抗中依然處於劣勢，整個元嘉之治持續的時間也很短，更重要的是這個階段沒有建立出有深刻歷史影響的制度。南方社會沿著之前的道路繼續前進，劉義隆等人沒有替發展設定障礙，給人民休養生息的機會，可是也沒有走得更遠。後人盛讚這是一個盛世，也許是在紛繁破敗的南北朝時期，很難找到元嘉之治這樣的閃光點。

無論如何，說元嘉之治是南北朝時期南朝國力最為強盛、人民生活最為安定的時期，肯定是沒有錯的。

二

說完元嘉之治的內政，來看看它的外交。

得益於劉裕成功的北伐，東晉收復關中地區和黃河以南幾乎所有的領土。關中不久便淪陷了。劉裕時期，劉宋王朝依然保有現在黃河以南的河南省的大部地區和山東省的大部地區。儘管它對這一大片土地的控制並不牢固，可是相對於之前南北方沿著淮河對峙，劉宋的策略形勢已經大為改觀。

劉宋主要透過控制策略要點，將這些點連成線，然後實現面的占領。在河南，劉宋主要防守洛陽、虎牢（今河南滎陽）、滑臺（今河南滑縣）、碻磝（今山東茌平縣）四個重鎮；在山東，歷城（今濟南）、淄博、東陽（今青州）等城市是宋軍重點防守的。這些點連起來就是劉宋的北方防線，它保障著黃河以南地區。

劉裕駕崩後，北魏覺得有機可乘了，在永初三年（四二二年）兵分兩路越過黃河，一路攻陷滑臺、洛陽，進逼虎牢；一路向東攻陷臨淄，進逼東陽。宋軍在東陽、虎牢兩地頑強抵抗。中原局勢岌岌可危。檀道濟率軍北上增援北方防線。北方軍隊戰鬥力強，行動迅速，掌握著戰場主動權。檀道濟到達彭城（今江蘇徐州）後，無奈承認自己無力分兵兼顧虎牢和東陽兩個方面，現實的做法是放棄一個方面的友軍，集中力量救援另一處友軍。兩難之下，考慮到彭城離東陽比較近，檀道濟決定救援東陽。宋軍出發了，但是戰鬥卻沒有打響。因為圍攻東陽的北魏軍隊爆發了疾病，半數以上的官兵都患病了，不得不在檀道濟援軍即將到達東陽的時候主動燒營撤走。檀道濟到了東陽，本想乘勝追擊，不料糧草接濟不上，又無奈地放棄了追擊。在河南，虎牢的宋軍困守孤城苦戰兩百天。魏軍最終攻下了虎牢，但是付出了慘重的代價，損失了十分之二三的兵力，無力繼續戰鬥。戰場就此停歇下來。南方丟失了多數重鎮，防守局勢惡化。

劉義隆對這次失敗耿耿於懷，一心要找機會收復失地。

元嘉六年（四二九年），機會來了！當時北魏與大夏、柔然的戰爭連綿不斷，黃河中下游魏軍兵力空虛。劉義隆於是寫信要求北魏太武帝拓跋燾歸還河南各地，聲稱不給就要用武力奪取。拓跋燾對劉義隆的要求付之一笑。你說歸還地盤就歸還地盤啊？拓跋燾才沒那麼傻呢！要想收復失地，那就來搶吧！

元嘉七年（四三〇年）三月，北魏因為北方戰事再次削減黃河以南屯兵。劉義隆派遣使者出使北魏，告知北魏宋軍即將北伐，目的是收復黃河以南失地，還明確說此戰「不關河北」。宋軍五萬人在劉義隆親信將領到彥之的率領下，走水路進入黃河，逼向各鎮。北魏在碻磝、滑臺、虎牢、洛陽四鎮守軍薄弱，且無力增援，主動棄城退往黃河北岸。到彥

之輕易收復四鎮，重新恢復了先前的北方防線，又派出先頭部隊向西進逼潼關，覬覦關中地區。形勢如此大好，宋軍上下皆大歡喜。殊不知，幾萬宋軍沿著黃河排成東西兩千里的一條線，軍力異常分散，連重要城市都只能分攤到幾千人防守，犯了分兵大忌。

北魏就等著宋軍出現破綻。等到十月，黃河開始結冰，鮮卑騎兵可以長驅南下，加上魏軍陸續在河北集結完畢，一聲號令之下，魏軍渡河反攻。鮮卑騎兵像一把把尖刀，瞬間將宋軍的防線撕得粉碎。洛陽、虎牢迅速失陷，分散各處的宋軍相繼奔散。到彥之在滑臺附近，得悉城池失守、諸軍潰散，充分暴露了三腳貓的本質，嚇得竟然下令全軍焚舟棄甲，狼狽地逃往彭城。

劉義隆見親信將領實在不成器，只好派遣並不親信的將領去收拾殘局。他任命檀道濟為都督征討諸軍事，率眾北上。元嘉八年（四三一年）年初，檀道濟率軍在山東地區與魏軍激戰，幾乎是每日一戰，勝多敗少，扭轉了宋軍潰敗的局面。宋魏兩軍形成了對峙狀態。遺憾的是，檀道濟的部隊糧盡，只得從歷城南退。有宋軍官兵投降北魏，將宋軍糧盡退兵的實情告訴魏軍。魏軍馬上追擊。宋軍將士都非常害怕。檀道濟為迷惑魏軍，令人用沙子冒充糧食，在「糧堆」上覆蓋一層真的穀米，然後帶領官兵在晚上公開、高聲地測量、統計「存糧」。追兵看到這一幕，以為宋軍糧草充足，反認為投降告密的宋軍是奸細，將降兵全部殺掉。檀道濟又命將士們披甲穿戴整齊，自己穿著白服乘輿車，列隊緩緩出城南返。魏軍擔心有伏兵，不敢追擊。檀道濟將全軍安全帶回南方，還留下了「唱籌量沙」的典故。

劉義隆的第一次北伐以失敗告終。此戰不僅沒有收復失地，宋軍還略有損失。但是檀道濟在魏軍的圍攻中全軍而退，威名大振。劉義隆嘉獎老將軍智勇雙全，提升他為司空。

三

檀道濟功名赫赫，統率著身經百戰的部隊。他的親信部將都勇猛無敵，各個兒子又才氣非凡，讓人既羨慕又嫉妒。檀道濟下朝回家，從者如雲，儀仗威武，老百姓看到他威風凜凜的樣子，不禁說：「說不定這又是一個司馬懿啊！」自古武將功高震主、力強惹禍，檀道濟不幸犯了大忌。朝廷對他產生了疑畏之心。宋文帝劉義隆本就不親信檀道濟，加上自己身體羸弱，登基之後疾病不斷，更不放心讓檀道濟留在身邊，就命他去鎮守潯陽（今江西九江）。

元嘉十二年（四三五年），劉義隆忽然病重。統治階層怕皇帝死後檀道濟反叛，就召他入朝準備殺掉。這項決策到底是誰做出的呢？有人說是皇帝劉義隆親自下令的，也有人說是主政的劉義康「矯詔」的。比較可信的版本應該是劉義隆當時有殺檀道濟的心思，但還沒有具體落實，可是下面的小人就開始有動作了。這個小人就是劉湛。劉湛見劉義隆一度病重，就對劉義康說：「一旦皇上駕崩，就沒有人控制得了檀道濟了。」恰巧宮中傳聞皇帝病危，劉義康就矯詔召檀道濟入朝。

檀道濟準備入京，夫人拉住他說：「皇上無故召你入朝，恐怕不是什麼好事。」檀道濟不聽，趕到了建康。他到的時候，劉義隆病情好轉。劉義康就慰勞了他幾句，又放他回潯陽。檀道濟在長江邊準備上船時，一群白鳥聚集在船篷上悲鳴。劉義隆病情突然加重，劉義康派追兵趕來，將來不及登船的檀道濟逮捕。他矯詔殺死檀道濟及其子弟八人，還捕殺了被人們比做關羽、張飛的檀道濟部將薛彤、高進之二人。檀道濟臨死

之前，目光如炬，憤怒地摘下巾幘擲在地上，厲聲說：「你們這是自毀長城！」死訊傳出，南方官兵寒心、百姓震驚。宋文帝劉義隆心中雖有不忍，但也默許了四弟的做法。

倒是消息傳到北魏後，鮮卑官兵欣喜若狂，都說：「檀道濟已死，江南再也無人讓我們害怕了！」魏軍自此頻頻南侵。敵人的評價往往是最真實客觀的，檀道濟能獲得鮮卑官兵如此之高的評價，地下有知也可以瞑目了。

檀道濟已死，劉義隆繼續養病，政權更是被彭城王劉義康把持。劉義康日漸仰仗謀主劉湛，放手讓他去做。劉湛開始權傾朝野。但是他的權力來自劉義康的「私相授受」，並沒有合法依據。劉湛就想從幕後走到臺前，排擠掉名義上的丞相 ── 尚書僕射殷景仁，取而代之。他不斷地在劉義康面前說殷景仁的壞話，在政務上一味和殷景仁作對。

殷景仁久經宦海，是老官僚了。他覺得不能和劉湛正面交鋒，就稱疾解職，連續向宋文帝上表請求辭職。劉義隆不是傻瓜，早就注意到劉義康、劉湛的舉動了。朝政已經把持在這兩個人手裡，劉義隆需要援引殷景仁作為外援。之前劉義康等人老在面前說殷景仁的壞話，劉義隆左耳進右耳出。現在，他沒有批准殷景仁的辭職申請，而是讓殷景仁在家好好養病，還派人噓寒問暖，以示尊崇。

劉湛一計不成又生一計，乾脆來狠的，派人裝做強盜去劫殺殷景仁。這事情眼看就要鬧得很大了，但劉湛覺得即便劉義隆知道了實情，也會照顧到兄弟感情，不會對自己和劉義康怎麼樣。劫殺的計畫還沒實施，劉義隆就聽到了風聲。他也來了招狠的。你們不是要殺殷景仁嗎？那我就讓殷景仁住到我身邊來，看你們誰敢動手！劉義隆在皇宮旁邊為殷景仁安排了住所。殷景仁搬過來住後，劉義隆祕密和他交換意見，每

日兩人住所之間檔案政令的往來達十幾乃至數十次之多。朝政無論大小，劉義隆都徵詢殷景仁的意見。兩人暗中嘀咕商議什麼，宮女太監們都不知道，更不用說劉湛了。

麻痺大意的劉湛禍在眼前，還不知道悔改。他見宋文帝多病，為了常保富貴，竟然與親信商量，打算等劉義隆一死便以「天下艱難，宜立長君」為理由，擁立劉義康繼位。

不得不說，劉湛實在不是搞陰謀詭計的料。政變計畫還在謀劃之中，連劉義康這個主角都還不知道，劉義隆就又一次聽到了風聲。劉義隆講究兄弟感情是有限度的，劉湛的所作所為已經「越界」了，超出了劉義隆的容忍範圍。皇帝發怒了，後果很嚴重！

元嘉十七年（四四〇年）十月初三，宋文帝劉義隆讓彭城王劉義康在中書省住宿，處理政務，似乎劉義隆的身體又一次不行了，需要四弟來主政。這天白天，已經臥床「養病」五年之久、從來沒有出過門的殷景仁忽然命令家人拂拭衣冠，擺出要出門的樣子。家裡人都很迷惑，不知道老頭子要做什麼。

當夜，劉義隆突然駕臨華林園，召殷景仁進宮。殷景仁接令，立即進宮。他因為腿腳不方便（猜想是臥床太久），劉義隆就賜他坐在小床上，授權殷景仁主持今夜的行動。什麼行動？殺劉湛，廢劉義康！

劉義康、劉湛全無準備，且被分隔兩處，毫無還手之力。劉湛被闖入的官兵輕鬆逮捕。有人向他出示了劉義隆的詔書，詔書上羅列了他的種種罪狀，最後的判決是立即處死。劉湛被殺，同時被殺的還有他的兒子和黨羽。劉義隆對四弟劉義康還算客氣，將四弟軟禁在中書省十多天，最後貶他為江州刺史，送往豫章郡（今江西南昌）「上任」。劉義康來向二哥辭行，劉義隆只是對他慟哭，什麼話也說不出來。

劉義隆政變成功，收回實權。殷景仁接替了劉義康的職位，但沒過多久就死了。有人說是劉湛的鬼魂作祟，來向殷景仁索命了。

劉義康在江州名為刺史，實際上是囚犯。政事全都由諮議參軍蕭斌處理。就這樣被軟禁了五年，元嘉二十二年（四四五年）年底有人告發太子詹事范曄、孔熙先等人密謀擁立劉義康。劉義隆處死范曄等人，將劉義康及其子女廢為庶人，徙往安成郡正式軟禁。在安成郡，劉義康開始靜下心來好好讀書了。一次，他讀《漢書》，看到淮南王劉長謀逆被漢武帝誅殺的事，感嘆道：「前代就是骨肉相殘的事，現在要落到我的身上了。」他早年不讀書，不知歷史興替和為臣之道，現在知道為時晚矣。元嘉二十八年（四五一年）北魏大軍南侵，南方局勢動盪。劉義隆擔心有人再把劉義康捧出來作亂，遣人送毒藥給劉義康「賜死」。劉義康也和東晉末代皇帝司馬德文一樣信佛，也說：「佛說自殺者來世不復得人身，我不能這麼死。」他就是不肯服藥自殺。好在劉宋王朝的臣子在處理這種事情上很有經驗，照搬殺司馬德文的先例，找了條被子將劉義康捂死了。劉義康時年四十三歲。

劉義康的一生，為朝廷做過貢獻，有功績，但不知謙恭進退，自謀敗局。可是他確實沒有要取代二哥劉義隆的意思。劉義隆聽到劉義康死訊後，感嘆了一番，下令以侯禮安葬了四弟。劉義隆此舉，開了劉宋皇室骨肉相殘的先例。

戰場有風險，北伐需謹慎

一

上一節提到劉義隆「賜死」劉義康的背景是北魏大軍南侵，南方局勢動盪。這事發生在元嘉二十八年（西元四五一年），對南方造成了極大的打擊。而事情的起因，則是一年前的「元嘉北伐」。

元嘉後期，國家太平無事，府庫漸漸充實，劉義隆頗有志得意滿的感覺。美中不足的是，北魏始終對南方構成威脅，且霸占著河南、山東等地。南北雙方在邊界摩擦不斷。劉義隆可能覺得自己文治有餘，武功不足。而打敗北魏收復中原無疑是最好的建功立業的途徑。他對北伐中原的興趣越來越大。

過慣了平安日子的大臣們，也慫恿劉義隆北伐。這些慫恿的大臣幾乎都是文官，沒有武將，大致可以分為兩類。第一類人純屬拍馬屁，比如御史中丞袁淑發現劉義隆有學漢武帝泰山封禪的意思，就奉承說：「陛下席捲趙魏之後，一定要封禪泰山。臣生逢盛世，遇到這樣千載難逢的機會，願意寫一篇〈封禪書〉獻給陛下。」劉義隆聽了很高興，似乎覺得自己可以和漢武帝相提並論了。第二類人是真心要北伐中原，覺得南方有能力打敗北魏，比如彭城太守王玄謨。王玄謨出身著名的世族太原王氏，沒有打過一場仗，卻喜歡談論軍事。他對劉義隆大談北伐計畫，暢想勝利前景。劉義隆特別喜歡聽王玄謨的空談，聽得入神時還對左右說：「王玄謨的話，令人有封狼居胥的憧憬（這裡指的是漢武帝時，霍去病大破匈奴，封狼居胥山而還）。」結果，劉宋朝野瀰漫著一股激烈而樂觀的戰爭氣氛。

元嘉二十七年（四五〇年），機會似乎來了！當年拓跋燾誅殺大臣崔浩的消息傳來，北魏內部出現不穩跡象；柔然又千里迢迢派遣使節來到建康，表示願意配合宋軍北伐；春夏之交，南方水量充沛，河道通暢，便利軍隊、糧草運輸，似乎天時地利都傾向南方。於是，丹楊尹徐湛之、吏部尚書江湛、彭城太守王玄謨等大臣在六月鼓動劉義隆出兵。

以沈慶之為代表的軍隊將領們反對北伐。沈慶之，吳興（今浙江德清）人，出身貧寒，年輕從軍，在鎮壓內部反叛和少數民族起義中立下赫赫戰功而躋身高級將領行列，當時已經六十四歲了。他對劉義隆列舉了兩條反對理由：第一，軍事優勢在北方，南方步兵對北方騎兵天生就處於劣勢；第二，當年檀道濟、到彥之北伐都失利而返。沈慶之點名道姓說：「王玄謨等人的能力都弱於檀道濟、到彥之二人，現在的軍隊也不比當年強盛，倉促北伐恐怕會再一次失利。」

劉義隆更多的是從政治層面思考北伐問題。他對老將軍的意見不以為然：第一，「小丑」竊據中原，我們是正統王朝，有責任收復中原；第二，之前北伐失利是因為檀道濟「養寇自資」、到彥之私自撤退；第三，魏軍的優勢在騎兵，但現在夏水浩蕩，河道通暢，我們用水軍恰好可以揚長避短。只要宋軍在冬天河流結冰前收復各個重鎮，構築鋼鐵防線，就等著魏軍自投羅網（原話是「虜馬過河，便成禽也」）！

沈慶之堅持己見。劉義隆就讓徐湛之和江湛來和沈慶之辯論。沈慶之說：「治國譬如治家，耕地要問農夫，紡織要問婢女。陛下現在要討伐敵國，只和白面書生商量，怎麼能成功呢！」沈慶之的話說得很重，劉義隆聽了哈哈大笑，認為沈慶之年紀大了亂發脾氣而已，既沒採納也不怪罪。北伐大事，最終由劉義隆敲定了。

這次北伐，劉義隆追求畢其功於一役，幾乎傾盡了全國之力。由於

兵力不夠，朝廷徵發青、冀、徐、豫、南兗、北兗六州的壯丁，每戶有三名壯丁的抽一人從軍，有五名壯丁的抽兩人從軍，又出錢招募有武藝的壯士出征；由於軍費不足，朝廷進行愛國宣傳，發動臣民捐獻金帛，又向富豪巨室和富裕的僧尼借貸。北伐的部署是這樣的，主力放在東路，由王玄謨率沈慶之、申坦等水軍入黃河，受青冀二州刺史蕭斌指揮。東路目標是收復山東、河南；西路由柳元景、薛安都等率領，從襄陽北上，受雍州刺史、隨王劉誕（劉義隆的兒子）指揮。東西兩路之前還有劉康祖、臧質等人率領的小股部隊，作為策應之用。

史稱「元嘉北伐」的大行動就此拉開序幕，覆水難收了。

二

元嘉北伐開頭很順利，因為北魏沒有料到劉宋會傾國而出，被打得措手不及。

碻磝的北魏守將棄城而走，宋軍留沈慶之守碻磝，王玄謨繼續率主力進攻滑臺。

王玄謨率領的主力兵源充足、軍械精良，但王玄謨是個庸才，壓根就不是打仗的料。滑臺被宋軍圍得水洩不通，魏軍堅守不降。城中茅屋很多，部將建議用火攻，王玄謨卻說：火攻會燒毀房屋、傷亡百姓，即便我們攻下了也只是得到一片焦土，有害無利。所以，王玄謨堅決不同意火攻。中原人民看到宋軍來到，紛紛攜帶武器投軍，有的還成組織地前來參軍。平均每天都有上千人之多，民心可用。但王玄謨不用義兵首

領，把投軍的壯士們當做新兵分散補充到自己的親信部隊。同時，王玄謨非但不撫卹中原百姓，還要他們每家繳納一匹布、八百只大梨。宋軍的種種逆行，讓中原人民大失所望，甚至將部分百姓推到了魏軍一邊。結果，小小一座滑臺城，宋軍主力攻打了兩個月還沒有打下來。大軍困於堅城之下，北伐前途堪憂。

九月，天氣轉涼，北魏太武帝拓跋燾集結了六十萬南下大軍，御駕親征，第一站就直驅滑臺，來和王玄謨過招。拓跋燾是何等人物，是帶著虎狼之師在槍林彈雨中廝殺長大的，別說是王玄謨，整個南方又有哪個人是他的對手？宋軍得知北魏援兵南下的消息，部將也好，同僚也好，都勸王玄謨抓緊最後一點時間，在拓跋燾趕到之前不惜一切代價攻下滑臺，避免遭到魏軍內外夾擊。王玄謨不聽，仍舊不緊不慢地攻城。拓跋燾即將到了，部將們集體勸王玄謨趕緊建立車營（將戰車連線在一起排列在軍營外圍，作為屏障），以作防禦。王玄謨還是不聽。

拓跋燾大軍來到滑臺。他也是幾乎傾國而出，號稱有百萬之眾。魏軍擊鼓之聲震天動地。王玄謨這時候急得六神無主了。部將請示如何迎戰，王玄謨遲疑了大半天，才擠出一個字：「走」！頓時全軍潰散。魏軍隨後追擊，殺死宋軍一萬餘人，繳獲的軍資器械堆積如山。元嘉之治二十多年累積的精品軍械，幾乎都成了北魏的戰利品。

王玄謨下令撤退，卻不做任何組織，導致宋軍主力四散潰敗，幾乎流失殆盡。中途遇到沈慶之率軍前來接應，才收攏了部分殘軍敗將。此次巨大失敗，王玄謨罪責難逃。戰後，東路主帥蕭斌要殺王玄謨。不料沈慶之主動站出來為王玄謨說好話，認為拓跋燾是當世雄才，誰遇到他都沒有獲勝的把握，又說陣前殺戮大將會引起軍心混亂。王玄謨這才得以保全性命。

此處交代一下王玄謨之後的經歷。王玄謨雖然能力平庸，敗軍禍國，但個性耿直，做事認真。之後他仕途坎坷，被免官又被起用，因生性嚴直和同僚、上司的關係不好。晚年，王玄謨剛正不阿，對孝武帝、宋明帝的倒行逆施多有勸諫。他直到宋明帝時才死，高壽八十一。

　　滑臺大敗後，宋軍轉入被動防禦，不斷放棄城池，步步後撤。賴有沈慶之這樣的老將維持，東路宋軍才沒有出現全域性的大逃亡。

　　滑臺大敗消息傳到西路的時候，西路宋軍正在陝城（今河南陝縣西南）與魏軍激戰。之前，西路宋軍進展也不錯。這路宋軍中有不少將領是北方人，熟悉關中情況，比如大將薛安都就曾在北魏擔任雍州、秦州都統，幾年前因為謀反失敗才逃奔宋朝的。而北魏占領關中不久，統治並不穩定，各族人民紛紛起兵響應宋軍。弘農等重鎮被宋軍攻克，宋軍進圍陝城。陝城一戰，大將薛安都殺得性起，丟掉頭盔，脫去鎧甲，再去掉坐騎的護具，怒目挺矛，單騎衝向敵陣。手臂沾染了敵人和自己的鮮血，手中的長矛也打斷了，薛安都就換一根再衝殺。兩軍惡戰兩天，宋軍大勝，攻克陝城，斬魏軍三千餘人，俘虜兩千餘人。宋軍把俘虜、投降的北魏士兵全部釋放，又乘勝攻克潼關。關中豪傑聞風而起，派人與宋軍接洽。西路北伐形勢一片大好。然而，王玄謨大敗、拓跋燾南下的消息逆轉了西路的勝利。東路敗後，劉義隆認為柳元景、薛安都等不宜孤軍深入，下詔班師。西路宋軍含淚放棄城池，退回襄陽。「元嘉北伐」以失敗告終。

　　但是戰爭不是以單方面的失敗結束的，而是取決於戰勝方的意志。宋軍雖然戰敗了，但戰場並沒有沉寂。拓跋燾不是被動捱打、消極防禦的軟柿子，他態度強硬，寸土必爭，抓住宋軍後撤的良機擴大戰果。

　　在滑臺大敗王玄謨後，拓跋燾將大軍分為兩路，長驅南下。其中

永昌王拓跋仁率領一路從洛陽向壽陽（今安徽壽縣）進軍，一路攻占懸瓠、項城。宋軍防守壽陽的將領是豫州刺史南平王劉鑠。劉鑠是劉義隆的兒子，年輕無經驗。劉義隆怕壽陽有失，急招劉康祖回援。劉康祖這支偏師在壽陽城外幾十里地與拓跋仁大軍遭遇。劉康祖手下只有八千人，部將提議繞道走山路以地利削弱鮮卑騎兵的衝擊，劉康祖不聽，組成車營，等待魏軍的進攻。臨戰前，劉康祖下令「顧望者斬首，轉步者斬足」，以必死之心迎戰。魏軍倚仗人多勢眾，分為三波，從四面輪番進攻宋軍，企圖用疲勞戰術消滅劉康祖。劉康祖指揮部屬頑強頂住。後來，天上颳起了西北風，拓跋仁趁勢火燒車營。宋軍拚死抵抗，在熊熊烈火中以失敗告終。劉康祖身受十多處傷，仍奔走呼號，最後因頸部中箭而死，部下八千人全軍覆沒。此戰可算是元嘉北伐中最慘烈的一戰。戰後，拓跋仁進抵壽陽，劉鑠閉門不出。好在宋軍在壽陽經營多年，城堅糧足，魏軍是騎兵，沒有攻城的經驗，只好在城郊大肆燒殺搶掠一番後，繼續南下。劉鑠也不敢追擊，只求守住壽陽。

第二路由拓跋燾親自統率，進攻彭城。鎮守彭城的是劉義隆的五弟、江夏王劉義恭（就是收到劉義隆〈誡弟書〉的那位）和劉義隆的另一個兒子、武陵王劉駿（就是後來的孝武帝）。劉義恭聽到魏兵將至，就要棄城逃走。城內其他人都不同意。長史張暢說：「王爺絕對不能走，您一走就群龍無首，非輸不可了。」劉駿則說：「叔叔要走，悉聽尊便，姪子決心與彭城共存亡。」劉義恭羞紅了臉，留了下來，和大家一起守城。彭城也是宋軍經營多年的重鎮，城池堅固，魏軍攻打了幾天，彭城巋然不動。拓跋燾主動放棄，繞開彭城繼續南下。攻城本非魏軍的長項，拓跋燾揚長避短，發揮騎兵行動迅速的特點，一心深入江南。劉義恭、劉駿叔姪倆也不敢追擊。

拓跋燾渡過淮河後，遇到了宋朝輔國將軍臧質的部隊。臧質和劉康祖一樣，也是此次北伐的偏師。劉義隆聽到彭城告急後，命令臧質率領部下一萬人救援。兩軍相遇，臧質的一萬步兵哪是幾十萬鮮卑騎兵的對手，一觸即潰。臧質只帶著殘部七百人逃向附近的盱眙（今江蘇盱眙）。

　　盱眙駐紮了三千宋軍。因為盱眙地處南北交通要道，太守沈璞早早就開始準備防守，想接納臧質殘部。但城內官紳不同意，擔心接納臧質會把拓跋燾主力吸引過來，得不償失。沈璞力排眾議，將臧質的七百人接入盱眙城，還將全城的防務交給臧質指揮。臧質出身東晉外戚家庭，長得相當有特點，高顴骨突下巴，禿頂鬈髮。盱眙官紳百姓看著這個敗軍之將，不知道他的奇怪相貌能否有助於退敵。好在虛驚一場，拓跋燾再次擦城而過，繞開盱眙，馬不停蹄向南衝了。

　　年底，各路魏軍在長江北岸會師。人們在長江南岸用肉眼就能看到拓跋燾那耀眼的皇帝車駕。拓跋燾在北岸耀武揚威了一番後，選擇瓜步（今江蘇六合縣東南）建起了行宮。魏軍在江北忙於劫掠殺戮，各地的劉宋官員要麼望塵奔潰，要麼望風而降。兵力薄弱的江南裸露在鮮卑鐵器的刀鋒之下，劉宋王朝面臨著立朝以來最大的威脅。建康城內空前緊張，朝廷緊急徵發壯丁從軍。建康所在的丹陽郡轄區內王公子弟以下男子一律從軍。宋軍沿江慌忙布防。劉義隆臨江登高瞭望，看到魏軍旌旗搖曳，面露憂色，嘆息道：「如果檀道濟還在，豈能讓胡馬至此！」此時距離檀道濟冤死已經過去十五年了。

三

就在劉宋朝野認為局勢危如累卵，人心惶惶之時，歷史朝著戲劇性的方向發展而去。

之前，拓跋燾不攻城，一心盡快衝殺到長江邊上。現在他飲馬長江了，可接下去怎麼辦呢？拓跋燾很清楚，鮮卑騎兵連壽陽、彭城這樣的城池都沒有能力攻下，更不用說城牆更加堅固，又有滾滾長江屏護的建康城了。你讓騎兵遊過長江，再爬上高高的建康城牆？拓跋燾頭腦很清醒，知道魏軍的攻勢已經達到極限了，還是見好就收吧！

拓跋燾下令魏軍在江北劫掠以後，滿載北歸。第二年（四五一年），浩浩蕩蕩凱旋的魏軍又一次經過盱眙（今江蘇盱眙）城。魏軍無意停留，原本擦肩而過就是了，可是拓跋燾突然想喝酒，就派人去盱眙索要美酒。宋軍守將臧質撒了一泡尿，用罈子封好送去給拓拔燾。拓跋燾勃然大怒，也不回國了，驅動大軍進攻盱眙。數十萬魏軍一夜之間就圍著盱眙城造了一堵長堤，又挖土運石填平了流向盱眙的水源，徹底切斷了盱眙的水陸通道。盱眙軍民一覺醒來，發現城池被圍得水洩不通了。經過一陣短暫的驚慌，盱眙軍民迅速準備迎戰。盱眙之戰就此打響。

盱眙為了這一戰已經準備了好幾個月了，器械充足，士氣鼎盛。魏軍遭到了頑強的抵抗，士卒傷亡嚴重。拓跋燾這個時候犯了一個錯誤，他滿不在乎地寫了一封信給臧質。信中說：「我驅趕攻城的士兵，都不是我們鮮卑人。攻打盱眙城東北的是丁零與胡人，南邊的是三秦的氐族、羌族人。你們幫我多殺一點丁零人，我們就能減少常山、趙郡（在今河北）的

盜賊；幫我多殺一點胡人，正好減少并州（今山西）的叛軍；如果氐族、羌族都死了，關中的反賊也都沒有了。所以，你殺的士兵越多，對我越有利。」拓跋燾可能是想透過這封信告訴臧質自己會不惜傷亡攻下盱眙，但這封對士卒傷亡滿不在乎的親筆信被臧質利用。臧質將拓跋燾的「御筆」展示給攻城的魏軍士卒看，大聲宣布：「你們的皇帝用心險惡，根本不把你們當人看，你們不要為他賣命了！」臧質又寫了許多傳單，發給攻城的少數民族士兵，號召廣大士兵倒戈一擊，凡是斬拓跋燾首級者，封萬戶侯，賞賜布、絹各一萬匹。拓跋燾見狀，暴跳如雷，下令做一張鐵床，在上面扎滿鐵刺，發誓要踏平盱眙，活捉臧質釘在鐵床上。

魏軍在拓跋燾的驅使下掀起了一波波更猛烈的進攻。他們造了鉤車來鉤城樓，城內宋軍就用大繩繫住鉤車，數百人呼喊著一起牽拉，使車不能退。到夜晚，宋軍把士兵裝在大桶裡墜下城牆，截下車上的鐵鉤，繳獲鉤車。魏軍又造了衝車攻城。無奈城牆堅固，衝車每次衝擊都只能衝落幾斗土，難以奏效。魏軍最後只好採取最原始的方法：肉搏上陣，搭雲梯登城。一波波的魏軍像潮水一般湧上前去，又像潮水一樣退下來，在盱眙城下留下了數以萬計的屍體，死屍堆積得與城牆一樣高。就這麼猛攻了整整一個月，盱眙城還牢固控制在宋軍手裡。南方的春天來了，魏軍水土不服，傷員病號越來越多。更糟糕的是，劉義隆派遣宋軍水師從東海進入淮河，命令彭城的宋軍南下，會師截斷魏軍的歸路。為了避免被南北夾擊，拓跋燾在二月燒毀攻城器械，主動退走。宋軍不敢攔截，僅出動少數水師佯攻，逼迫魏軍速撤。

盱眙之戰，宋軍大獲全勝。劉義隆對這場意外的勝利大喜過望，對守城有功的臧質大加賞賜，提升他為冠軍將軍、雍州刺史，負責中部邊界軍務。

元嘉二十七、二十八年的南北激戰就此結束。南方在領土方面的損失不大，但國力遭受巨大損耗。魏軍進出南方，大肆燒殺搶掠，僅擄掠而走的江北百姓就數以十萬計，宋朝傷亡的軍民更是不知有多少，南兗、徐、兗、豫、青、冀六州城鎮殘破、廢墟累累。「自是道里蕭條，元嘉之政衰矣」，之前二十多年治世累積的物質成果幾乎蕩然一空。北魏方面也傷亡慘重，損失鮮卑精銳數以萬計，它和南朝一樣都是輸家，只是損失略小一點而已。

　　當然，很多政治事件的成敗是不能用簡單的物質得失來計算的。拓跋燾對劉宋的勝利，使北魏的統一更為鞏固。這個成果比劫掠的物資更加重要。而劉義隆志得意滿的心態被慘敗擊得粉碎，受到巨大精神創傷，沒兩年就駕崩了。這個損失比戰場的失敗更加嚴重。

劉家的精神病史：
精神病開始發作

一

被拓跋燾打得大敗後，原本身體就不好的宋文帝劉義隆一次又一次地頻繁病倒、病重。然而，他每一回都能在大臣們提心吊膽的時候奇蹟般地康復。如此反覆多次，讓一個人很著急。這個人就是劉義隆的太子劉劭。

劉義隆妻妾眾多，共生了十九個皇子，分別是：劉劭、劉浚、劉駿、劉鑠、劉紹、劉誕、劉宏、劉褘、劉昶、劉渾、劉彧、劉休仁、劉休佑、劉休茂、劉休業、劉休倩、劉夷父、劉休範、劉休若。此處不吝煩瑣，一一列出，是因為他們當中的多數人即將在骨肉相殘的鬧劇中粉墨登場。其中劉劭是袁皇后所生的嫡長子，年近三十歲，在古代已經不算年輕了。他渴望早日當皇帝，父皇羸弱的身體似乎能讓他早日實現願望，可是等了一年又一年，父親「病危」了一次又一次，龍椅擺在眼前，劉劭就是坐不上去。

劉劭快要抓狂了。他乾脆找了同父異母的二弟、始興王劉浚商量，如何讓父皇早死。劉浚為太子大哥出了一個餿主意：找個女巫在東宮裡作法咒父皇早死！劉劭覺得這個主意還不錯，就找了女巫，製作了巫毒娃娃，還堂而皇之地埋在東宮院子裡。很快，劉義隆知道了兩個兒子幹的好事，龍顏大怒。這時候，劉義隆優柔寡斷、瞻前顧後的毛病暴露了出來。他捨不得廢太子，也不責備劉浚，只是下令抓捕那個女巫。相關部門搜捕了多日，找不到人。有人向劉義隆告密說：女巫被太子藏在東宮保護起來了。

劉劭此舉，火上澆油。劉義隆勃然大怒。「劉劭這個逆子，竟然要咒我死，還不知悔改，和我對抗到底！我要廢了他！」即便決心要廢太子，劉義隆也不能當機立斷，而是召徐湛之、江湛、王僧綽三位大臣入宮商議。王僧綽一聽，趕緊說：「如果陛下下定決心要廢黜太子，請立即釋出命令，以免消息洩漏，發生什麼變故。」關鍵時刻，劉義隆動搖了，不肯頒布詔書，表示要再考慮考慮。可是，不等劉義隆考慮清楚，消息不可避免地洩露了出去。劉浚的生母潘淑妃趕緊派人通知劉浚，劉浚又急報太子。

自古被廢的太子沒有一個有好下場，劉劭驚恐萬分。他乾脆一不做二不休，要和父皇兵戎相見，拚個魚死網破了。之前，劉義隆、劉劭父子關係親密的時候，劉義隆調撥了一萬名禁軍給東宮執行保衛工作，歸劉劭指揮。現在，劉劭就指揮這支部隊，在父皇提議要廢太子的第二天清晨，突襲殺入皇宮。宋文帝劉義隆還在寢宮中，被亂軍砍死，享年四十六歲。徐湛之、江湛、王僧綽三人也被殺死。這是元嘉三十年（西元四五三年）的事情。

劉劭終於坐上了夢寐以求的龍椅，宣布繼位為帝，改元太初。

但這僅僅是劉劭噩夢的開始，也是劉宋王朝一系列禍害的開端。

如果劉劭等父皇死後正常登基，天下沒有人可以指責他，即便是他的敵人也找不到攻擊他的藉口。但劉劭殺父自立，就失去了繼位的合法性。天下人人都可以指責他，可以冠冕堂皇地討伐他，更不用說敵人了。劉劭登基之時，就是人心渙散之際。他雖然登基了，但四方州縣、封建大吏都沒有效忠、祝賀的表示。他的叔叔、兄弟們都對他側目而視。

劉劭當然明白自己的處境。除了照例加官晉爵後，劉劭也開始搞些小動作，一心想除去皇位的威脅。他心中的頭號敵人，就是三弟——恰好領兵在外打仗的武陵王劉駿。

劉駿當時擔任江州刺史，正統帥各路軍隊在長江中游剿滅反叛的少數民族。劉劭、劉浚弒父後，三弟劉駿遞補成為繼承皇位的合法人選。而且劉駿掌握軍隊，也最有能力起兵造反。劉劭就祕密寫信給和劉駿一起作戰的老將軍沈慶之（就是之前反對劉義隆北伐的那位），要他殺掉劉駿。沈慶之有軍隊、有經驗，他的動向就成了決定時局的關鍵。

沈慶之接到劉劭的密信後，跑去求見劉駿。劉駿聽說大哥二哥謀殺了父皇後，最大的反應是害怕，擔心篡位的大哥派人來殺自己。所以他聽說大將沈慶之求見，擔心是大哥派來的刺客，嚇得稱病不敢接見。沈慶之就硬衝進去，走到劉駿面前，把劉劭的密信遞給他看。劉駿戰戰兢兢地看完，嚇得淚流滿面，乞求沈慶之讓他到屋內和母親訣別。誰料到，沈慶之剛毅地說：「臣受先帝厚恩，一心圖報。今日之事，只能起兵推翻篡位的劉劭。殿下不用懷疑臣。」劉駿這才緩過神來。事到如今，起兵討逆不僅是劉駿義不容辭的責任，也是他自保的唯一選擇。他起身拜謝沈慶之，說：「家國安危，在於將軍！」

在沈慶之的主持下，武陵王劉駿領銜舉起了討逆大旗。沈慶之集合江州和本部兵馬，力排眾議，迅速順江而下，進攻建康。荊州刺史、南郡王劉義宣（劉裕第六子）和雍州刺史臧質、司州刺史魯爽、兗冀二州刺史蕭思話、宣城太守王僧達等地方實力派紛紛起兵響應劉駿。討逆軍的隊伍不斷壯大，幾乎無人與之為敵。劉駿很快兵臨建康城下，在新亭（今南京附近）稱帝，改元孝建，史稱孝武帝。

劉浚只能蒐羅建康的軍隊負隅頑抗，無奈眾叛親離，組建的烏合之眾被討逆軍擊潰。參加討逆的將軍薛安都率本部官兵為前鋒，最先攻入宮殿，活捉劉浚。薛安都因功獲封男爵。劉劭則和全家一起被殺。始興王劉浚企圖逃跑，中途被抓，也遭到屠殺。

劉宋王朝的第二次內戰以討逆方的勝利、弒君方的失敗而圓滿結束。一切看起來很「正義」，很「成功」。但是從之後的發展來看，劉駿是一個很糟糕的新皇帝人選。

二

劉駿的毛病很多，最突出的就是好色。

劉駿好色，不是一般的好色，而是特別好色，幾乎到了飢不擇食的程度。只要看到有感覺的女性，不管是親疏貴賤，都召入宮裡臨幸。可怕的是，其中許多女性是宗室女眷，也就是劉駿的親戚。這就涉及亂倫了。大臣和宗室家的女眷，時常會被叫到宮中朝謁太后。劉駿就在女眷朝謁的時候闖進去，看見中意的就拉到宮中侍寢。最可怕的是，劉駿還和生母路太后亂倫。他從小是路太后養大的，鎮守州縣的時候路太后也一直陪同，可能有很深的戀母情結。當了皇帝後，劉駿發展到和生母亂倫。他不僅留宿生母宮中，還在公開場合和生母親暱。南方史書對此多有隱晦，但《魏書》忠實記載了這骯髒的一幕。劉駿是中國歷史上唯一被正史記載與生母亂倫的皇帝。

劉駿肆無忌憚的亂倫終於惹出了大麻煩。劉駿的六叔劉義宣鎮守荊州，盤踞多年，兵強馬壯。他的四個女兒留在建康。劉駿看到四個堂妹長得如花似玉，竟然將她們納入宮中亂倫。醜聞傳到荊州，劉義宣義憤填膺，發誓要推翻劉駿，聯繫江州刺史臧質一同起兵。臧質滅劉劭有功，調任江州刺史，居功自傲，驕橫專行。劉駿之前計劃要剝奪他的兵權，所以臧質也對劉駿不滿。兩人再聯繫對劉駿胡為不滿的豫州刺史魯爽、兗州刺史徐遺寶。孝建元年（四五四年），四人推劉義宣為首，一同起兵討伐劉駿。劉駿派遣沈慶之、王玄謨、柳元景、薛安都等人迎戰。這是劉宋王朝第三次大內戰。

　　戰鬥開始後，造反的兗州刺史徐遺寶進攻重鎮彭城，失敗，喪失信心，竟然棄軍投奔豫州刺史魯爽。魯爽沒有分兵去攻城略地，而是率軍從壽陽直趨歷陽（今安徽和縣），與臧質合兵。兩人會師後，水陸並進，直指建康。劉駿以薛安都為前鋒去阻擋魯爽。兩軍接觸，薛安都擊斬魯爽的前鋒，堵住了魯爽前進的勢頭。沈慶之趕到軍前督戰。兩軍大戰爆發。薛安都躍馬大呼，單騎直入敵陣，直衝敵將魯爽，一槍將他殺死。魯爽系出將門，平素勇武異常，號稱萬人敵，卻在薛安都的衝鋒面前毫無還手之力。時人都將此戰和當日關羽斬顏良相提並論。魯爽死後，部隊譁然大潰。沈慶之、薛安都等乘勝追殺，一舉攻克壽陽。徐遺寶逃出，途中被殺。宋軍集中兵力，專心對付劉義宣、臧質兩軍。

　　沈慶之派人將魯爽的首級送給劉義宣。劉義宣、臧質看到魯爽首級後，萬分驚駭。站在劉駿一邊的太傅劉義恭又使離間計，派人送書信給劉義宣，說臧質「少無美行」，如果你們倆反叛成功，恐怕你就是他下一個池中之物。劉義宣不禁對臧質疑忌起來。

戰爭還在繼續，劉義宣軍大敗。宋軍藉助風勢放火，叛軍的船艦都被燒毀。臧質找劉義宣商量下一步怎麼辦，發現劉義宣對自己的疑忌，驚惶失措，拋棄部隊逃往潯陽。其部或降或散。一支宋軍追到潯陽，臧質焚燒府舍，帶著妻妾逃入南湖躲避，飢餓難耐時就採摘蓮子充飢。宋軍追兵搜查南湖，臧質用荷葉蓋在頭上，沉到水裡，只把鼻孔露出水面呼吸。就是這樣，臧質還是在六月被人發現，先中了一箭，然後被亂刃砍死。劉義宣也很快失敗，他自己和十六個兒子全部被劉駿處斬。以前劉駿和劉義宣的四個女兒還偷偷摸摸亂倫，如今乾脆將她們改換姓名，冊封為嬪妃。

　　除了好色，劉駿的猜忌心很重。別的帝王猜忌大臣，劉駿主要是猜忌叔伯和兄弟們，而且一猜忌就是刀光劍影。他不惜骨肉相殘，在劉宋宗室內部掀起了陣陣腥風血雨。除了屠殺叔叔劉義宣一家外，南平王劉鑠、竟陵王劉誕、武昌王劉渾、海陵王劉休茂等兄弟也先後遭到劉駿殺害。南平王劉鑠是他四弟，從小最受父皇劉義隆的寵愛，看不起劉駿這個兄長。劉駿當皇帝不久，就派人下毒殺死了劉鑠。十弟武昌王劉渾從小頑劣成性，十幾歲就當上了雍州刺史。在雍州，劉渾自稱楚王，立年號，備百官，被人告發。這也就是一個無知少年瞎胡鬧，罪不至死，但是劉駿卻逼劉渾自殺。劉宋皇室原本枝繁葉茂，在劉駿時期開始遭到沉重打擊；劉宋廣封宗室是為了藩護皇帝，不想成了皇帝發洩猜忌心的目標，成了頻繁內戰的背景。

　　劉駿六弟、竟陵王劉誕之前忠誠站在他一邊，在討伐劉劭和平定劉義宣等戰爭中都立有功勛，逐漸占據高位。劉誕的府第建築精巧、園林優美，冠絕一時，他經常在府中大會賓客，和文人武將們應酬，因此遭到了劉駿的猜忌。孝建二年，劉駿讓劉誕擔任南徐州刺史，趕出建康，

趕到京口（今江蘇鎮江）上任。他又嫌京口距離首都太近，又在大明元年（四五七年）調任劉誕為南兗州刺史，調往廣陵（今江蘇揚州）。劉誕不是傻子，知道劉駿猜忌自己，也開始積蓄實力以防不測。他藉口防備北魏入侵，大力修治城防，積聚糧草軍械，積極訓練軍隊。劉駿更不放心了，授意相關大臣告發竟陵王劉誕謀反，下令將他降爵、削職。劉誕不願束手就擒，舉兵造反。他完全是被劉駿逼反的。

　　劉誕造反，東部局勢不穩。劉駿下令內外戒嚴，挑選將領出征。老將沈慶之已經退休，獲封始興公在家養老。劉駿請他出來擔任車騎大將軍、南兗州刺史，主持討伐劉誕。沈慶之只好率軍東進。劉誕備戰多年，又實行堅壁清野戰術，焚燒廣陵外城的民房，將居民遷入城中閉門自守。在重重圍困之中，劉誕製作了許多傳單，用一切方法投送城外，宣稱自己無罪，並宣揚劉駿穢亂宮廷的種種醜行。劉駿大怒，下令斬殺劉誕心腹的親族上千人。他急欲攻下廣陵，連發詔書督促沈慶之攻城。為了早日得到捷報，劉駿命沈慶之在廣陵城西南修築烽火臺，如果破城就點燃烽火，以便自己能早些得知消息。重壓之下，沈慶之不得不督率將士，日夜攻打，製造樓車、填平溝塹、修築土山，可是三個月過去了還是毫無進展。劉駿大怒，命大臣彈劾沈慶之，再下詔不予追究，催逼沈慶之攻戰。沈慶之不顧年邁，身先士卒，親冒矢石，衝在前線，終於攻破廣陵。劉誕被殺，傳首建康，其母親、妻子在城破時自殺。劉駿認為廣陵全城附逆，下令屠城，經沈慶之苦苦勸阻，最終改為男子五尺以上一律屠殺、女子被賞賜給軍隊。這暴露了劉駿的第三個惡性：殘忍嗜殺。屠殺廣陵男子後，劉駿還將屍骨築為景觀，用來炫耀。

　　至此，我們基本可以認定孝武帝劉駿有精神病。他亂倫、猜忌、嗜殺，而且程度都很深。這可能是皇帝這個職業的壓力太大了，也可能與

劉駿個人成長經歷有關（他庶出、不受父皇喜歡，且從四歲就開始出外「為官」），更大的可能是：劉宋皇室有家族精神病史。隱藏著的精神病基因在劉駿這一代身上開始顯現出來，之後會愈演愈烈。讀者可以繼續往下看。

鎮壓多次反抗後，劉駿越發肆無忌憚。他嬖寵一個崑崙奴。這個崑崙奴長得高大強壯，劉駿就讓他拿著棍子侍立在身邊，對哪個大臣稍微不滿就命崑崙奴上前毆擊。劉駿還日益驕侈。為了警誡子孫，劉裕在宮中特地保留了幾個房間，裡面收藏自己使用過的農具、補丁疊著補丁的棉襖。劉駿翻新宮殿，發現祖父的遺物，譏誚祖父是「鄉巴佬」。國庫很快因為多次戰爭和皇帝的驕奢而空虛，劉駿想出一個斂財的方法：賭博。每次遇到地方刺史、太守等高官卸職還都的時候，劉駿都召他們來賭博，規定大臣們只能輸不能贏，而且金額巨大。這就變相逼迫地方官員們貪汙腐敗、搜刮地方，最後這些贓款很大部分進了劉駿的腰包。

大明六年（四六二年），劉駿寵幸的殷淑儀病死了——殷淑儀其實是劉義宣的女兒、劉駿的堂妹，冒姓殷。劉駿十分傷心，大辦喪事，並要求朝野大臣都去墳前哭泣，誰哭得不傷心，輕者責罰，重者免官。劉駿自己哀傷過度，身體每況愈下，從此很少理政。兩年後，劉駿病死。這樣的皇帝竟然得以善終，真是令人感嘆。

劉駿廣納後宮，子女成眾，所生皇子多達到二十八個，分別是：劉子業、劉子尚、劉子勛、劉子綏、劉子深、劉子房、劉子頊、劉子鸞、劉子仁、劉子鳳、劉子真、劉子玄、劉子元、劉子羽、劉子衡、劉子孟、劉子況、劉子產、劉子雲、劉子文、劉子輿、劉子師、劉子霄、劉子雍、劉子趨、劉子期、劉子嗣、劉子悅。他們名字中間都有一個「子」字，將成為新的骨肉相殘鬧劇的主角。

劉家的精神病史：
一個都不正常

一

　　孝武帝劉駿終於死了，十六歲的長子劉子業登基。人們以為可以鬆一口氣了，但是很快發現：劉子業也有精神病，而且是個重症患者！

　　劉子業和父親劉駿一樣愛好亂倫、猜忌、嗜殺，並且非常變態。比如新蔡公主是宋文帝劉義隆的女兒，劉子業的親姑姑，已經嫁給寧朔將軍何邁為妻。劉子業看上了新蔡公主，將姑姑納入後宮封為夫人，對外謊稱新蔡公主已死，還殺了一名宮女冒充新蔡公主舉行了隆重的葬禮。又比如他繼位後，命令宮女赤身裸體在宮中奔跑嬉戲，自己站在一旁津津有味地觀看，看到哪個宮女不願意赤身裸體或者不情願，就拉出去砍頭。更變態的是，劉子業在即位第一年的冬天將建康城裡所有的王妃和公主叫進宮裡，讓她們列隊站好。這些劉子業的親戚兼貴婦人們都迷惑不解，不知道小皇帝要做什麼。誰料到，劉子業竟然讓宮裡的幾百名侍衛將她們集體強姦。最變態的是有一次，劉子業把叔叔建安王劉休仁和嬸嬸建安王妃叫到宮裡來，又把將軍劉道隆召進宮來，竟然讓劉道隆當著叔叔的面強姦嬸嬸！劉子業站在一旁觀看強姦過程，還留意叔叔劉休仁的反應。

　　劉子業的妹妹山陰公主淫恣過度，對劉子業說：「我與陛下，雖男女有別，可都是先帝的子女。陛下後宮佳麗上萬，可我卻只有駙馬一人。這太不公平了！」劉子業就為山陰公主安排了面首三十人。山陰公主還是不滿足，看到吏部郎褚淵體壯貌美，請求劉子業把他也賞給自己當面首。劉子業竟然同意了，將大臣賞給妹妹當面首。褚淵在山陰公主身邊

十日，雖然被公主苦苦逼迫，誓死不從。山陰公主最後沒辦法，才把褚淵放回去。可見，劉宋皇室的公主精神也不太正常。

大臣戴法興在劉駿時期深受信任，實際主持中樞公文處理和政令傳達。他對劉子業的變態好色行為多有勸諫。戴法興忘記了，劉子業同樣繼承了劉駿嗜殺的惡習！劉子業嫌戴法興多嘴，將他莫名殺死。同樣，劉子業把屠刀伸向皇室內部：江夏王劉義恭是劉子業的叔祖，輩分高，被殺；兩個弟弟始平王劉子鸞和南海王劉子師，輩分低，年紀輕，也被殺……結果，朝野震動不安，人心惶惶。

江夏王劉義恭的死需要挑出來專門述說。話說大將柳元景、顏師伯等人心懷恐懼，不知道劉子業哪日就要殺自己。他們就密謀廢殺劉子業，擁戴劉義恭稱帝。幾個人日夜謀劃，但猶豫不決。柳元景覺得應該爭取到軍界元老、三朝重臣沈慶之的支持，就上門去遊說沈慶之。沈慶之與劉義恭的關係一般。顏師伯當時掌握實權，對沈慶之這樣的老前輩不以為然，曾公開說：「沈公，就是一介武夫、一個爪牙，哪能干預政事呢！」沈慶之因此對顏師伯極為不滿，對擁立劉義恭的計畫不贊成，還向劉子業告發了此事。於是，劉子業親自率羽林兵殺死劉義恭及其四子。他將叔祖劉義恭斬斷四肢，分切腸胃，挖出眼睛，浸在蜜裡，取名「鬼目粽」，又殺了柳元景。柳元景的八個兒子、六個弟弟及諸位姪子也都被殺；顏師伯和他的六個兒子同樣沒能倖免。

沈慶之真不應該去告發柳元景等人。他沒料到自己會成為劉子業下一個殺戮的目標。

剛開始，沈慶之因告發顏柳有功，與劉子業的關係不錯。但是老將軍對劉子業的胡作非為也看不慣，說了幾句勸諫的話，劉子業就不高興了。沈慶之懼禍，趕緊閉門謝客，以求自保。一些人仍然希望沈慶之能

夠主持推翻劉子業的荒唐統治。吏部尚書蔡興宗就對沈慶之說：「現在皇上的所作所為，人倫喪盡，根本沒有希望改正。他忌憚的人就是您，老百姓能依賴的人也只有您。沈公威名天下所服，在如今人心惶惶之際舉兵起義，誰不響應！如果沈公猶豫不決，只會坐觀成敗，災禍早晚要降臨的。」沈慶之也承認現在局勢危急，但藉口退休在家、沒有軍隊，不願意領頭。他將一切寄託在「天命」身上，抱著聽天由命的態度。蔡興宗苦苦再勸：「當今有心起義的人，都不是想邀功求富貴的小人，只是為了自保啊！領兵的將帥，只要聽到有人首先發難，肯定會群起響應。沈公領兵幾十年（西元四五○年），舊日部將門生遍布朝野，受您恩惠的人也很多，何患沒有軍隊！況且儘管您不願意出面，保不準有人打著您的名義起事，到時候您也免不了附從之禍。」沈慶之還是下不了決心，一味推辭。青州刺史沈文秀是沈慶之的姪子，率領部下駐紮在建康城外，也勸沈慶之：「皇上狂暴如此，禍亂不久將至。天下人心思變，如今藉助眾力推翻暴君，易如反掌。機會難得，不可失也。」沈文秀勸了叔叔好多次，最後都流涕相勸了，沈慶之始終不同意。沒幾天，寧朔將軍何邁謀反失敗，被劉子業誅殺，牽連到沈慶之。劉子業派沈慶之的姪子沈攸之送藥「賜死」沈慶之。沈慶之不肯服毒，沈攸之就用被子捂死了親叔叔。沈慶之死時八十歲。

這裡順帶說一下殺死親叔叔的沈攸之。沈攸之相貌醜陋，小時候父親去世，家境貧寒。元嘉二十七年（四五○年），朝廷大肆拉壯丁北伐，沈攸之應徵入伍，此後隨沈慶之征討。沈攸之作戰勇敢，參加了討伐劉劭、征討劉誕的戰役。在討伐劉劭的戰鬥中，沈攸之勇猛奮戰，屢建戰功，多次身受重傷，比如在廣陵之戰中沈攸之就被箭射破了骨頭。他內心有很強的名利觀念，且自視很高，但叔叔沈慶之讓他從普通士兵做

起，並沒有特殊照顧，且當劉駿看到沈攸之善戰，要對他大加賞賜時，沈慶之還出面阻擋，沈攸之由此對叔叔懷恨在心。劉子業登基後，沈攸之馬上獻媚，幫助小皇帝誅戮大臣，和宗越、譚金等人成為劉子業的寵臣。沈攸之因為殺叔叔沈慶之有功，被升為右軍將軍。

二

劉宋王朝大封宗室，讓皇子皇孫們頂著王爺的尊銜在地方上擔任實職，控制一地的軍政大權，形成藩鎮。劉裕的本意可能是吸取曹魏抑制宗室，導致皇室力量薄弱的教訓。他本人雄才大略，能夠控制那麼多的宗室藩鎮。傳到兒子劉義隆時期，劉義隆就顯得有點力不從心，轉而對兄弟猜忌起來，所以才有了「賜死」劉義康的先例。到了劉駿時期，皇帝和宗室藩鎮的關係變成了純粹的猜忌和提防遊戲。大封宗室制度設立的本意完全被顛倒了過來。

劉子業繼位後，叔叔湘東王劉彧、建安王劉休仁、山陽王劉休佑都鎮守一方。劉子業不放心，把他們召回建康，關在宮中當做木樁讓自己練習拳腳，之後變本加厲地把三個叔叔關在竹籠子裡。劉彧三位王爺都長得很胖。劉子業替他們一一過秤，最重的劉彧獲得「豬王」的綽號，劉休仁其次，被稱為「殺王」，劉休佑第三，被稱為「賊王」。劉子業對三人任意侮辱，每次出宮都把他們關在竹籠裡隨行，招搖過市。

三個叔叔中，劉子業對劉彧最提防。有民謠說：「湘中出天子。」劉彧恰恰是湘東王。劉子業對他猜忌最重，侮辱最多。既然叫劉彧「豬

王」，劉子業覺得就得向豬的生活靠攏。他命人挖了一個土坑，在坑裡灌上泥水，把劉彧扒得赤條條地扔到泥水坑裡，然後用木槽盛上豬食，強迫劉彧像豬一樣趴在木槽裡吃豬食。每次看到「豬王」哽咽著吃豬食的樣子，劉子業都笑得前仰後翻。

劉彧不堪其辱，沒幾天就拚命反抗，不願當豬了。劉子業二話不說，命人把劉彧五花大綁，像挑豬一樣用棍子挑著四肢，抬到御膳房。劉子業吩咐御廚：「殺豬！」建安王劉休仁這天恰好被允許在竹籠外放風，看見這一幕，悄悄跟到了御膳房。他要救下哥哥劉彧，急中生智，裝作嬉皮笑臉地對劉子業說：「皇上不該殺這頭豬！」劉子業奇怪地問為什麼。劉休仁說：「皇上的生日快到了，到時候再殺，取豬肝豬肺！」劉子業想想有道理，繼續將劉彧關押。劉彧不斷遭受劉子業凌辱，好幾次都是命懸一線，每次全靠劉休仁裝瘋賣傻、取巧逢迎，才一次次逃過鬼門關。

修理完三個叔叔，劉子業又對鎮守地方的兄弟們猜忌起來。其中最讓他不安的是擔任江州刺史的晉安王劉子勛。劉子勛當時只有十歲，還是個孩子，政務都委託長史鄧琬，有什麼值得猜忌的呢？因為他的排行！原來，宋文帝劉義隆在兄弟中排行老三、孝武帝劉駿也排行老三，劉子勛很不幸，在劉子業幾個兄弟中也是老三。單單憑這個排行，劉子業就得要三弟的命。

剛好建康內部發生了寧朔將軍何邁謀反事件。何邁將軍其實是劉子業的姑父，妻子新蔡公主被劉子業納入後宮亂倫後，何邁既惱怒又擔心受禍。他密謀在劉子業出巡時發動政變，迎立劉子勛為皇帝。事情敗露，何邁被殺。劉子業廣開株連之門，先殺了老將沈慶之，再派人去江州「賜死」劉子勛。江州長史鄧琬聞訊，義憤填膺地表示：「我本江南寒

士，承蒙先帝厚恩，以愛子相托。當今昏君當道，邪惡殘暴，致使社稷危急。我當置性命於度外，以死來報效先帝。」他立刻統一江州內部意見，決定起兵反抗，擁立劉子勛為新皇帝。景和元年（四六五年）十一月，晉安王劉子勛在眾人的擁戴下自潯陽起兵，向各處州縣釋出討伐劉子業的檄文。

聽到劉子勛造反的消息，劉子業非常興奮。他馬上決定御駕親征。他似乎覺得這是一個玩耍和殺戮的大好時機。

出發前，劉子業對留在建康的劉彧、劉休仁、劉休佑三個人不放心，決心殺了他們，免得夜長夢多。劉彧等人的生命危在旦夕。江東寒士阮佃夫是劉彧的心腹，是劉彧長子劉昱的老師。阮佃夫為主人的處境焦慮異常，聯合劉彧的另一個親信李道兒，決定拚死一搏，殺掉劉子業，救出劉彧。阮佃夫、李道兒再聯合皇帝的近臣壽寂之、太監錢蘭生等十幾人，大家都有誅殺暴君的意思。一天晚上，劉子業在華林園「射鬼」。劉子業殺人太多，老覺得皇宮中有女鬼糾纏自己，巫師們就建議他射鬼。射鬼的時候，劉子業屏退侍衛，只留巫師、綵女們跳舞、射箭。阮佃夫等人覺得機不可失，決定當晚行動。壽寂之帶頭闖入華林園，劉子業看到壽寂之持刀惡狠狠地走過來，知道情況不妙，慌忙向他射了一箭。沒有射中，劉子業掉頭就跑，被壽寂之追上，一刀劈死。

劉子業死時十七歲，在位僅一年多，史稱「前廢帝」。「廢」字比一般的惡諡更糟糕，意味著這個皇帝一無是處，連諡號都沒法上了。這個皇帝和他這段時期就算是「廢」了。為什麼加一個「前」字呢？因為後面還有一個和劉子業一樣糟糕的壞皇帝：後廢帝劉昱。

殺死劉子業後，政變集團把劉彧解救出來，擁戴他為新皇帝。那麼，這場政變，劉彧到底知不知情，有沒有參與呢？有很多後人認為

劉彧不僅知情，而且是幕後主使。但《宋書》則明確記載直到事情發生
後，「上（指劉彧）未知所為」。建安王劉休仁跑到劉彧跟前，主動稱
臣，把劉彧奉迎到龍椅上坐定，再召見王公大臣。由於事起倉卒，劉彧
連鞋子都沒穿，光腳走到宮殿，還戴著一般人戴的烏帽。等他坐定了，
劉休仁發現穿戴不妥，才叫奴僕們找了頂白帽給劉彧戴上，又慌忙布置
了羽儀禮器。劉彧大難不死，必有後福，史稱宋明帝。

　　人們對劉子業持一面倒的譴責痛斥態度。《宋書》說之前的任何暴君
和劉子業相比都相形見絀，罪行比不上劉子業的萬分之一。任何人只要
犯了劉子業罪行的其中之一，就足以玷汙宗廟、辱沒社稷，而劉子業居
然把所有罪惡集於一身！最後，《宋書》對劉子業的死大表歡呼：「其得
亡亦為幸矣！」

　　政變發生後，太皇太后（劉義隆的皇后）頒布詔書追認了誅殺行為
的合法性，並歷數劉子業的斑斑罪惡，說他「少稟凶毒，不仁不孝」，從
小就不學好，所以才會「反天滅理，顯暴萬端。苛罰酷令，終無紀極」，
鬧得朝野大臣人人自危，百姓惶恐不安。在這份詔書中，太皇太后痛斥
孫子劉子業惡貫滿盈，行為如同禽獸，連上古的暴君夏桀、商紂王都比
不上他，簡直是開天闢地以來聞所未聞的暴君（原話是「開闢以降，所
未嘗聞」）！這也許是歷史上對皇帝最惡劣的評價，表達了老奶奶對孫
子極端的失望和憤怒。不過客觀地說，皇室將罪責都推給劉子業一個人
有失公允。沒有人一生下來就是壞蛋，亂倫嗜殺等等惡行也不是娘胎裡
帶出來的，皇室對皇子的教育也有責任。從劉裕開始，皇帝忙於政務，
疏於管教皇子，而劉家出生草莽，沒有家學底子可談，也沒有系統的教
育方法，反而是許多皇子剛學會說話，就封王授官，去鎮守地方。比如
劉駿在四歲就離開建康，出鎮地方了。等於在孩子正需要教育的黃金時

期，把他們放養了。劉宋皇室對皇子教育失敗，加上之前所說的大封宗室，兩者結合導致了皇帝無道、骨肉相殘的種種悲劇。

之前被徐羨之等人廢黜的宋少帝劉義符，和劉子業相比，完全就是一個正常人了。

宋明帝劉彧在即位詔書中痛斥劉子業「人面獸心」，「反道敗德」，「毒流下國」，「實開闢所未有，書契所未聞」，那麼，他又將會如何表現呢？

劉家的精神病史：
沒有最變態，只有更變態

一

劉彧繼位後，首先面臨的是鞏固皇位的問題。

天下普遍認為，劉子業有罪該殺，但劉彧以叔叔的身分奪了姪子輩的皇位，也不對，而且之前，晉安王劉子勛已經起兵討伐劉子業，得到天下響應了。劉子勛是劉駿的兒子，在繼承序列上比劉彧更有資格當皇帝。劉彧登基後，嘗試和劉子勛交涉，提升姪子為車騎將軍，希望能罷兵修好。但是鄧琬等人不接受，還在泰始二年（西元四六六年）正月在潯陽為劉子勛舉行了登基儀式。劉子勛稱帝，改元義嘉，設定百官，成立了和建康對峙的中央政府。讓劉彧尷尬的是，他雖然占據著首都、稱帝比較早，但天下大多數州縣卻承認劉子勛為新皇帝，不承認他。劉子勛得到廣泛響應，徐州刺史薛安都、冀州刺史崔道固、青州刺史沈文秀等實力派都宣布效忠潯陽的朝廷，還派兵響應劉子勛。湘州、廣州、梁州等地也向劉子勛表示效忠；東邊的會稽、吳等地也效忠劉子勛，並且起兵反對劉彧。劉彧能控制的，只有首都建康和周邊丹陽、淮南等幾個郡的地方。

劉彧心態很好。他本來就沒想到能當皇帝，現在也不在意將皇位讓給劉子勛。鐵桿兄弟劉休仁拉住劉彧，不讓他讓位，鼓勵他奮戰一場再決定進退不遲。

於是，劉彧在泰始二年（四六六年）正月下令內外戒嚴，以司徒、建安王劉休仁為都督，任命王玄謨為江州刺史，發兵討伐劉子勛。劉彧即位後，原本依附劉子業的沈攸之遭到冷遇。沈攸之告發昔日同伴宗

越、譚金等人「謀反」，得到了劉彧的好感，重新被任用。這次，沈攸之也列名討伐將領行列。他確實有才，而且從軍多年，經驗豐富，屢敗劉子勛的部隊。而劉子勛稱帝後，以鄧琬為丞相。鄧琬雖有熱血卻無謀略，且拉幫結派、貪圖享受。面對節節推進的沈攸之等人，鄧琬惶恐無計，在內亂中被殺。沈攸之攻入潯陽，擒斬十一歲的劉子勛。劉休仁再分別派遣將領進攻荊、郢、雍、湘等州，相繼削平支持劉子勛的勢力。

在東部，劉彧起用將軍吳喜。吳喜在東部郡縣有為政寬鬆的好名聲，得到白姓的支持，很快扭轉了局勢，平定了響應劉子勛的勢力。薛安都、崔道固、沈文秀等人見劉子勛死了，也轉向劉彧宣布效忠。南方重歸一統，劉彧沒費幾個月時間就坐穩了皇位。

危機一解除，劉彧身上好色、猜忌和殘暴等家族病迅速爆發出來！

劉彧和劉駿、劉子業一樣變態。他把后妃、公主與命婦聚集到宮中歡宴。喝到半醉的時候，劉彧命令無論宮中的嬪妃還是宮外的命婦，都要脫去衣服裸露身體，相互戲謔。后妃、公主與命婦都不敢違抗劉彧的命令。

劉彧猜忌成性，對宗室極不信任，繼續大開殺戒。殺人之多，不僅令劉駿望塵莫及，就是連劉子業也嘆為觀止。劉彧是劉義隆的兒子，他將當時還生活在南方的十二個兄弟都無端殺害，只留下一個平庸無能的桂陽王劉休範；劉彧是劉駿的弟弟，他把劉駿的二十八個兒子一口氣全部殺光了。需要指出的是，劉彧殺害這些兄弟、姪子，不是單單殺他們一人，而是滿門抄斬，包括生母、妻妾、子女全部屠殺。令人髮指的是，劉彧連鐵桿兄弟、建安王劉休仁也殺了。劉休仁和劉彧一起被劉子業關過竹籠，因為他的多次搭救劉彧才沒被劉子業當做豬給殺掉。劉彧稱帝後，劉休仁忙前忙後，幫哥哥鞏固皇位。劉彧對這個有大恩於己的

弟弟也不放心，猶豫要不要殺。最後，劉彧還是把劉休仁召入皇宮，強灌毒藥害死了。將軍吳喜平定東部郡縣，功勛卓著，也被劉彧無端殺害。

大規模屠殺親人、功臣後，劉彧信任阮佃夫、沈攸之等人，放手讓他們處理軍政事務。

阮佃夫救主有功，劉彧稱帝後被封侯、賜官，掌握朝廷實權。阮佃夫本是劉彧的家庭教師，沒有成熟的政治構想，掌權後也提出不了什麼政策措施，就知道行賄受賄，凡事沒錢不行，而且行賄者送錢少了也不行，甚至連老家的姪子來找他要求解決工作問題，阮佃夫也逼姪子行賄。

大凡一個人從社會底層突然躍升到頂端，大權獨攬，大多會追求享受，用驕奢淫逸來彌補、麻醉自己。阮佃夫就是這樣的人。他的住宅園林，賽過宮廷，家中堆滿珠玉錦繡，蓄養女伎數十人，才貌冠絕當時。為了泛舟遊玩，阮佃夫從家中向東挖掘人工河，長達十里，泛舟河上，命女伎彈奏作樂。阮家的廚房中水陸珍饈齊備，臨時操辦招待數十名賓客的宴席，一眨眼的工夫就能辦完。阮佃夫豪奢的生活，為京城中人仿效。同時，阮佃夫暴得大權，對權力一點都不珍惜。他手握官職予奪之權，濫封僕從為官。阮家拉車的人都是虎賁中郎將，馬旁的隨從都是員外郎。朝士無論貴賤，都奉承巴結阮佃夫。阮佃夫自我膨脹，自高自大到極點，一般人根本就不搭理，能進入他房間談話的只有一兩個人而已。劉宋的政治風氣早在劉駿時期就已敗壞，阮佃夫掌權後則加速滑向黑暗的深淵。

朝政黑暗、劉彧多疑，曾經支持劉子勛的薛安都等人惶恐不已。果然，劉彧惦記著薛安都。薛安都表示效忠後，劉彧派張永、沈攸之領重

兵北上「迎」薛安都。薛安都知道大禍臨頭，派使者向北魏投降，表示願意獻出徐州的土地、軍隊，並協助北魏進攻劉宋。

薛安都是一員虎將，而且天上掉下這麼大一塊餡餅，在北魏朝堂引起了一陣騷動。很多人不相信天底下有這麼好的便宜事，而且覺得薛安都一開始是北魏的大臣、中途投降劉宋與北魏為敵、現在又主動投降，如此反覆，未必可信。最後，北魏獻文帝拓跋弘聖心獨斷，接受薛安都的投降。北魏授薛安都為鎮南大將軍、徐州刺史，賜爵河東公，對投降的宋軍大規模封賞，就連薛安都的兒子都一律封侯。從此，本是劉宋北方長城的薛安都所部鐵了心效忠北魏，與南方為敵。同時，大批魏軍進入彭城，接收徐州等地。泰始三年（四六七年）正月，薛安都的降軍聯合北魏援軍，擊敗張永、沈攸之的宋軍。薛安都繼而引魏軍攻破歷城，崔道固投降；攻克東陽，俘虜沈文秀。劉宋王朝受到傷筋動骨的打擊，外部局勢迅速惡化。

元嘉北伐之後，宋軍雖然失敗，但北方重鎮彭城、歷城、東陽等都控制在宋軍手中。南北邊界保持在離黃河南岸不遠的地方。如今因為薛安都的投降，劉宋在淮北的四州以及豫州、淮西等郡縣先後淪陷，相當於丟失了現在山東、河南的大片地區和江蘇、安徽的北部。南北邊界推移到淮河一線。南方在對北方戰爭中更加處於劣勢，之後一退再退，直至滅亡。

劉彧逼反薛安都，導致北方領土淪陷，是南北朝時期雙邊關係的重大事件。

劉彧統治後期，好鬼神，多忌諱，制定言語文書中有禍、敗、凶、喪及疑似的語句應迴避的規定數百上千條，大臣們誰違反了必加罪戮。宮中禁忌特別多，移張床、粉刷牆壁都要先祭土地神，派文人撰寫文詞

祝策，搞得像朝廷大祭一樣。劉彧年紀越大，越殘忍，越喜歡虐殺。左右忤逆了他的意思，往往被斮剒斷截。結果自然是「內外常慮犯觸，人不自保」，活脫脫是劉子業時期的恐怖時光再現。

　　劉彧時期比劉子業時期更不如。因為劉子業只是荒唐了一年多，劉彧卻胡作非為了十多年，把南方搞得亂七八糟的。薛安都叛變後，淮河南北戰鬥不斷，導致府藏空竭，一度連官員的俸祿都發不出來了。但是劉彧依然過著奢侈無度的生活，不斷追加苛捐雜稅，盤剝百姓。百姓困苦不堪，州縣騷動。後世普遍認為劉彧時期，政治黑暗、皇室削弱，「宋氏之業，自此衰矣」。

二

　　說來奇怪，之前劉宋宗室的生育能力很強，子孫眾多。不少人生的兒子數以十計。劉彧的生育能力卻不強，長久沒有兒子。

　　荒唐的本性讓劉彧想出了一個匪夷所思的方法。他看到親信李道兒生了很多兒子，就將寵妾陳妙登賞賜給李道兒。等到陳妙登懷孕後，劉彧趕緊又將陳妙登接回來。陳妙登就這樣生下了兒子，取名劉昱。劉彧將劉昱當做自己的親生兒子，並冊立為太子。後來，劉彧找了個藉口將李道兒賜死。不過，社會上始終風傳劉昱是李道兒的兒子。劉昱也聽到那些傳言，成年後還常常自稱「李將軍」，一點都不為父母避諱。嘗到有兒子的甜頭後，劉彧派人祕密將諸王懷孕的姬妾接進宮裡，讓她們在宮中生產。如果孕婦生下來的是男孩，劉彧就殺了母親留下孩子，讓寵姬

冒充孩子的母親。透過這樣的手段，劉彧一共「有」十二個兒子。其中有多少是劉彧親生的，就只有他自己知道了。

泰豫元年（四七二年），劉彧病死，年僅十歲的太子劉昱繼位。

臨終前，劉彧指定袁粲、褚淵二人為顧命大臣輔佐兒子。袁粲是老官僚了，歷經數朝逐步升遷而來。褚淵在仕途上的成功，則主要仰仗兩個優勢：第一，他父親褚湛之娶了宋武帝劉裕的女兒始安公主，褚淵自己娶了宋文帝劉義隆的女兒南郡公主，和劉宋皇室親上加親。第二，劉彧還是湘東王的時候，褚淵就和他關係密切。

這兩個顧命大臣主導領導團隊有些力不從心，覺得有必要再拉幾個人。袁粲提名了劉秉。劉秉是劉裕的姪孫，當時劉宋宗室能幹的不多，劉秉還算是少數能夠拿得出來的宗室成員之一，就被袁粲調到中央。褚淵見袁粲拉了一個人進團隊，也提名了一個人：蕭道成。蕭道成出身將軍世家，是個職業軍人。褚淵早年路遇蕭道成，就對人說：「此非常人也。」他認為蕭道成「才貌非常，將來不可測也」。於是，劉秉擔任了尚書左僕射，參與政事；蕭道成擔任右衛將軍、衛尉，負責首都軍事。

也真是奇怪了，劉義隆之後的宋朝皇帝一個不如一個。天下人忍耐一個胡作非為的皇帝，覺得天底下不可能有比他更壞的皇帝了，等這個皇帝死的時候都鬆了一口氣，結果發現繼位的皇帝比前任更壞，更不是東西。如此反覆，人們只好不斷重新調適忍耐的極限。

新繼位的劉昱雖然年紀很小，但荒唐胡鬧、殘忍無道，一點都不輸給祖輩。他在五六歲就被立為太子，在東宮的時候劉昱從不好好學習，喜歡嬉戲，特別喜歡學猴子爬油漆竿。那些竿子離地面有丈餘高，劉昱爬到頂端再滑下來，老師們都管不了他。稍微長大點後，劉昱喜怒無常。左右有不順他意思的，動手就打，習以為常。

劉昱的主要愛好有兩個：一是出宮遊玩，一是無故殺人。劉昱喜歡穿件小衣衫，帶著幾個隨從出宮，不管郊野還是市井，哪裡有趣就往哪裡湊。陳太妃開始的時候還時常乘著車跟隨他。但劉昱一出宮就似蛟龍入海，轉瞬間將母親甩得無影無蹤。陳太妃越來越力不從心，對寶貝兒子也就睜隻眼閉隻眼了。劉昱常常是夜裡從承明門出去、次日凌晨回來，或者早上出去晚上回來。每次在外面，劉昱困了就投宿客棧，有的時候甚至找個路邊空地睡一覺。他交往的對象不是賣柴養馬的商販，就是拉車擔貨的少年。遇到被人喝斥辱罵，劉昱就淡然一笑；遇見婚喪嫁娶，劉昱就衝入人群高歌飲酒取樂。官吏見了，都習以為常。

劉昱如果僅僅是喜歡民間，倒還有與民同樂，不拘小節的味道。遺憾的是，他總是攜帶鉗鑿斧鋸，發明了擊腦、椎陰、剖心等刑罰。通常情況下，劉昱每日都殺數十人，有些人則是劉昱親自用長矛刺穿的。一次，劉昱聞到一個叫孫超的大臣口中有蒜味。為了證明他吃過大蒜，劉昱讓左右抓牢孫超，親手剖腹查探他肚子裡有沒有大蒜。建康城傳聞大臣孫勃聚斂了許多金銀財寶，劉昱發動了一次奪寶行動，帶著人馬劫掠孫勃。搶劫開始了，劉昱揮刀衝鋒在前，頭一個衝入孫家。一夥人殺掉孫勃後，劉昱記得小的時候被孫勃管教過，竟然臠割屍體解恨。

從即位第四年起，劉昱就無日不出去胡鬧。最後他發展到手執長矛大棒，凡是遇到男女行人及犬馬牛驢就立即撲殺，致使人民驚擾，道無行人，儼然是強盜行徑。劉昱殺人成癮，如果一日不殺人就悶悶不樂。父親的正妻老太后多次訓斥自己，劉昱煩了竟然下令太醫煮毒酒，準備鴆殺老太后。左右侍從慌忙勸他說：「如果太后死了，陛下您就得以兒子的身分參加各式各樣煩瑣的喪禮儀式。我們就沒時間陪陛下出宮遊玩了。」劉昱一想也是，打消了毒死太后的念頭。

卻說阮佃夫在劉彧死後沒能成為顧命大臣，內心失落。雖然身為劉昱的老師，阮佃夫依然身居高位，但他的不滿和怨恨越積越多。阮佃夫看到劉昱嗜殺成性，朝野人人自危，就聯合將軍申宗伯、朱幼、於天寶等人密謀殺死劉昱，擁立其弟劉準，透過廢長立幼來奪取大權。這是阮佃夫第二次密謀政變了，他制定了詳細的政變計畫，擬定趁劉昱去江乘射雉的時候發難。政變的保密工作做得也很好，然而百密一疏，不知道劉昱為什麼當日臨時改變路線，沒有去江乘，害得阮佃夫的周密計畫無法施行。同謀的於天寶心意不堅，見計畫沒能執行，嚇得告發同謀以求自保。劉昱在殺人方面很在行，迅速將阮佃夫捕獲處死，並封存了他搜刮的不義之財。這也許算是劉昱做的唯一一件好事。

<h1 style="text-align:center">三</h1>

　　劉昱即位的第二年（元徽二年，四七四年），桂陽王、江州刺史劉休範在江州起兵反叛。

　　劉休範就是那個劉彧覺得平庸無能，懶得殺的兄弟。身為碩果僅存的皇叔，劉休範自以為德高望重，對自己沒能進入顧命大臣團隊非常不滿，因此起兵謀反。他親率大軍兩萬從潯陽出發，晝夜兼程殺向建康。朝廷派出蕭道成率軍迎戰。兩軍在新亭迎戰。

　　劉彧沒有看錯劉休範，他的確無能。蕭道成使了一個小小的詐降計，就把他解決了。事情經過是這樣的：蕭道成指使部將張敬兒、黃回前去敵營詐降。劉休範輕易相信了二人，當晚還備了酒宴招待張敬兒、黃

回。酒過三巡，張敬兒借敬酒之機，從劉休範腰間抽出配刀，手起刀落，將劉休範斬首，然後取下頭顱疾馳而去。劉休範一死，叛軍很快被擊潰。

平定劉休範之亂後，袁粲、褚淵、劉秉、蕭道成四人輪流在朝廷值日，形成了新的政治格局，號稱「四貴」。這四貴的排名，蕭道成最末。他資歷最淺、職位最低，在戰後給褚淵、袁粲的書信中還自稱「下官」，說自己「志不及遠」。他和褚淵關係親近，袁粲則和劉秉關係親近，團隊內部隱約分為了兩派。

桂陽王劉休範死後，南方劉義隆諸子全都死了，孫子輩中以建平王劉景素年齡最長。劉景素勤學好文，招集人才，聲望不錯。朝野曾流傳劉景素「宜當神器」（適合當皇帝）。之前劉景素就被朝廷忌憚，他因此更加注意結交人才，積蓄力量以防不測。劉休範死後，劉景素內心驚恐，舉兵自衛。兵敗後，劉景素被滿門抄斬。之後，劉宋宗室中再也找不出像樣的人才了。劉家這麼大的一個家族，原本人才濟濟，卻在刀光劍影和骨肉相殘中凋敝殆盡。時人流傳：「遙望建康城，小江逆流縈。前見子殺父，後見弟殺兄。」說的就是皇室的內訌導致人丁衰敗。

之後，蕭道成篡位的時候，又將劉宋宗室不論長幼一律殺死。劉裕的子孫只剩下一個逃往北魏的劉昶。劉昶是劉義隆的兒子，封義陽王，任徐州刺史。景和元年（四六五年），前廢帝劉子業誣陷劉昶謀反，下詔討伐劉昶。劉昶聞訊只好造反，被打敗後，連夜僅帶數十騎逃奔北魏。在北魏，劉昶生活得遠比在南方要好，不僅娶了公主當了駙馬，還獲封丹陽王。劉宋宗室遭到殺戮後，劉昶成了唯一倖存者，在北方延續了劉家的血脈。

劉家的精神病史基本發作完畢了 —— 再發作也找不到合適的人選了。

像劉宋皇室這樣密集、整體性的荒淫殘暴史上罕見，僅此一例。劉子業的太后病重了，派人去叫皇帝來。劉子業卻說：「病人房間多鬼，哪能去呢？」不願意去看望太后。太后大怒，高呼：「快拿刀來，剝開我的肚子，看是怎麼生出這樣的不孝兒的！」她不知道自家子孫的不孝、亂倫和殘暴是皇家遺傳。在爾虞我詐、壓力巨大的皇宮中，皇帝很容易發生人格扭曲。加上劉宋皇室不重視家族教育、大封宗室，就容易爆發劉宋皇室這樣的集體精神病發作事件。

七夕夜弒君

一

　　元徽五年（西元四七七年）盛夏的一天中午，建康城酷熱難耐。中領軍蕭道成體態過胖，解衣袒腹地在家裡堂中納涼、睡午覺。

　　突然，蕭家門口出現了一群躡手躡腳的年輕人。他們衣著華麗，容貌形態不像一般人家的子弟，但卻行為猥瑣，對著蕭家大門張頭探腦，分明又是一群市井無賴的模樣。尤其是領頭的年輕人，十三四歲光景，特別顯眼，招人懷疑。這群人的確不是一般人，而是當朝皇帝劉昱和他們的一幫侍衛。這天，好動荒唐的劉昱出宮遊玩時，經過蕭道成的領軍府，突然想進去戲弄一下這位老將軍。

　　領軍府有警衛認出皇帝，要行禮迎接，劉昱示意警衛不要驚動他人。他帶著一行侍衛輕聲細語地直入蕭家正堂。劉昱一眼看到酣睡的胖子將軍，好奇地揭開帳子欣賞起袒胸露肚的蕭道成來，只見蕭道成的肚子碩大滾圓，肚臍眼像雞蛋一般大，劉昱不禁哈哈大笑起來。

　　笑聲驚醒了蕭道成。蕭道成睜眼見是小皇帝親臨府邸，以為出什麼大事了，急忙起身要穿衣行禮。劉昱搖搖手說：「你的肚子是個很好的箭靶子，正好讓我試試箭法。」

　　蕭道成驚訝地還沒回過神來，劉昱就命令左右架起蕭道成站到幾步開外，要用他的腹部當箭靶，肚臍眼當靶心練習箭法。劉昱還有模有樣地拿起弓箭，擺出姿勢就要射。

　　蕭道成嚇得魂飛魄散，慌忙用手捂住肚臍，大聲申辯說：「老臣無罪，為何要射殺我？」

劉昱也不搭理，拉滿弦就要放箭。千鈞一髮之間，隨從的皇家衛隊長王天恩進言道：「蕭領軍的肚子真是一個好靶子，可以供皇上練習射技。但是如果一箭下去將蕭領軍射死了，以後皇上就沒有這麼好的靶子了。皇上不如將箭頭拔去，用禿箭射。」

　　劉昱想想覺得有道理，於是拔掉箭頭，張弓就射。那一箭正中蕭道成的肚臍眼，痛得他嗷嗷大叫。小皇帝劉昱卻哈哈大笑。王天恩等人連忙拍馬屁說：「陛下神射無雙，一箭中的。」劉昱更加高興了，玩得盡興後扔下敢怒不敢言的蕭道成揚長而去。

　　回去的路上，劉昱想起剛才蕭道成的神態又發起怒來。回到宮中，劉昱咬牙切齒地叫喚：「明天就去殺掉蕭道成！」他還磨起劍來，一副明天親力親為的架勢。宮中早有人告訴了他的生母陳太妃，陳太妃匆忙趕過來制止兒子。她罵道：「蕭道成統領禁軍，是國家的功臣。你殺了他，誰還為國家出力啊！」劉昱挺怕母親的，一思索她教訓得有道理，也就把殺蕭道成的事情擱到一邊去了。

　　這裡要詳細介紹一下蕭道成。在劉宋荒唐的朝政和不斷加劇的內亂中，蕭道成登上政治中心舞臺，攝取了越來越大的權力。

　　蕭道成，東海蘭陵（今山東棗莊嶧城）人，祖先在西晉末年南遷，寓居武進（今江蘇丹陽）。元嘉四年（四二七年）蕭道成出生於職業軍人家庭。父親蕭承之歷經戰爭，因戰功一步步升遷為劉宋王朝的右軍將軍。蕭道成年幼的時候曾經學習儒學，但在他十四歲那年發生了彭城王劉義康被廢黜事件，父親的部隊要移防豫章，蕭道成只好放棄學業，正式參軍跟隨父親去江西。蕭道成先後歷經大小數十戰，為劉宋王朝出生入死，官職和權力逐步得到提升。泰始四年（四六八年），他正式成為南兗州刺史，先是鎮守廣陵，後來移鎮淮陰，成為南方對北魏作戰的前線指揮官。

　　不知道是惡作劇，還是有心陷害，建康城一度出現了「蕭道成當為天子」的流言。劉彧原本就覺得蕭道成相貌出眾，不是久居人下的人，聽到民間流言後更加懷疑前線的蕭道成有野心，會對自己構成威脅了。他決定試探一下蕭道成，於是千里迢迢派遣使者送給蕭道成一壺酒。蕭道成戎裝出迎使者，謝過天恩後，毫不懷疑地仰面喝下御酒。聽完使者的回報，劉彧判斷蕭道成不會造反，於是放過了他。

　　當時的蕭道成還是一位忠心的前線將領，無奈猜忌成性的劉彧老是懷疑他，弄得他非常鬱悶。蕭道成曾經寫過一首〈群鶴詠〉。全詩只有四句：「大風舞遙翮，九野弄清音。一摧雲間志，為君苑中禽。」他用鶴的迎風高飛，當空鳴叫來表達自己的雄心壯志和宏才大略。遺憾的是，因為受到朝堂的約束，難以真正展翅高飛，無奈成為君王的觀賞動物。可見，雖然地位和權力得到升遷，但蕭道成的心情並不愉悅。

　　泰始七年（四七一年），宋明帝劉彧病重，派人召蕭道成入京。前線部將都覺得此行凶多吉少，為蕭道成擔心。蕭道成清醒地分析道：「諸位都沒有看到事情的本質。當今皇上誅殺兄弟，而太子稚弱。皇帝病重，正在考慮自己的身後事，既想尋找輔政大臣，又不想威脅到太子的地位。皇上召我，我正應該迅速應召，如果遲遲不去，反而是自取其禍啊！」接下去，蕭道成又講了一段「大逆不道」的話，充分暴露了他心中已經萌發的不臣之心。他說：「皇室骨肉相害，非靈長之運。國家禍難將起，各位要和我一起出力同心啊！」

　　事實發展證明蕭道成的分析是完全正確的。一到建康，他就被拜為散騎常侍、太子左衛率，加邑二百戶。不久，劉彧駕崩，立下遺詔，任命蕭道成為右衛將軍，領衛尉。他很快掌握了劉宋朝堂禁衛軍的兵權，為日後的政治發展打下了堅實的基礎。

禁衛軍權是中國古代宮廷政治的重要影響因素，是古代君權的重要組成部分，卻也常常在亂世中脫離君王的控制，甚至成為顛覆君權的工具。禁衛將軍控制禁衛軍權，從而專斷朝政，多有廢立篡弒之舉；登基之初，新皇帝就會命親信將領擔任禁衛將軍，控制禁衛軍權，鞏固統治。南朝時候政治不穩，昏主迭出，禁衛軍權對朝政影響更大。劉裕打敗桓玄初期就親自擔任指揮禁衛軍的領軍將軍，牢固掌握建康的禁衛軍權。這是劉裕控制京師、整頓朝政的勢力基礎。劉裕開了這個頭後，以後的宮廷政變和朝政變遷或多或少都有禁衛軍的影響，為中國古代歷史提出了一個不大不小的新命題。

　　話說荒唐的劉昱雖然放棄了殺蕭道成的想法，但蕭道成內心極度不安起來。誰能保證自己哪天不會被這個莽撞無理的小皇帝殺掉呢？蕭道成為了自保，覺得只有推翻劉昱才行。他首先想到透過正常途徑廢立皇帝。他找到「四貴」中的袁粲、褚淵，提議廢黜劉昱。領銜「四貴」的袁粲不同意，說：「皇上還年幼，有些錯誤將來會改正的。廢立皇帝是大事，不是每一代都可以執行的。縱使廢立皇帝成功，我們這些做大臣的最終也沒有好下場。」褚淵默然不語。他也覺得劉昱荒唐無道，推翻他未嘗不是好事，同時又覺得袁粲的意見也有道理。不過在內心，褚淵是支持蕭道成的。

　　正常途徑走不通，蕭道成就密謀透過「非正常途徑」廢掉劉昱。他四處聯繫同道力量，首先尋找的就是禁衛軍內部的人，比如禁衛軍越騎校尉王敬則、劉昱貼身隨從陳奉伯等等，伺機行事。

二

　　西元四七七年七月初七，七夕節。劉昱在這一天白天的行程非常混亂。《宋書》和《南齊書》中有不同的版本。《宋書》說劉昱當天乘露車，帶著二百來人，與往常一樣沒有帶儀仗裝飾，到民間去野混。先是去了往青園的尼姑庵，猜想是去偷雞摸狗，或者調戲小尼姑去了；傍晚的時候他又到新安寺找曇度道人飲酒。《南齊書》也說劉昱當天在外微服遊玩。劉昱出北湖，像往常一樣騎著單馬飛奔在前，羽儀禁衛等人隨後追趕。一行人在堤塘之間相互蹧藉，狼狽得很。突然劉昱的隨從張互兒的馬在追趕擁擠之中墜下湖去。劉昱很生氣，把馬拉上水來，趕到光明亭前，自己玩起殺馬遊戲。馬被殺後，他和隨從一起屠割馬肉。大家一起學北方的羌胡人，邊割肉邊唱歌跳舞。傍晚的時候，劉昱又去了蠻岡賭博。

　　夜深了，劉昱終於回到宮中。

　　當晚，劉昱是在仁壽殿東的阿氈屋中就寢。臨睡前，他突然記起今天是七夕。於是，劉昱就對隨從楊玉夫說：「今天晚上織女渡河與牛郎相會，我要看看織女的模樣。等織女出來了，你叫醒我。如果看不到織女，我明天就殺了你。」

　　楊玉夫大驚失色。他如何能夠讓劉昱看到織女？楊玉夫馬上想到了之前得罪劉昱的人被殘殺、被肢解的血腥場面。現在為了自衛，他不得不鋌而走險了。楊玉夫知道同伴陳奉伯等人平日裡與禁衛軍校尉王敬則等人互通消息，有過密謀。於是他就去找陳奉伯，將事情起因和自己要

殺小皇帝自衛的計畫和盤托出，尋找幫助。陳奉伯一面聯繫王敬則，一面和楊玉夫聯繫了更多的劉昱侍衛、隨從，準備共同起事。結果，二十五個劉昱平日的隨從聚集起來，一致決定弒君。

事不宜遲，楊玉夫帶了幾個人來到劉昱休息的氈房外，只聽鼾聲陣陣。楊玉夫等人突入氈房之中，取出劉昱的防身刀，當場將熟睡中的小皇帝殺死。劉昱時年十六歲。楊玉夫將劉昱的頭顱割下，又假傳聖旨，宣禁衛軍校尉王敬則入內，商議後事。

大家商議的結果是決定利用小皇帝平日的生活習慣，騙出宮去，將蕭道成引進宮來主持大事。於是，王敬則領頭，楊玉夫假扮劉昱，陳奉伯提著劉昱的腦袋，向宮外走去。劉昱之前經常在深更半夜出宮，陳奉伯等人就聲稱皇帝要出宮，王敬則陪護。宮廷一干人等一見是小皇帝的貼身隨從和禁軍校尉陪同「皇帝」出宮，沒有絲毫的懷疑。劉昱每次出門，門衛和士兵們懼怕他的喜怒無常，都不敢正視他。這天夜黑，宮人只知道慌忙開啟承明門，看都沒看清到底是不是劉昱本人出宮，就放走了一行人。

來到領軍府外，王敬則稱帶了皇帝的首級來請蕭道成入宮主持大事。因為整件事情事起突然，蕭道成之前毫不知情。現在突然深夜有人說殺了皇帝，請你入宮，正常人都不會相信這是真的。蕭道成的最初判斷就覺得這極可能是劉昱對自己的考驗或者是另一場惡作劇，因此下令家人緊閉大門，不要放人進來。

王敬則無奈，急中生智，將小皇帝劉昱的人頭從門上拋了進去。蕭道成忙命人將腦袋上的汙血洗去，親自檢視，果然是劉昱的首級。他長舒了一口氣，這才下令開啟府門。蕭道成聽完王敬則報告後，迅速決定入宮。他全身戎裝，率左右數十人，由王敬則、楊玉夫等人引路向宮中

奔去。這一次，他們聲稱是皇帝回宮，讓宮中開門。宮廷內照樣沒有絲毫的懷疑，開啟了宮門。

承明門剛一開啟，蕭道成就駕著常騎的赤馬當先衝入。宮中見放進來的是全副武裝的蕭道成及其侍衛，大驚失色。蕭道成的那匹赤馬高大威猛，也許是頭次進入深宮的緣故，揚蹄嘶叫起來，竟然鎮住了不知所措的宮人們。蕭道成日後登基後，封這匹赤馬為「龍驤將軍」，民間稱這匹馬為「赤龍驤」，可見這匹馬確非尋常馬匹。王敬則等人趁機高舉著劉昱的腦袋大喊：「昏君已死，蕭領軍入宮主持大事！」殿內一片驚怖，片刻後都高呼起萬歲來 —— 可見劉昱是多麼的不得人心。蕭道成隨即下令自己控制的禁衛軍陸續進到皇宮內外，連夜控制了整個局勢。

大事稍定後，蕭道成派人召集袁粲、褚淵、劉秉三位大臣入宮，商議廢立事宜。褚淵原本就贊同蕭道成，入宮知道真相後果斷地站在蕭道成的一邊。司徒袁粲、尚書令劉秉兩人原本就和蕭道成不睦，且權力地位與蕭道成相當，現在見蕭道成一夜間主持了大局，又不滿自己對皇帝猝死等事毫無所知，心生怨恨。在即將開始的權力分配中，袁劉二人不願意蕭道成獨霸朝政。

天色漸漸明亮起來，「四貴」在殿庭前的槐樹下集議。蕭道成保持一副戎裝，先對劉秉說：「劉大人您是國家重戚（劉秉是宗室成員），今日之事，應該由您主持。」劉秉沒有想到蕭道成會來這一手，慌亂地推辭了。蕭道成又讓袁粲主持廢立之事，袁粲也不敢接受。這時，早就候在一旁的王敬則拔刀在手，威嚇說：「天下事都應該歸蕭公管，誰敢說一個不字，就吃我一刀！」他拿起一頂白紗帽替蕭道成戴上，推舉蕭道成馬上去召集大臣主政，喊道；「今天誰敢再動！事情須趁熱辦！」蕭道成見王敬則如此支持自己，心中高興，表面上卻板著臉衝著他喝道：「你懂得

什麼，休得胡說！」袁粲就想開口說話，又被王敬則喝住。這時，褚淵出面說話了：「今日，非蕭公不能了事！」蕭道成於是當仁不讓地宣布，備法駕去東城迎立劉彧第三子、劉昱的弟弟、年僅十一歲的劉準為新皇帝。袁劉二人在大局將定的時候又後悔了，想發表意見，但是蕭道成布置的士兵用長刀組成了刀牆，阻遮在袁粲、劉秉等人面前。兩人大驚失色，怏怏而歸。

　　皇太后天明後知道了消息，異常震驚，但是生米已煮成了熟飯，只好接受既成現實。太后下令說：「劉昱窮凶極暴，自取毀滅。但是將他廢為庶人，我又有所不忍。可特追封為蒼梧郡王。」因此，劉昱在歷史上被稱為「蒼梧王」或者「後廢帝」——與之前的劉子業並列。

　　劉準登基後，史稱宋順帝。蕭道成因為有扶立之功，進位為侍中、司空、錄尚書事、驃騎大將軍，封竟陵郡公，邑五千戶。蕭道成堅決推辭，只接受了驃騎大將軍、開府儀同三司的官職，但在不久後兼管了南徐州、豫州、司州三個州。對楊玉夫等二十五人不僅沒有追究弒君的罪責，還封賞爵邑。

　　之前「四貴」的排名顛倒了過來，成了蕭道成、褚淵、袁粲、劉秉。實際上，蕭道成主持廢立，又軍權在手，後面三人都不能與他抗衡。蕭道成獨掌了劉宋王朝的大政，成了七夕政變的最大受益者。

劉宋王朝的背水一戰

一

蕭道成勢力掌握劉宋實權後，朝野還潛伏著反對他的強大力量。兩股力量的消長、戰和，決定著南朝政治的走向。

原本是「四貴」之首的袁粲在劉宋王朝做官幾十年，又受宋明帝劉彧臨終前顧命委託，對劉宋王朝多少有感情。他眼看著當年提攜起來的蕭道成凌駕到自己頭上來了，心裡本來就不好受，對蕭道成架空劉宋王朝逐步篡位的行徑更是看不下去。《宋書》說袁粲是「不欲事二姓，密有異圖」，稱讚了他對劉宋王朝的忠心。就是日後的蕭齊王朝，也對袁粲的忠心表示了讚賞。於是，以袁粲為核心，聚集了一股反對蕭道成的勢力。

「四貴」之一的劉秉首先加入。前湘州刺史王蘊是太后的外甥，和蕭道成一向不對盤，也參與了進來。此外，將軍黃回、任候伯、孫曇瓘、王宜興、彭文之、卜伯興等人，或者是因為忠於劉宋王朝，或者是因為反對蕭道成，先後聚集到了袁粲周圍。

在建康之外，反對蕭道成的最重要的人物是荊州刺史沈攸之。袁粲集團的人都在建康，人數雖然不少，但不掌握地方軍政大權，實力有限。而沈攸之長期盤踞地方，是真正有能力和蕭道成較量的實力派。

沈攸之投靠劉彧後，以英勇奮戰和獻媚奉承博得劉彧的好感。泰始五年（西元四六九年），劉彧任命沈攸之為郢州刺史（治所在今武漢）。從此，沈攸之長期盤踞在長江中游，擴充勢力。他為政苛暴，有時還鞭打士大夫，誰不服從自己就當面辱罵。同時，沈攸之精通政務，橫徵暴

敘，重點發展武備。總之，沈攸之在轄區內實現了一元化的強勢領導，導致士民畏憚，令行禁止。劉昱繼位後，沈攸之地位繼續提升，調任了更重要的荊州刺史，並且都督荊、襄、雍、益、梁、寧、南北秦等八州諸軍事，真正成了長江中游一霸。

沈攸之自以為才略過人，又自以為功勳卓著，開始有不臣之舉。他調任荊州的時候，挑選郢州的精銳部隊和精良器械，攜帶赴任。到荊州後，沈攸之以討蠻為名，大舉擴充部隊，加緊訓練，始終保持臨戰狀態。為了壯大自己，沈攸之在荊州推行重賦聚斂政策，就連給朝廷的賦稅貢物也敢截留，一心製造武器，最後養馬兩千多匹、擁有戰艦近千艘。荊州倉廩、府庫充盈。沈攸之還很重視人才建設，經過荊州的很多士子、商旅被他羈留；藏匿亡命的勇士；對於逃亡的部下，沈攸之不論遠近一律窮追，務求捕獲。最後，沈攸之發展到獨斷專行，不遵從建康號令的地步。作為最大的地方實力派，沈攸之的謀逆跡象已經很明顯了。

但是蕭道成還不想和沈攸之鬧僵。劉昱死後，蕭道成以宋順帝的名義提升沈攸之為車騎大將軍，依然擔任荊州刺史，用來安撫他的情緒。

但是沈攸之根本看不上什麼車騎大將軍。他自認為功勞、能力和實力都超過蕭道成，不甘心居於蕭道成之下，繼續聽從朝廷的指揮。況且蕭道成還有「弒君」的巨大嫌疑，所以沈攸之在升明元年（四七七年）的十二月以蕭道成殺君另立為名，舉兵反叛。此時，他已經蓄養了十萬大軍。一批批軍隊相繼從荊州順江而下，東下建康。

建康又一次震動不安。好在蕭道成經歷多次內戰，對這種上下游的內戰見怪不怪了。他從容安排親信鎮撫東部各郡縣，任命將軍黃回為郢州刺史，督率軍隊反擊沈攸之。

沈攸之起兵前，派人祕密聯繫建康內部的袁粲集團合作。袁粲等人也躍躍欲試，想和沈攸之內外呼應，推翻蕭道成。袁粲向褚淵透露了一些風聲，褚淵如能夠合作最好，如果不願合作起碼也要保持中立。在錯綜複雜的局勢面前，褚淵經過權衡，還是選擇站到蕭道成的一邊。恰好蕭道成也來諮詢褚淵的意見，褚淵就提醒蕭道成：「沈攸之發難，事必無成。蕭公倒是要防備內部。」蕭道成覺得很有道理，請袁粲率一支部隊駐屯建康城郊的石頭城，名為防備沈攸之，實際上將袁粲調出城去。

　　蕭道成還親自去拜訪袁粲，諮詢戰爭建議。袁粲稱病不見。部下認為袁粲閉門不見不妥，袁粲沒有底氣地說：「蕭道成見面如果藉口皇上年幼、時局艱難，劫持我去朝堂值班，我連推辭的理由都沒有。我一旦跟著他走了，可能就回不來了。」袁粲保持了極強的警惕心，加緊制定從內部推翻蕭道成的計畫。

　　當時，蕭道成入屯朝堂，主持討伐沈攸之的全面工作。劉秉的族弟、領軍將軍劉韞在門下省值班；卜伯興是直閤將軍，能接近朝堂；黃回則率領一支軍隊駐紮在新亭備戰。他們都是袁粲集團的成員，蕭道成對他們都疏於防範。這就為袁粲的政變提供了便利。袁粲很快制定了一個詳細計畫：假冒太后的命令，由劉韞、卜伯興率宿衛部隊進攻朝堂，抓捕蕭道成；黃回率領本部兵馬從城外向城內進攻；劉秉、任候伯等集團成員來到石頭城和袁粲會合，眾人以石頭城為大本營，以石頭城的駐軍為預備隊。

　　這是一個很周密、很穩妥的政變計畫，也是劉宋王朝的背水一戰。政變集團集結了朝廷內外反對蕭道成的所有力量和忠於皇室的最後力量，如果政變成功，劉宋王朝延續統治，一旦政變失敗，劉宋王朝面對

圖謀篡位的蕭道成就沒有還手之力了。因此，這次政變也可算是劉宋王朝的最後一戰。

二

　　一個王朝到了末期，就好似病入膏肓的病人，找不到健康無恙的肌體。劉宋王朝國運將盡的時候，雖然有忠心圖存的大臣，卻找不到幾個有能力、有膽魄的大臣。袁粲等人的計畫是不錯，但因為執行者素養太低，倉促之中走向了失敗。

　　原本計劃集團成員夜晚在石頭城聚會，等天亮的時候一同舉兵。劉秉一向膽小怕事，天還沒有暗就內心騷動起來，坐立不安了，喝個水都捧著杯子發抖，灑了自己一身水。他住在丹陽郡，等不到太陽下山就用車載著金銀細軟和家眷，大搬家一樣離家向石頭城趕去，後面還跟著門客、部下數百人。這樣的架勢連大街都堵塞了，更不用說什麼保密問題了。蕭道成馬上知道了劉秉的反常情況。他不禁想：劉秉為什麼要慌張地棄家而逃？他為什麼要跑去石頭城？難道他和袁粲有什麼預謀？蕭道成馬上警覺起來，命令心腹王敬則當天參加值班，與卜伯興一起指揮禁衛軍。這就等於分了卜伯興的兵權，讓他成了一枚死棋，不能動彈了。

　　另一邊，袁粲看到劉秉帶著一大家子人慌慌張張地跑到石頭城來，頓足大叫：「你這麼早就來了，把整件事都暴露出去了！」劉秉還傻乎乎地回答：「我們同生共死，見到袁大人我死也甘心了。」袁粲一時無言了。

袁粲集團的計畫有一個疏漏，或者說它是蕭道成的過人之處：早前袁粲帶兵鎮守石頭城的時候，蕭道成安插了薛淵、蘇烈、王天生等人一同前行。這三個人名義是袁粲的部將，其實是蕭道成安排在石頭城的奸細。

話說城外的王蘊聽說劉秉提前舉家逃奔石頭城的消息後，感嘆道：「事敗矣！」王蘊還沒引起蕭道成的懷疑，之前還奉蕭道成的命令去招募兵勇。此時，王蘊帶著自己招募的數百新兵，狼狽地奔向石頭城，希望和袁粲會合，繼續按計畫政變。王蘊這一小股部隊趕到石頭城南門的時候，天色已經大暗。傾向蕭道成的薛淵等將領閉門不開，還向王蘊的部隊射箭攻擊。王蘊誤以為石頭城已經被蕭道成占領、袁粲已經失敗，轉身逃命去了。他的部隊四散而盡。

事情發展到這一步，蕭道成完全明白怎麼回事了。他派王敬則帶兵捕殺了王蘊、卜伯興，又加派王僧靜帶部隊去石頭城協助薛淵等人。蕭道成的援兵很快趕到石頭城，和薛淵等人合兵一處，在城內與袁粲的部隊廝殺起來。袁粲和劉秉又犯了一個錯誤，他倆率領重兵把守府邸東門，沒想到蕭道成的軍隊從西門攻入了府邸。袁粲、劉秉慌忙折返回府內。府內漆黑一片，袁粲舉著蠟燭照明。王僧靜遠遠看到他，埋伏在暗處，悄悄走近袁粲準備生擒他。袁粲的兒子突然感覺有危險，挺身護衛到袁粲的前面。王僧靜舉刀砍去，將袁粲的兒子一刀砍死。袁粲抱著兒子大哭，接著被王僧靜殺死，死時五十八歲。餘黨四散一空。

袁粲死後，劉秉趁亂逃出城去，在城外被擒，與兩個兒子一起被殺。任候伯等政變集團成員在當天夜裡坐著輕舸如約趕赴石頭城集合，聽說袁粲失敗的消息後，趕緊往回走，最後還是被捕殺。按照計畫，黃

回要率領新亭駐軍向建康進攻。他聽說袁粲敗亡後，按兵不動，裝作沒有參與政變的樣子。蕭道成偵知黃回也參與了政變，可是還需要仰仗他與沈攸之作戰，佯裝不知，暗中提防著他。

鎮壓了內部政變後，蕭道成得以全心全意對付沈攸之。

沈攸之在戰爭初期優勢明顯：備戰多年，兵強馬壯，敵人蕭道成又陷於內患。他派出多路兵馬，順江而下，很快到達郢城（今武漢）郊外。郢城城池矮小，又沒有重兵把守，沈攸之本來並不想攻打它。而且也不應該在郢城浪費時間，在乎一城一地的得失。沈攸之如果想取勝，關鍵是盡快進攻建康。但是據守郢城的宋將柳世隆主動出兵襲擊沈攸之，還派人在城樓上肆意辱罵沈攸之。沈攸之被激怒了，改變了長驅東進的計畫，命令各路軍隊圍攻郢城。叛軍逐漸攻陷了外城，築起長堤圍困了內城，晝夜攻打。柳世隆拚命死守，堅持了三十餘日，打退沈攸之的多次進攻。時間很快到了升明二年（四七八年）的二月。沈攸之開始的優勢在郢城底下蕩然無存：軍隊傷亡增多，士氣低落，而蕭道成解決內患後開始向上游進軍了。

叛軍開始逃散，逃兵越來越多，甚至有人向被圍的柳世隆投降。沈攸之為政，一味用強權聚攏部下，部下並非真心擁護，到最後發展成了大規模的潰散，連將領都陸續離開。沈攸之被柳世隆一敗再敗，落魄得只帶數十騎敗退江陵，沿途收容散兵約二萬人，勉強組織了一支隊伍。走到距離江陵百餘里的時候，江陵已被蕭道成派張敬兒占領的噩耗傳來，好不容易聚攏的官兵馬上一鬨而散。沈攸之窮途末路，只好和三子沈文和逃至華容界（今湖北監利）。父子倆走投無路了，找了片樹林上吊自殺了。

沈攸之死後，黃回凱旋。他以為蕭道成沒有懷疑自己，又自以為功勞很大，逐漸放鬆了警惕。一次，蕭道成派人召黃回來商量軍務。黃回放心地跟著來人去了，一到達就被伏兵砍下了腦袋。至此，蕭道成大獲全勝。劉宋王朝的背水一戰以失敗告終，再也沒有力量可以阻擋蕭道成篡取劉宋的江山了。

三

在鎮壓了反對勢力後，朝廷晉封蕭道成為太尉。蕭道成積極進行內政建設來提升自己的聲望和形象。

年輕的時候，蕭道成曾經立下過「治天下十年，當使黃金與泥土同價」的宏願。一次，他與族弟蕭順之登上武進的金牛臺，見到枯骨橫道。蕭道成說：「宋文帝之後才幾年時間啊！怎麼又出現了這樣的慘況？」當時他凜然的表情讓蕭順之為之動容。元嘉之世結束後，南朝上流奢侈成風，百姓也不事節儉。蕭道成主政後，罷御府，清理宮殿和官府的飾玩，又禁止民間的華偽雜物。他以節儉勤政入手，積蓄國力，減輕百姓負擔，推動了劉宋王朝的改革，取得了一定的成效。

隨著蕭道成威望的增長，西元四七八年九月，宋順帝晉封蕭道成假黃鉞、都督中外諸軍事、太傅、領揚州牧，給予他劍履上殿，入朝不趨，贊拜不名的待遇。蕭道成堅決推辭，朝廷屢次下詔敦勸，他才接受了黃鉞，但是辭去了過高的特殊待遇。第二年，朝廷再次重申前命，給予蕭道成劍履上殿，入朝不趨，贊拜不名的特殊待遇，蕭道成「被迫」

接受。他的接受是一個特殊的訊號，馬上朝廷又晉封蕭道成為相國，總百揆，劃出十個郡來設立齊國，封他為齊公，位在諸侯王之上。依照慣例，蕭道成退讓了三次，朝廷和公卿敦勸請求之後，他才接受。

齊國建立後，老夥計褚淵公開向蕭道成表示，自己願意學當年曹魏的司徒何曾放著司徒不做，願意做晉國的丞相。褚淵也不願意在劉宋當官，而願意去蕭道成的齊國為官。蕭道成婉言謝絕。褚淵的願望沒有實現，但透露出來強烈的政治訊號：劉宋不行了，投靠蕭齊才是正道！

局勢豁然開朗了。接下來就是小皇帝劉準主動禪讓了。但是劉準還是一個十二歲的貪玩小孩，根本不知道禪讓是怎麼回事。而宮中的皇太后、太妃等人又裝聾作啞，不吱聲。蕭道成不可能殺入宮中去搶奪寶座的。於是局勢又似乎停頓了。

最後還是禁衛軍發生了作用。升明三年（四七九年）的一個春天，禁衛軍官兵在王敬則的率領下湧入宮中，大喊著「齊王當繼大位」的口號，橫衝直撞，逼劉準遜位。劉準當時正在一個小房間捉迷藏，被外面一嚇，不肯出來。禁衛軍才不管這些，據說是將刀架在皇太后的脖子上，逼皇太后親手把小皇帝從某個房間的角落裡拽出來，官兵們架著劉準去完成「禪讓之禮」的。

劉準坐在車上，被人急速帶往宮外，在驚嚇過度的情況下反而不哭了。他問王敬則：「你們要殺我嗎？」王敬則回答說：「你不能住在宮中了，要搬到別的地方住。你家祖先取司馬家的天下的時候就是這麼做的。」劉準哭泣道：「願後身世世勿復生在王家！」宮中家眷聽到小皇帝的這句話，哭成一片。這句話成為古代歷史上的一句名言，成為後來人形容皇帝不易的一條鐵證。但是我懷疑十二歲的劉準能否說出這句經典之語。也許這只是後人杜撰附會上去的一條言論而已。

依照慣例，蕭道成在接到劉準禪位的消息後還要推辭三次。蕭道成按照慣例都一一做了，宋朝從劉準到王公貴族又誠懇堅定地請求了三次。其中兼太史令、將作匠陳文建說的一句話，可以作為到那時為止的禪讓歷史的一個小結。他說：「後漢從建武到建安二十五年（二二○年）經過一百九十六年後禪位給魏；魏從黃初到咸熙二年（二六五年）經過四十六年禪位給晉；晉從太始到元熙二年（四二○年）經過一百五十六年禪位給宋；宋自永初元年（四二○年）至升明三年（四七九年）已經有六十年了。占卜的結果是『六』，預示著天命六終六受。請宋王順天時，應符瑞，登基稱帝。」蕭道成這才同意受禪。

當年四月甲午，蕭道成在建康南郊即皇帝位，設壇柴燎告天。新朝國號齊，史稱南齊。

蕭道成即位後封劉準為汝陰王，在汝陰郡建國，全食一郡，位在三公之上。劉準搬離建康，在丹陽縣故治建宮居住，奉行宋正朔。南齊規定劉準是新朝的賓客，在封國內行宋朝正朔，上書不為表，答表不為詔。但就是在當年五月己未，丹陽縣汝陰王府門外馬蹄聲雜亂。奉命監視劉準的軍隊以為有人想劫持劉準復辟，自作主張將十三歲的劉準殺害。從四月遜位到五月被殺，劉準離開皇位後存活了不到一個月。蕭道成聽到消息後，非但沒有吃驚，反而十分高興。五個月後，蕭道成封劉胤繼承劉準為汝陰王，奉宋祀。汝陰國傳國至南陳。

蕭道成登基的時候，宋朝諸王都降封為公。這些皇室成員是在宋朝殘酷的骨肉相殘後倖存的。在劉準被殺後，蕭道成將殘存的劉宋宗室不論年紀大小，一律幽殺。也許他是覺得江山到手得過於容易，時刻擔心前朝皇室的復辟。蕭道成臨死時囑咐兒子蕭賾：「前朝劉氏如若不是骨肉

相殘，我蕭家哪能乘亂奪位。子孫後代要牢記宋朝的教訓。」蕭頤遵遺囑不殺本家，朝政也還清明。但蕭頤之後的南齊又重走了宋朝的老路，骨肉相殘的程度遠勝過宋朝。齊明帝幾乎殺光了同族親屬，南齊王朝種下了被其他家族取代的禍根。

蕭子良謀位：
書呆子鬥不過實幹家

一

在南朝宋齊梁陳四個朝代中，蕭道成建立的南齊是最短命的王朝，一共才存在二十四年。它乏善可陳，似乎沒有什麼亮點。整個南齊沿著亂世固有的軌道在滑行：篡奪別人的王朝，最後自己的王朝也被別人篡奪；皇帝走馬燈似地頻繁更替；知道骨肉相殘的危害卻繼續上演同室操戈的悲劇；朝野關係緊張導致地方藩鎮接連造反；對北魏保持消極防禦不斷捱打……

開國的齊高帝蕭道成很想有所作為，可是沒能提出建設性的政策措施來。蕭道成所做的，完全是前朝劉裕、劉義隆等人所謂「善政」的翻版。比如蕭道成力圖改變奢侈的社會風氣，下令禁止民間製造、銷售奢侈品，不得用金銀製作金箔、銀箔，不准用金銀裝飾馬匹車輛。為此，蕭道成以身作則，從皇宮做起，將後宮器物一律改作用鐵裝飾，宮人穿的鞋子都改用素布，華蓋上的金花爪改用鐵回釘。這些政策是好的，可惜沒有新意，效果也不明顯 —— 世族豪門們根本就不搭理朝廷的禁令，朝廷也奈何不得他們。

又比如蕭道成想給老百姓休養生息的寬鬆環境。當時有權有勢的人普遍占山封水、兼併土地，蕭道成明令禁止，又以身作則，宣布皇室和諸侯王不得「營立屯邸，封略山湖」。可惜，蕭道成的禁令沒有強制的懲罰措施相配套，在現實中成了一紙空文，根本不能杜絕土地兼併。

相反，蕭道成為了增加政府賦稅進行的清理戶籍政策（專業名稱叫「校籍」），還引起了軒然大波。南北朝時戶籍管理混亂，大批百姓託庇

在世族權貴門下躲避賦稅，又有世族豪門不斷擴大庇蔭的人口，為己所用。在南朝，還存在普通地主編造先輩的官爵，冒充世族騙取各種特權的問題。蕭道成下令以劉宋元嘉二十七年（西元四五〇年）的登記為準整理戶籍。校籍工作嚴重侵犯了世族豪門乃至普通地主的利益，加上執行過程弊端百出，相關部門和官員將整理工作當做敲詐勒索的良機，誣陷貧苦百姓戶籍造假來巧取豪奪，最終弄得天怒人怨。校籍不當，引發了浙東唐寓之起義。蕭道成死後不久，其子蕭賾就宣布停止整理戶籍，維持校籍之前的狀況，這才穩定了局面。

和建立劉宋王朝的劉裕一樣，蕭道成在位時間也很短，才四年，就在五十六歲時駕崩了。長子蕭賾繼位。臨終的時候，蕭道成回顧一生成敗，語重心長地告誡蕭賾：「宋朝如果不是骨肉相殘，我們家哪能取而代之。你必須引以為戒，切勿骨肉相殘！」

蕭賾牢牢記住了父親的告誡，在位期間盡力維護皇室團結，沒有妄殺親屬。父皇蕭道成生前最不放心四皇子、長沙王蕭晃。蕭晃有勇無謀、好勇鬥狠，蕭道成怕他惹出麻煩，導致蕭賾、蕭晃兄弟兵戎相見。幾年後，蕭晃卸任南徐州刺史，攜帶可武裝數百人的軍械回京。按照規定，親王在京，身邊武裝侍衛以四十人為上限。相關部門發覺蕭晃違制攜帶兵器，就報告了蕭賾。蕭賾大發雷霆，要懲辦四弟。另一個弟弟、豫章王蕭嶷苦勸蕭賾。蕭賾最終下令將多餘的兵器都扔進長江了事，並沒有懲罰蕭晃。如果放在劉宋時期，蕭晃完全可能被抄家滅門。

蕭賾時期，南齊只發生過一例宗室親王被殺事件。蕭賾的第四個兒子、巴東王蕭子響也是個四肢發達頭腦簡單的王爺。他出任荊州刺史，身邊聚集了一批和他一樣頭腦簡單又貪圖榮華富貴的傢伙。蕭子響在任上私自製造服裝，準備和山區少數民族交換武器。這原本是一件小事，

但因為處置不當，遭致了一場動亂。先是荊州的官員向朝廷舉報，蕭賾命令查究；蕭子響知道後，怪地方官監視催逼，一怒之下殺死舉報的官員，致使事態擴大。接著，蕭賾派人帶幾百名武士前往荊州查辦。到現在為止，他都不覺得這是一件大事，只是覺得蕭子響不再適合擔任荊州刺史這個關鍵職位，想把他帶回建康。但是帶隊的使節把問題看得很嚴重，到荊州後態度傲慢。蕭子響主動認錯服軟，還送上飲食犒勞建康來的武士，不想被後者全部倒入長江。蕭子響暴怒，集合幾千人打敗來使。這下事情變質為動亂了。蕭賾派將軍蕭順之帶兵討伐。蕭子響主動投降，蕭順之用繩子將他勒死。蕭子響成了蕭賾時期唯一一個被殺的宗室成員，而且人們普遍認為錯在蕭子響。

不過，蕭賾很快後悔逼死了兒子。相關部門奏請將蕭子響剔除出皇族，蕭賾非但沒有答應，還追貶蕭子響為魚復侯，以禮相葬。至於殺死蕭子響的將軍蕭順之，是蕭道成的族弟，如今又討伐有功，滿心以為能得到封賞。不料，蕭賾根本沒有獎賞他，還對他殺死兒子的事情耿耿於懷。蕭順之嚇得鬱鬱寡歡，沒幾年就死了。蕭順之當時默默無名，等到兒子蕭衍篡位登基後被追尊為梁文帝。據說，蕭衍正是因為父親的遭遇才對南齊王朝失去忠心的。

除了維護皇室內部的親睦外，蕭賾在其他方面做得怎麼樣呢？

蕭賾繼位的時候已經四十二歲了。這個年紀值得關注。一方面，蕭賾已經有了二十多年的政治經驗，在劉宋王朝歷任縣令、太守等職，橫跨中央地方、文武各界。他知道真實的國情民意，形成了自己的執政思路和風格；另一方面，南齊的建立很有戲劇性，都出乎蕭道成的意料，更是在蕭賾的意料之外。他在幾年前還以為自己會在劉宋王朝的宦海中

終老一生，之後地位迅速變化，竟然當了皇帝！這兩個因素在蕭賾的體內交織作用，導致他執政思路清晰、剛毅果斷，同時又雷厲風行、專斷獨裁。

《南齊書‧武帝紀》概括蕭賾「剛毅有斷，為治總大體，以富國為先，頗不喜遊宴、雕綺之事，言常恨之，未能頓遣」。可見他繼承了父皇儉樸的作風和富民強國的思路，關心百姓疾苦。同時，為了保證有一個安定發展的環境，蕭賾與北魏通好，南北邊界安定了十幾年。蕭賾史稱齊武帝，其實他並沒有什麼「武功」，「文治」成績倒是有一些。

蕭道成篡位和在位期間，成年的蕭賾都參與其事，自認為與父親「同創大業」，登基前就頗為剛愎自用。散騎常侍荀伯玉曾把太子自負和任用親信的行為報告蕭道成，蕭道成因此責罰過蕭賾，還將他任用的親信斬首。蕭賾繼位後就殺了荀伯玉。五兵尚書垣崇祖和荀伯玉一向關係密切，且屢破魏兵，蕭賾覺得是個威脅，也將他殺死。車騎將軍張敬兒是蕭道成的老部下了，一路提著腦袋拚殺過來，才有了今天的地位。遺憾的是，張敬兒在政治上極端幼稚，像個孩子一樣向別人宣揚自己經常做夢，不是夢見自己全身發光發熱，就是夢見老家的樹長得和天一般高。這些夢境通常預示做夢的人「貴不可言」，傳到蕭賾耳裡後，蕭賾認為張敬兒有野心，也把他殺了。

蕭賾一共在位十一年，年號永明，幾乎占了南齊的一半時間。期間國泰民安，沒有出什麼亂子，被一些人豔稱為「永明治世」。所謂的治世，要看和什麼時段來比，如果和之前劉宋末年和之後的南齊末年來比，完全算得上，但是和之前東漢的「光武中興」、之後隋朝的「開皇盛世」來比，就完全不值一提了，就是劉宋前期的「元嘉之治」也比不上。

二

蕭賾一生最大的痛也許是品嘗到了白髮人送黑髮人之苦：太子蕭長懋死在了自己的前面。

蕭長懋是蕭賾的長子，遺傳了家族肥胖的體型，一直為過胖的身材所苦惱，體弱多病。他又是個「宅男」，喜歡待在宮中，不願意外出，加上沾染了酗酒的惡習，飲酒可至數斗，在三十六歲那年死了，追諡「文惠」。蕭長懋就是文惠太子。史書對蕭長懋的記載很少，卻很不客氣，說他「善制珍玩之物」，把孔雀毛織成裘，「器物服飾多有僭越」——看來蕭長懋是個喜歡做手工的「宅男」。蕭長懋還公然違背祖父的禁令兼併東田建造「小苑」——名字是小苑，猜想是別墅群。

蕭長懋生前和同母的二弟、竟陵王蕭子良關係親密。兄弟二人都是佛教信徒，一起切磋佛經，還建造了「六疾館」照顧窮人，大做慈善。他死後，兒子蕭昭業就由二弟蕭子良代為撫養。

蕭賾痛失長子後，開始思考將皇位傳給誰。主要候選人有兩個：次子蕭子良和文惠太子的長子蕭昭業。蕭昭業眉目如畫，舉止優雅，寫得一手好隸書，很討蕭賾的喜歡，蕭賾於是決定傳位給孫子，立蕭昭業為皇太孫。

這裡有必要插敘介紹一下竟陵王蕭子良。蕭子良留給後人兩大鮮明的印象：他是永明文學的主持人，同時又是佛教傳入中國早期的虔誠信徒和慷慨支持者。

永明時期社會安定，文學出現了繁榮。蕭子良好結儒士，身邊聚集了一群文人，其中以范雲、蕭琛、任昉、王融、蕭衍、謝朓、沈約、陸倕等最知名，這些人號稱「竟陵八友」（請注意其中的王融、蕭衍、范雲、沈約等人）。蕭子良就組織文人抄寫五經和百家著述，還編成《四部要略》千卷。這些都是可圈可點的文壇盛事。此外，蕭子良崇尚佛學，召集僧人講佛論法，熱心操辦佛事，不惜屈尊親自在活動期間打雜。這事發生在南方佛教大興的背景之中，蕭子良的崇佛又助推了佛教的進一步興盛。

和後世許多權貴借信佛禮佛沽名釣譽不同，蕭子良是真心信佛，表裡如一。他居家修行，奉戒極嚴。有人提出「食蚶蠣不算食肉」的觀點，就遭到蕭子良的怒斥。對於當時宣揚無神論的范縝，蕭子良更是極為不滿，組織力量圍攻。王琰攻擊范縝說：「嗚呼范子！曾不知其先祖神靈所在！」范縝反擊道：「嗚呼王子！知其先祖神靈所在，而不能殺身以從之！」蕭子良見駁不倒范縝，派王融勸他不要再講〈神滅論〉了，以免妨礙「前途」，還許諾只要范縝放棄無神論，就讓他做中書侍郎。范縝笑道：「我如果肯賣論求官，早已做到尚書令、左右僕射了，何止中書侍郎呢！」值得肯定的是，儘管在思想上蕭子良和范縝勢如水火，但在現實生活中范縝依然是竟陵王府的座上客，范縝依然有宣傳、辯論的自由，他在朝廷的官位也一直保留著。蕭子良的心胸可見一斑，同時也可見南朝思想還算活躍，社會相當寬容。

蕭子良還可貴在他將佛教的慈悲和善念展現在了為官行政上。他體恤百姓，遇有災荒帶頭上奏朝廷寬減役稅、開倉賑濟，深受百姓擁護。朝野存在一股擁護蕭子良繼位的力量。

以上是蕭子良身為文壇領袖和佛教信徒的一面，他還有圖謀皇位、爭權奪利的一面。

永明十一年（四九三年），齊武帝蕭賾漸漸病重，命蕭子良進殿服侍醫藥。蕭子良不分日夜，留在殿內服侍父皇，還將王融、蕭衍、范雲等黨羽帶進了宮中。一時間，蕭子良一派的人圍繞在蕭賾的身邊，占據了最高權力交接之時的便利條件。外界也在揣測齊武帝有沒有要廢皇太孫蕭昭業改立蕭子良的意思。

蕭賾喜歡蕭子良，但最終沒想把皇位傳給他。蕭賾草擬的遺詔是將皇位傳給皇太孫蕭昭業，讓竟陵王蕭子良和西昌侯蕭鸞一同輔政。蕭鸞是齊高帝蕭道成的姪子、蕭賾的堂弟。他少年喪父，由叔叔蕭道成一手撫養，蕭道成對他視同己出。蕭鸞在二十歲時就去外地擔任縣令，之後在官場奮鬥幾十年，閱歷豐富，以嚴格果敢聞名，和蕭賾頗為相似。叔叔齊高帝蕭道成當皇帝後，任命蕭鸞為侍中，封西昌侯。堂哥蕭賾繼位後，蕭鸞先後任尚書僕射、尚書令，是個實權人物。

遺詔寫得明明白白，蕭子良呆若木雞，一旁的王融卻不甘心，假造了一份傳位蕭子良的「遺詔」。他用竟陵王府的衛士換下了病房內外的侍衛，親自戎裝上陣，守著彌留之際的蕭賾，不讓他人靠近，就等蕭賾駕崩後拿出竄改的「遺詔」。

皇太孫蕭昭業聽說祖父蕭賾病危，匆匆趕來。王融率衛士凶神惡煞般宣布：皇上有旨，無論何人，不得擅入宮門一步。蕭昭業辯解說自己是皇太孫，身分特殊，要求入宮服侍祖父。王融任憑他百般辯解，就是不放行。無奈，蕭昭業只好怏怏而歸。

朝堂上，百官都預備好了喪服，就等王融宣布「遺詔」了。蕭子良繼位的事情似乎成定局了。就在這個關鍵時刻，彌留之際的蕭賾迴光返照，突然甦醒過來，神志清醒地發號施令起來。他見皇太孫不在身邊，知道情況有變，急忙叫來親信的近侍太監，讓他去召蕭昭業率甲士入

宮。傳完這個命令，蕭賾就死了。王融還想掙扎，命令竟陵王府的衛士把守宮門，和蕭子良商議對策。事到如今，蕭子良一派還有成功的機會。他們可以一不做二不休，提前釋出假遺詔，推出蕭子良，鹿死誰手尚未可知。可是蕭子良、王融等人談文寫字是好手，搞陰謀詭計卻不在行，商量來商量去不知如何是好，只是捂著蕭賾的死訊祕不發喪。

在外頭，大臣們都知道皇上突然召皇太孫進宮，而且是帶甲士進宮，議論紛紛。高度的政治敏銳度讓蕭鸞意識到宮中情況有變。他匆忙就向堂兄的寢宮趕去。門口衛士不讓他進宮，蕭鸞假傳聖旨：「皇上召我入宮，我看誰敢攔我！」衛士頓時被嚇住了，蕭鸞於是硬闖了進去，發現堂兄蕭賾已經死了。他馬上跑出寢宮，公開宣布皇上駕崩，然後率人擁戴蕭昭業登殿接受群臣跪拜，同時派人將蕭子良攙扶出宮。至此，大局已定。在整個過程中，蕭子良消極猶豫，沒有和王融配合，沒有發揮什麼作用，最終被排擠出局。

王融則被逮捕。幾天後，蕭昭業以「險躁輕狡、招納不逞、誹謗朝政」的罪名將他誅殺，絲毫不提偽造遺詔、謀立他人的問題。王融出身著名的琅琊王氏，死時二十七歲。

竟陵王蕭子良表面上仍受尊重，是兩位輔政大臣之一。但蕭昭業也好，蕭鸞也好，都對他不放心，聯合起來排擠他，將他晉為太傅，剝奪了實權。蕭子良也怕被追究，積鬱在胸，第二年（四九四年）四月便鬱鬱而死，享年三十五歲。書呆子畢竟鬥不過實幹家。

蕭鸞篡位：
爺爺奪了孫子的皇位

一

蕭賾之所以經過艱苦的權衡，捨棄蕭子良，傳位蕭昭業，是因為他認為這個孫子聰慧勤勉、品行優良，對他寄予厚望。事實證明，蕭賾完全看走了眼。

這也不能怪蕭賾。中國社會盛產兩面派、偽君子，權力場上這類人就更多了。而蕭昭業是其中的高手。齊武帝發喪的那一天，蕭昭業把葬車送出皇宮的大門後就推說自己有病不去墓地了。一轉身回宮，他就迫不及待地召集樂工大奏胡曲、大演歌舞，樂聲響徹宮廷內外。宮外的送葬隊伍聽得一清二楚，躺在靈柩中的齊武帝蕭賾想必也聽到了。

送葬的三朝老臣王敬則問身邊的將軍蕭坦之：「現在就高歌快舞，是不是太早了點？」

蕭坦之幽默地回答：「這聲音正是宮中的哭聲啊！」

繼位之前，蕭昭業接待賓客誠懇周到，舉止談吐為時人稱讚。父親文惠太子逝世的時候，蕭昭業嚎啕大哭，難以自已，等到回到房中就歡笑如常，尋歡作樂。做了皇太孫後，蕭昭業表面上對祖父恭敬孝順，暗地裡安排女巫詛咒祖父快死。祖父病重，蕭昭業傳了張紙條給妃子何氏，紙上寫一個很大的「喜」字，周圍繞上三十六個小的「喜」字。可見，他所有的誠懇、謙恭和孝順都是矯飾，即位之後便本性畢露。

父親文惠太子在世的時候，對蕭昭業的起居用度都有嚴格規定，蕭昭業的日子過得儉樸有序。即位後，蕭昭業任意揮霍國庫積蓄，肆意賞賜，動不動就數十上百萬錢。他每次見到錢都說：「我往日要用你的時

候，連一文錢都得不到，今日還不能好好用用你嗎？」一年之後，南齊國庫積蓄的數億錢幣就被他揮霍一空了。蕭昭業又開啟皇宮的倉庫，和皇后寵姬等人參觀，任由宦官和親信隨心所欲地領取物品，還將珍藏的寶器擊破打碎，以此取樂。蕭昭業又喜歡鬥雞，不惜用數千錢買一隻雞。他還和祖父、父親的寵姬私通（她們名義上是蕭昭業的祖母和母親），很有劉宋末期皇帝亂倫的遺風。總之，蕭昭業毫無一國之君的姿態。

蕭昭業忙於親近小人，沉湎遊樂，朝政都交給叔祖蕭鸞打理。荒唐君主一般還多疑猜忌，蕭昭業就疑心蕭鸞有異志，找中書令何胤密謀誅殺蕭鸞。何胤一介文臣，不敢參與。蕭昭業見外臣沒有人支持，也就把這件事情放下了。

蕭昭業放下了屠刀，蕭鸞卻心驚膽顫。伴君如伴虎，時刻都有危險，陪伴一隻瘋瘋癲癲的老虎就更危險了。蕭鸞決定先下手為強，殺掉蕭昭業，自己取而代之。

蕭鸞要推翻蕭昭業，首先環顧四方看還有沒有擁護蕭昭業的力量。他覺得荊州刺史、隨王蕭子隆和豫州刺史、齊高帝與武帝的舊將崔慧景二人既效忠皇室，又有能力起兵與自己對抗，所以要先除掉這兩個人。鎮西諮議參軍蕭衍就替蕭鸞出主意，將隨王蕭子隆免職召還京師，明升暗降為侍中、撫軍將軍，剝奪他的實權。接著，蕭衍又自告奮勇，要求率兵戍守壽陽，奪取了崔慧景的兵權。蕭鸞也照辦了，任命蕭衍為寧朔將軍，領兵北上。如此一來，蕭鸞就去除了地方上可能反對自己的勢力——而蕭衍也狡獪地獲得了實權。

在中央，有能力阻擋蕭鸞的關鍵人物是衛尉蕭諶和征南諮議參軍蕭坦之。蕭諶、蕭坦之都和皇室有親緣關係，都被齊武帝蕭賾所信任。蕭

諶長期負責皇宮的宿衛，朝廷機密無不預聞。蕭坦之曾任東宮的直閣將軍，是蕭昭業的親信。要想推翻蕭昭業，必須要對付這兩個人。蕭鸞正在謀劃對付他們的方法，蕭諶、蕭坦之二人主動投靠了過來。原來，他二人見蕭昭業狂縱猜忌，無藥可救，為了避免惹禍上身，便主動向掌權的蕭鸞靠攏。蕭鸞將推翻蕭昭業的計畫一說，二人馬上應允參與。

於是，在蕭昭業沒有覺察的狀態下，朝野祕密結成了推翻他的陰謀集團。

蕭鸞開始剪除蕭昭業親近的小人。他先後列舉了蕭昭業多名親信的罪狀，奏請將他們處死。事情進展得很順利，只有在清除直閣將軍周奉叔的時候遇到一點困難。周奉叔領兵護衛蕭昭業，很有勇力，常常帶領二十人，身佩單刀，出入宮禁。他刀不離身，常常威脅他人：「周郎刀不識君。」不過周奉叔有勇無謀，既然難以直接剷除，蕭鸞就繞了個圈子。他指使蕭諶、蕭坦之奏請蕭昭業，提升周奉叔為青州刺史。周奉叔高高興興帶著隊伍赴任去了。蕭鸞馬上用假聖旨召他回尚書省。周奉叔剛一邁進尚書省，就被埋伏的武士毆殺。然後，蕭鸞啟奏蕭昭業，說周奉叔侮慢朝廷，罪該當死。蕭昭業不知就裡，也就批准了。如此反覆，蕭昭業身邊的親信越來越少。

時機成熟了！蕭鸞開始行動了，他派使蕭諶、蕭坦之等人誅殺了蕭昭業最後的幾個親信，親自披掛上戎裝，率兵從尚書省攻入皇宮。蕭鸞畢竟第一次發動政變，難免緊張，途中鞋子掉了三次。蕭諶帶一支軍隊直奔蕭昭業所在的宮殿。宮殿的宿衛將士張弓持盾，要上前廝殺。蕭諶高喊：「我所取自有人，你們不需動！」衛士們見負責宮廷宿衛的最高長官這麼說，有的被震懾住了，有的以為他是奉命入宮抓人，都閃到一旁，看著政變隊伍衝入宮殿。殿中的蕭昭業遠遠看見蕭諶領兵持劍奔

來，知道大臣反叛。他自知逃跑無望，又不願受辱，爆發出一股血性來，拔出佩刀就向脖子抹去。求生的本能加上緊張讓蕭昭業的手哆嗦得厲害，他自刎未成，鮮血流滿身子，倒地哀號。蕭諶派人用帛替蕭昭業粗粗包紮了一下，把他抬出殿外。蕭鸞知道後，覺得留著蕭昭業無用，殺了反而乾淨。於是，武士們在宮中找了個僻靜的地方將蕭昭業亂刀砍死了。

蕭昭業死時二十一歲，在位僅一年。事後，蕭鸞以皇太后的名義廢蕭昭業為鬱林王，歷史上也就將蕭昭業稱為鬱林王。追認政變合法性的皇太后令中痛斥蕭昭業：「居喪無一日之哀，繰絰為歡宴之服。……恣情肆意，罔顧天顯，二帝姬嬪，並充寵御，二宮遺服，皆納玩府。內外混漫，男女無別。……放肆醜言，將行屠膾，社稷危殆，有過綴旒。」因為蕭昭業是個不折不扣的昏君，所以蕭鸞等人的弒君行為是「合法」的。這是隆昌元年（西元四九四年）的事情。

二

蕭鸞推翻蕭昭業後，完全可以自己當皇帝，但他沒有這麼做。他立文惠太子蕭長懋的次子、蕭昭業的弟弟、新安王蕭昭文為帝。蕭昭文十四歲，被蕭鸞扶上皇位後，大小事都不能做主，完全仰仗蕭鸞。他封蕭鸞為宣城王，起居飲食都徵求蕭鸞同意後才做。蕭鸞對蕭昭文控制得也很嚴。一次，蕭昭文想吃蒸魚，掌管宮廷膳食的太官令竟然回答沒有蕭鸞的命令不能給。

蕭鸞為什麼不自己當皇帝呢？他做什麼事情都求穩，沒有絕對的勝算不出手。儘管把皇帝緊緊地捏在手裡，蕭鸞依然對自身實力不自信。齊高帝、齊武帝子孫眾多，而蕭鸞近親稀疏，且在位的很少。所以，蕭鸞一方面大力扶持近親，一方面開始迫害齊高帝、齊武帝的子孫——蕭道成臨終前最擔心的骨肉相殘的悲劇要開始了。

被蕭鸞以蕭昭文的名義誅殺的宗室親王有：南兗州刺史、安陸王蕭子敬，南平王蕭銳，晉熙王蕭銶，南豫州刺史、宜都王蕭鏗，桂陽王蕭鑠，衡陽王蕭鈞，江夏王蕭鋒，建安王蕭子真，巴陵王蕭子倫等。南齊曾在宗室諸王身邊設定典簽的官職，本意是監督諸王，防止他們謀反或者禍害百姓。如今，典簽官被賦予實權，禁錮諸王，充當了蕭鸞誅殺宗室的工具。

殺了一圈之後，蕭鸞覺得天底下應該沒有人有能力阻擋自己稱帝了。

於是在當年十一月，即位才四個月的蕭昭文被蕭鸞廢黜為海陵王。蕭鸞又宣布蕭昭紋身體有病，多次派御醫為他看病，「看」了幾次後蕭昭文就一命嗚呼了。蕭鸞依然用皇太后的詔書來追認自己行動的合法性。不過實在是找不出蕭昭文的過錯來，詔書只能籠統地批評他「嗣主幼沖，庶政多昧」。接著詔書宣布皇太后主動讓步，請蕭鸞繼位。蕭鸞即位，史稱齊明帝。從輩分上說，蕭鸞是蕭昭文的爺爺，蕭鸞此舉等於奪了孫子輩的天下。

蕭鸞也是個偽情矯飾的兩面派。他即位後，大張旗鼓地崇尚節儉，停止邊地向中央的進獻，將皇家園林新林苑、文惠太子的東田都歸還百姓，又將齊武帝的輿輦舟乘上的金銀都剔取下來充實庫房，就連生日時大臣敬獻的金銀禮物都被他讓人打碎。但內宮的私宴卻是金玉滿堂，華

麗非常。遠房宗親蕭穎胄就批評他說：「陛下要是還想砸東西，就砸你宮裡的寶貝吧！」

除了表面文章，蕭鸞的主要精力放在鞏固政權上。他得位不正，老覺得有人要推翻自己——這似乎是一切篡位者的通病。而最大的嫌疑就是那些齊高帝、齊武帝的子孫了。於是，蕭鸞進一步猜忌宗室，任用典簽官監視諸王。當時，齊高帝、齊武帝的子孫還有十人封王。每次諸王入朝參拜完畢，蕭鸞回到後宮都嘆息道：「我兒子、姪子們的年紀都不大，蕭道成他們家的子孫卻日益長大！」於是，他有殺光齊高帝、武帝子孫的想法。蕭鸞找姪子、揚州刺史、始安王蕭遙光商議如何行事。蕭遙光認為這事不能急，應當有步驟、有計畫地實施。

蕭遙光有足疾，蕭鸞恩准他可以坐車進出皇宮。每次蕭遙光入宮，蕭鸞都屏退旁人，和他密謀很久；等蕭遙光走後，蕭鸞都要讓人擺上香火，嗚咽流涕。第二天，必定有一位宗室親王被誅殺。骨肉相殘的名單越來越長，增加了河東王蕭鉉、臨賀王蕭子嶽、西陽王蕭子文、永陽王蕭子峻、南康王蕭子琳、衡陽王蕭子珉、湘東王蕭子建、南郡王蕭子夏、桂陽王蕭昭粲、巴陵王蕭昭秀等人。未封王的齊高帝、武帝子孫也遭到迫害。他們這一支血脈幾乎被屠殺殆盡。蕭鉉等人死後，蕭鸞再指使公卿彈劾他們的罪狀，奏請誅殺；蕭鸞下詔不許；公卿們再奏，蕭鸞這才答應，擺出一副迫不得已大義滅親的姿態來。大家都知道真相如何，就像舉朝在做戲。蕭鸞日益倚重蕭遙光，誅賞諸事都和他商議。蕭遙光的行政能力很強，將屠殺行動安排得井然有序。蕭鸞的身體很不好，常常突然病倒。在蕭鸞不能主事的時候，蕭遙光就替他釋出殺人命令。整個南朝時期，蕭鸞在短短幾年中創造了殺戮宗室親王最多的紀錄，卻沒有引發大規模的動盪，連小規模的兵變都沒有發生。這和蕭

鸞、蕭遙光的「措施得當」不無關係。

之前，蕭鸞派茹法亮持毒酒去「賜死」齊武帝第十三子、巴陵王蕭子倫的時候，蕭子倫端正衣冠接受詔書，對茹法亮說：「鳥之將死，其鳴也哀；人之將死，其言也善。積不善之家，必有餘殃。從前高皇帝（蕭道成）殘滅劉氏（屠殺劉宋宗室子弟），今日之事，理固宜然。」他坦然飲下毒酒而死。當年，蕭道成將劉宋宗室不論長幼一律幽殺，肯定想不到十幾年後自己的子孫也會面臨同樣的噩運。蕭子倫將此解釋為因果報應。

蕭鸞也怕因果報應，加上身體不好，登基後就躲入深宮，長期深居簡出。越是這樣，他的身體就越不好。蕭鸞還不願讓他人知道病情，封鎖消息，堅持正常處理政務。他相當崇尚道教與神仙方術，先是希望能借助法術治癒病情，失敗後不得不求助於醫術。一次，蕭鸞特地下詔向各地官府徵求銀魚作為藥劑，外界這才知道蕭鸞患病。

在生命的最後時光，蕭鸞猜忌多疑到了極點，對大臣們多有誅戮。比如他往南走就派人說皇帝要西行，往東走就對外宣布要去北邊。誰惹他多疑，往往有性命之憂。又比如大司馬、會稽太守王敬則是蕭道成的老部下，五朝老臣，盛名在外。蕭鸞就懷疑他要趁自己病重造反，派人去東方鎮壓反叛。王敬則大怒，說：「東方各郡縣有誰在反叛，這明顯是衝著我來的！」他被逼起兵造反。東方百姓簞篸荷鍤相隨，王敬則很快擁有十餘萬人的大軍，向建康殺去。蕭鸞殺死王敬則在建康和外地的所有兒子，派兵平叛。王敬則悲痛不已，坐在肩輿上一邊慟哭一邊指揮軍隊前進。大軍進展順利，都能遙望到建康城了。在和官兵的決戰中，王敬則大軍起初大勝。蕭鸞的太子蕭寶卷派人爬上屋頂瞭望軍情，見城郊征虜亭失火，以為王敬則大軍將至，都準備好行裝要逃亡了。沒想到，

蕭鸞官兵在敗退回營的時候，因為營門未開，前無退路，只好返身死戰。恰好王敬則大軍後方又遭到騎兵的突襲，占部隊很大比例的百姓們沒有訓練，也沒有正常的兵器，打不了硬仗，紛紛逃散。王敬則大敗，逃跑不及，被官兵所殺，時年七十多歲。這是永泰元年（四九八年）的事情。

王敬則敗亡之時，蕭鸞已經到了彌留之際，不久便死了，時年四十七歲，在位五年。

蕭鸞的長子蕭寶義有殘疾，難當大任，所以蕭鸞冊立次子蕭寶卷為太子。蕭鸞死後，蕭寶卷繼位，時年十六歲。

蕭鸞遺命由始安王蕭遙光、尚書令徐孝嗣、尚書左僕射沈文季、右僕射江祏、右將軍蕭坦之、侍中江祀、衛尉劉暄、太尉陳顯達等人輔佐蕭寶卷。八個輔政大臣中，尚書左僕射沈文季不久退休，淡出政壇；太尉陳顯達外任江州刺史，剩下的六人輪流入朝值班，掌握實權，被稱為「六貴」。時任雍州刺史的蕭衍不無憂慮地說：「一國三公尚且國家不穩，如今朝廷有六貴同時當權，如何才能避免動亂呢？」

變態皇帝代代有，南朝特別多

一

齊明帝蕭鸞將殺戮宗室推向了一個前所未有的高峰，繼位的兒子蕭寶卷則將荒淫變態推到了一個後人難以企及的高度。

蕭寶卷生母早亡，由其他嬪妃撫養長大。他從小孤僻任性，且有口吃的毛病，與他人的交流溝通存在障礙。這樣的孩子如果埋頭讀書，說不定還能在學問上有所專長，精通某個生僻的領域。但是蕭寶卷極不愛讀書，加上無人管教，整天就是玩鬧。即位前，他最喜歡做的事情就是在東宮和侍衛們一起挖洞捉老鼠，為此通宵達旦樂在其中。

當了皇帝後，蕭寶卷被帶去主持父皇的葬禮。他一眼看到大殿上擺放的烏黑錚亮的大棺材，很不高興，大喊：「這東西太討厭了，快快把它埋掉！」這可是他父親的靈柩，而且天子葬禮是很嚴肅，有一整套煩瑣的規程的。見小皇帝要破壞禮制，以輔政大臣、尚書令徐孝嗣為首的大臣們據理力爭，蕭寶卷這才快快不樂地收回成命，無奈地繼續葬禮的流程。緊接著問題又產生了，蕭寶卷在葬禮上東張西望左顧右盼，就是不哭。他還覺得滿堂哭得死去活來的大臣們非常好笑。其中太中大夫羊闡號慟大哭，不斷叩首，不小心把帽子碰掉了。羊闡禿頭，帽子一掉，露出了光頭。蕭寶卷見狀捧腹大笑，一邊笑一邊說：「這個大禿鷲也來這裡亂叫。」

正式上任後，蕭寶卷保持著特有的作息習慣：抓老鼠抓到清晨五更才就寢，午後三時起床。可是皇帝是要上朝的，是要處理政務的，蕭寶卷根本沒放在心上。這可苦了那些大臣。因為不知道皇帝什麼時候會出

來接見和處理公務，大臣們只能等在大殿上不敢走，一個個餓得前胸貼後背，眼冒金星。後來，大臣們直接上奏。一批批奏章送入宮中，如同石沉大海，根本沒有回音。

除了晝夜顛倒抓老鼠，蕭寶卷又發展出了新愛好：出宮遊玩。他不分晝夜，什麼時候想到要出宮就出去遊玩，一個月中有二十多天在建康城內外遊蕩。蕭寶卷的遊玩不是一般人的走馬看花遊山玩水，而是看到什麼好東西就拿，大到參天大樹、妙齡女郎，小到錢幣、玉珮，一律納入囊中。他常常帶人闖入某一戶富裕人家，將家產搶劫蕩盡。或許是覺得自己的行為不妥，也可能是小時候的交流障礙讓他不願意見人，蕭寶卷出宮時不願意被人看見，也不願意看到別人。他看到誰就要上去殺掉他滅口。於是，建康的「相關部門」就想出了一個辦法：每當蕭寶卷要出門的時候，相關人員就在他要去的方向事先擊鼓，警告人們：「皇帝要來了，大家快跑啊！」人們聽到鼓聲，能跑多快就跑多快，能跑多遠就跑多遠，根本顧不上家產。蕭寶卷出宮的時間不定、遊蹤不明，波及的百姓可就遭殃了。他們不敢輕易回家，常常在夜裡露宿野外，或者穿著單衣在寒冬中流落江邊，甚至有人幾天幾夜不敢回家，凍死、餓死在外面。妻離子散、家破人亡更是常事。

有一次，一個婦女臨產，無法走開。蕭寶卷對腹中胎兒的性別很感興趣，等不及孕婦生產完畢，命人剖腹檢視是男胎還是女胎。又有一次，有個和尚生了病，跑不動了，就躲在草叢之中希望能逃過蕭寶卷的眼睛。蕭寶卷發現後，命令隨行的所有人向和尚射箭，將他亂箭射死。還有一次，幾個人抬著一個病人去求醫，突然聽到警示蕭寶卷出遊的鼓聲。那幾個人嚇得魂飛魄散，扔下病人一鬨而散。負責清道的官吏看到那個病人匍匐在地上走不了路，怕蕭寶卷看到，竟把他推入水中活活淹死。

這些還算是個別現象。更壞的情況是，蕭寶卷喜怒無常、行蹤無定，常常毫無預兆地突然出宮遊玩，或者先出東門突然又轉向了南門，驚得大半個城的百姓逃得一乾二淨。蕭寶卷身邊的侍衛、太監們往往藉陪伴蕭寶卷出遊，入室搜尋財物。等蕭寶卷好不容易回宮了，老百姓回來看到的是被搶劫一空的房產。沒折騰多久，繁華一時的建康城工商歇業，鋪存空屋，道無行人，內外數十里杳無人跡。建康幾乎變成了一座空城、死城。

　　建康被糟蹋得差不多了以後，蕭寶卷遊玩的興致大減。不過任何事情都不能阻止他熱衷於玩耍和追求享樂的步伐，蕭寶卷很快就找到了新的興趣：投身火熱的建築行業！巧合的是，建康後宮失火被焚，重建工作為蕭寶卷提供了施展才華的機會。他一口氣建造了仙華、神仙、玉壽三座豪華宮殿，用實際行動證明自己是多麼的奢侈腐靡。蕭寶卷造宮殿，貫徹兩個方針：第一是追求速度，什麼都要求快；第二是追求漂亮，裝飾要漂亮，庭院要漂亮，一切看起來都要賞心悅目。為了趕工期，官吏們不惜破門入戶，強行將百姓家的假山、樹木、花草移植到宮殿中；不惜直接拆卸豪門、寺廟上的裝飾物件移到宮廷中，甚至不惜刮下文物古玩上的金箔飾品來裝飾新宮殿的器皿。為了營造宮廷花草茂盛的景象，官吏們往往割下草皮和花卉的莖葉，直接鋪滿庭院。花草擱置一天就枯萎死亡了，官吏們不得不天天去割花草，夜夜重新鋪設。蕭寶卷對這種弄虛作假的行為非但不生氣，還指點下面的人乾脆用顏料將庭院潑灑得花花綠綠的，再點綴上花草。看來，蕭寶卷在造假方面也很有「天賦」。

庭院造好後，蕭寶卷將它們獻給了一個女人：潘妃。

潘妃名叫潘玉兒，出身市井，被蕭寶卷選入宮廷做了妃子。蕭寶卷專寵潘妃，到了令人瞠目結舌的程度。臣民們時常看到潘妃坐在豪華的車駕上，在皇家儀仗的引導下，耀武揚威地行進在建康城中。而蕭寶卷騎著馬，像個隨從似的跟在後頭，隨時聽從潘妃的吩咐。蕭寶卷還有受虐傾向。潘妃一生氣就用木棍劈頭蓋臉地打他，蕭寶卷身為皇帝，既不龍顏大怒，也不辯解，更不還手，乖乖地讓潘妃打。後來，蕭寶卷被潘妃打得次數多了，也有點吃不消了，就偷偷示意手下將潘妃身邊的粗木棍都換成光滑的細木棍。蕭寶卷為了讓潘妃重溫市井舊夢，又在宮苑之中仿造了市場一條街，讓太監們殺豬宰羊、宮女們沽酒賣肉，潘妃就當市場管理員。蕭寶卷擔任潘妃的副手，做她的小跟班。「市場」裡出現什麼爭執吵鬧，都由潘妃來裁決。蕭寶卷特別喜歡潘妃的一雙小腳，喜歡拿在手裡撫摸，還喜歡鑿金為蓮花，貼在地上，讓潘妃在上面行走，美其名曰「步步生蓮花」。

種種荒誕舉動，很快讓朝野失望。有些人還想勸諫一下蕭寶卷，一次蕭寶卷的坐騎受驚狂嘶，有人趁機進諫：「臣曾經見到先皇，先皇對皇帝終日出宮遊蕩不施戰備很不高興。」結果是連父親都責備不得蕭寶卷這個寶貝兒子，只見他憤怒地拔出佩刀要尋找父親的鬼魂算帳。先皇的靈魂自然不會與他糾纏，找不到出氣對象的蕭寶卷就用草縛一個他父親的形象，斬首，把頭懸掛在宮門口，昭示全城。至此，再也沒有人敢進諫了，大家對蕭寶卷唯有搖頭嘆息。

二

南朝之前的政治發展規律告訴我們，凡是荒唐昏庸的君主往往猜忌心很重，喜歡屠戮大臣；同樣，一旦出現這樣的暴君，總有大臣前赴後繼地發動政變，試圖推翻他。蕭寶卷時期的政局發展也遵循著這樣的規律。

蕭寶卷的老爸蕭鸞留給寶貝兒子的臨終遺言是：「做事不可在人後。」意思是做皇帝要果斷剛強，該出手時就出手，不能猶豫。不愛學習的蕭寶卷偏偏把這句話學到了心裡，而且學以致用、運用自如，看哪個大臣反感，或者捕風捉影，覺得哪個大臣有問題，就大刑伺候，大開殺戒。

輔政大臣始安王蕭遙光、尚書令徐孝嗣等「六貴」在齊明帝死後還把持著朝廷實權。他們六個人內部倒是相安無事，只是看著蕭寶卷行為不成體統，越來越出格，不禁恐懼起來。六貴中的江祏、江祀兩兄弟是蕭寶卷的表叔，深知蕭寶卷荒唐的本性，很擔心哪一天就成了蕭寶卷的刀下冤魂，所以動了推翻蕭寶卷、另立他人的念頭。

江氏兄弟找到其他「四貴」，把企圖廢立的意思一說，驚喜地發現大家都有推翻蕭寶卷的意思。但是，打倒蕭寶卷之後由誰來繼任皇帝？六貴的意見就不一致了。江祏中意齊明帝第三子、蕭寶卷的弟弟、江夏王蕭寶玄。尚書令徐孝嗣也很支持蕭寶玄，原因很簡單：蕭寶玄是自己的女婿。但是，六貴為首的始安王蕭遙光是蕭寶卷的堂兄，自恃血脈高貴，年紀又大，想自己當皇帝。他就暗示江氏兄弟和劉暄推舉自己。於是，到底是推舉蕭寶玄還是蕭遙光，政變集團內部出現了分歧。

蕭寶玄年輕不懂事，蕭遙光年長有經驗，江祏傾向推舉後者，也勸哥哥江祏擁立蕭遙光。六貴排名末尾的劉暄是齊明帝皇后的弟弟、蕭寶卷的舅舅，對廢黜政變這件事情不太熱心。他擔心如果擁立蕭遙光，自己的國舅身分不保，傾向推舉蕭寶玄，明確反對蕭遙光。蕭遙光對劉暄的態度很惱火。為了壓制內部反對自己的聲音，也為了消滅最堅定的反對者，蕭遙光暗中收買殺手去刺殺劉暄。劉暄府邸周圍開始出現一些可疑人物。他們身懷利刃、目光陰冷，嚇得劉暄心裡直發毛。怎麼辦？為了保命，劉暄索性跑入宮中，把「六貴」的政變陰謀向蕭寶卷和盤托出。

這就為蕭寶卷向「六貴」開刀提供了藉口。

蕭寶卷早就對「六貴」之中的江氏兄弟不滿了。江氏兄弟自恃是蕭寶卷的表叔，對蕭寶卷的不少荒唐行為多有勸諫，同時抑制蕭寶卷身邊佞臣違法亂紀的行徑，早就遭致了蕭寶卷和親信們的嫉恨。劉暄告密後，蕭寶卷得知江氏兄弟是廢立陰謀的主謀，馬上派人收捕了江祏兄弟。江氏兄弟被帶到中書省斬首。殺了兩位表叔後，蕭寶卷暫時放過了其他人，先大肆慶祝消滅了兩個礙眼的「老東西」。他和親信近侍們在殿堂內鼓叫歡呼，跑馬為戲，足足高興了幾天幾夜。突然有一天，蕭寶卷似乎想起了什麼，問近侍：「江祏常不讓我在宮內跑馬，如果他今天還活著，我怎能這樣快活？江祏親戚中還有誰活著？」嫉恨江氏兄弟的親信馬上回答：「江祏的弟弟江祥還關在牢裡。」蕭寶卷立即下聖旨，「賜死」江祥。

聞知江氏兄弟被殺，大臣們大驚失色。六貴中的其他人更是惶恐不安。劉暄雖然是告密者，得知後也撲倒在地，爬起來以後連問僕人：「逮捕我的人到了嗎？」他徘徊良久，回到屋內坐定，悲嘆道：「倒不是我為江氏兄弟悲傷，我是在替自己悲傷啊！」和劉暄一樣，大臣們似乎都預

感自己死期不遠了。

這麼多人中，有意取代蕭寶卷自立的蕭遙光心中最有鬼，也最害怕。江氏兄弟被殺了，蕭遙光開始「生病」，請了長期病假在府邸裡深居簡出，不上朝，也不工作了。他還進一步裝瘋賣傻，整日痛哭，給人一種痛不欲生或者方寸大亂的感覺。暗地裡，蕭遙光深知自己沒有任何回頭路可走，只能和蕭寶卷拚個魚死網破了。他加緊組織力量，準備發動政變。

蕭遙光的弟弟蕭遙欣擔任荊州刺史，擁兵上流，是他最大的後援。蕭遙光祕密派人去聯繫弟弟，讓蕭遙欣火速率軍順江而下，兄弟倆一起造反。蕭遙欣很贊同哥哥的主張，立即著手動員軍隊。也真是上天不保佑，就在一切準備工作就緒的時候，蕭遙欣突然暴病身亡了！運氣更差的是：蕭遙光另一個擔任豫州刺史的弟弟蕭遙昌也在政變前死了！豫州刺史的重要性雖然遠遜於荊州刺史，但畢竟可以引為外援。失去兩個弟弟後，蕭遙光只能依靠自身的力量造反了。好在，蕭遙欣死後，荊州的親信部下不辭勞苦，組織了送葬隊伍將靈柩運到了建康城，就停留在始安王府；蕭遙昌死後，豫州的部下也都聽命於蕭遙光。這兩批人，數目都不小。蕭遙光於是組織這些人參與政變。

計畫比不上變化快。蕭遙光之前為了避禍，想調任司徒的閒職。申請遞上去後，蕭寶卷突然同意了，召蕭遙光入宮進行「任前談話」。蕭遙光哪裡敢去，怕走著進去被人抬著出來，決定提前起事。永元元年（四九九年）八月十二日下午，蕭遙光召集兩個弟弟的部下來東府集合。蕭遙光的起事非常倉促。一方面府邸門口聚集了越來越多的黨羽，拿著刀槍，亂成一團，嚇得建康城裡的老百姓紛紛躲避。有些膽子大的人好奇地探聽消息，不知道始安王要做什麼。另一方面，蕭遙光連造反的口

號都沒想好，整個行動師出無名。本來「討伐暴君」是個不錯的口號，應該可以激起官民的響應。可惜，蕭遙光沒有採納這個口號，而是以「討伐劉暄」為名——他恨死了劉暄，宣布起事，並向朝臣、將領們發出號召。

天很快就暗了。除了派出數百人攻破監獄釋放囚犯外，蕭遙光沒有其他行動。驍騎將軍垣歷生接到他的起事號召，趕過來響應。他見狀勸蕭遙光抓緊時間，連夜進攻皇宮擒拿蕭寶卷。垣歷生主動請纓指揮作戰，對蕭遙光說：「您只要坐著車隨後跟進即可，攻破皇宮易如反掌。」現實情況的確如垣歷生所言，蕭遙光宣布起事後，蕭寶卷還在皇宮中醉生夢死，沒有任何平叛的舉措，建康城中也沒有任何一支部隊忠於蕭寶卷，更沒有官兵來鎮壓蕭遙光。如果蕭遙光能抓住時機，擒賊先擒王，政變勝算還是很大的。然而，蕭遙光猶豫了半天，始終下不了出擊的決心。一直猶豫到東方出現了魚肚白，早已全副戎裝的蕭遙光依舊是東看看西看看，準備車仗、登上城垣、賞賜親信而已。儘管垣歷生反覆勸他出兵，蕭遙光就是不肯。他寄希望於皇宮內發生內訌，幻想蕭寶卷會被他人殺掉。

蕭遙光起事後，派人去刺殺平常和自己關係不好的右將軍蕭坦之。蕭坦之聽說蕭遙光造反後，警惕性很高，來不及穿衣光著身子就跳牆逃走，奔赴皇宮向蕭寶卷報告去了。（蕭遙光心胸實在狹窄，又不懂輕重，老在關鍵時刻將可以團結的對象推向敵人的陣營，劉暄如此，蕭坦之也是如此。）次日黎明，蕭寶卷宣布建康戒嚴，命尚書令徐孝嗣防衛宮城，蕭坦之率軍討伐蕭遙光。蕭坦之成功組織起建康城沒有響應蕭遙光的官兵，很快將叛軍團團圍住，日夜攻打。

蕭遙光頓時陷入了困境。他平日不積德行善，人緣很差。人品的好

壞在關鍵時刻能有巨大的作用。蕭遙光在齊明帝時期助紂為虐，主持屠戮齊高帝、武帝子孫，在親貴當中很不得人心。加上他對待部下嚴苛暴虐，黨羽的內部凝聚力也不強。在官兵的猛攻面前，叛軍漸漸潰散。垣歷生看蕭遙光大勢已去，也投降了官兵。四天後，造反被鎮壓。蕭遙光狼狽地在王府中找了間房子，關緊門窗，躲到床底下，希望以此能逃過官兵的搜查。這種小孩子過家家的把戲自然騙不過官兵，蕭遙光很快就被從床下拖出來砍掉了腦袋。

蕭遙光和蕭寶卷有過一段美好的共同記憶。蕭寶卷童年時期，經常和堂兄、少年蕭遙光廝混，兩個人吃住在一起，手拉手一起蹦蹦跳跳──說不定還一起通宵達旦抓過老鼠。兄弟倆感情很深，蕭寶卷暱稱蕭遙光為「安兄」。蕭遙光被滿門抄斬後，蕭寶卷一次登上童年時和蕭遙光一起玩耍的土山，美好記憶像洪水一般沖開了他情感的閘門。蕭寶卷遙望蕭遙光被殺之處，悲傷地連聲呼喚「安兄，安兄」，黯然淚下。

這偶然一次的真情流露並不能阻礙蕭寶卷繼續荒淫殘暴下去。在平定蕭遙光叛亂二十多天後，蕭寶卷就派人殺掉了平叛有功的蕭坦之。不久，蕭寶卷開始猶豫要不要殺掉劉暄。他問左右親信：「劉暄是我的親舅舅，總不至於謀反吧？」一個侍衛說：「先帝和武帝還是堂兄弟呢（蕭寶卷的父親齊明帝蕭鸞和齊武帝蕭賾是堂兄弟）！先帝受武帝厚恩，最後還不是奪了武帝的天下，滅了武帝的子孫？兄弟如此，舅舅又怎麼可以相信呢？」這個侍衛的回答袒露著赤裸裸的現實主義，讓蕭寶卷最終下令誅滅劉暄全族。之後，尚書令徐孝嗣、尚書左僕射沈文季也先後被殺。沈文季之前藉口年邁多病長期請假在家，已經不理朝政了。老先生本想藉此落個善終，到頭來不但自己身首異處，還連累家人血流成河。

至此，「六貴」全部被蕭寶卷清洗了。

這是南北朝歷史上，甚至是中國歷史上最殘酷、最血腥的一個時期。後人讀這一時期的史書，往往有「血跡斑斑」之感。我們將此歸咎為蕭寶卷的昏庸殘暴也好，指責「六貴」內部的爭權奪利也好，都逃不開一個幕後因素：權力鬥爭。正如沈文季在家養病避禍的時候，子姪們勸他說：「您既然做了尚書左僕射，就不可能全身而退！」一旦進入了權力場，殘酷的鬥爭是不可能避免的。它把人都異化成了冷酷、嗜血的惡魔。皇宮位於權力金字塔的頂端，是權力鬥爭的起始點和矛盾匯聚地，自然成為鬥爭最激烈、最殘酷的地方。越靠近它的人，受到的侵蝕和異化越嚴重。皇帝在權力漩渦的中心長大，受到的傷害也就最大、最重。而南朝又是政局不穩、矛盾激烈的亂世，綜合起來分析，似乎就可以解釋為什麼南朝時期變態皇帝迭出了。

蕭衍防衛過當，當上了皇帝

一

皇帝和大臣的理想關係應該是和睦相處，一起治理好國家。但是在皇權不穩的亂世，再遇到暴君或者昏君，君臣關係就惡化為了你進我退、你死我活的鬥爭。如果雙方的實力都很強大，往往就會迎頭相撞；如果一方強一方弱，就會變成進攻和防守的遊戲，結果總是以血雨腥風、兩敗俱傷而收場。

蕭寶卷屠戮了父親宋明帝指定的八個輔政大臣中掌握實權的六個（也就是「六貴」），又殺害了早早退休想求得善終的輔政大臣沈文秀，在君臣鬥爭中取得了明顯優勢，顯示出強大的實力。蕭寶卷的另一大特點是喜怒無常，殘酷冷血，完全不能用正常人的思維去揣摩。於是，南齊的大臣們紛紛關心如何逃脫他的魔爪，尋找自衛的方法。

太尉、江州刺史陳顯達覺得自己是最迫切需要自衛的人。因為他是最後一個顧命大臣。看著老同僚們一個個被推上了斷頭臺，只剩下孤零零的自己，陳顯達有充分的理由相信自己將會是下一個冤魂。

陳顯達出身貧寒，從軍將近五十年，一路從士兵拚殺到將軍，當時已經年逾古稀了。戰爭奪去了陳顯達的左眼（一支飛矢射穿了他的眼睛），也教會他沉著冷靜、謙厚有智謀。和「六貴」比起來，陳顯達為人謙恭、厚道，注意和上下、各方面搞好關係；和同是輔政大臣的「老好人」沈文秀比起來，陳顯達深知仕途是一條不歸路，沒有辦法回頭，也不可能全身而退，所以他始終把持著部分實權，以防不測。齊明帝臨

終，將他列名輔政大臣行列，陳顯達非但不高興，反而憂慮萬分——之前南朝的輔政大臣幾乎沒有善終的。和「六貴」的攬權和沈文秀的撒手不同，陳顯達主動要求離開建康外任，以退為進。不久，蕭寶卷讓陳顯達以太尉之尊兼任江州刺史，陳顯達高高興興地前去上任了。

在幾十年政治生涯中，陳顯達跟隨過張永、沈攸之、蕭道成、蕭鸞等諸多的「老闆」，幸運地在歷次政治鬥爭中「站對了隊」，踏著他人的肩膀甚至是鮮血不斷前進。每次升遷，陳顯達都有愧懼之色。他常常叮囑子孫：「我出身寒門，能有今天的榮華地位完全超乎意料，你們切勿以富貴凌人！」當時南朝人熱衷於以牛拉車的比賽，貴族們以擁有炫耀快牛而驕傲。陳顯達的兒子就擁有天下四大快牛中的一頭，還在家裡召開快牛「聚會」。陳顯達見兒子這麼炫富，大發雷霆。兒子陳休尚外出當官來向老父親告別，陳顯達見他手裡拿著根塵尾裝模作樣，一把奪下來燒掉，說：「奢侈的人最終沒有不破敗的，塵尾和蠅拂都是王謝那些世族豪門的家具，你不應該拿著這些東西。」按照陳顯達的級別，可以有盛大的車仗、眾多的隨扈，但他平時乘坐的車駕腐朽了也不修理，選用的隨從都是瘦小單薄的人。一次宮廷侍宴，陳顯達酒後向齊明帝蕭鸞乞借枕頭一用。蕭鸞馬上命人為陳顯達拿來一個枕頭。陳顯達撫枕說道：「臣已經年老，富貴已足，就少個枕頭去死了，所以求陛下將枕頭賜予我。」這句話說得殺人無數的蕭鸞都心有不忍，忙說：「公醉矣。」

就這麼一個穩重精明的老將軍，面對蕭寶卷的荒唐變態也覺得難以適從了。很快江州就出現謠言，說朝廷要派兵襲擊江州。這個謠言可能是江州官員因為恐懼而產生的幻覺，也很可能是陳顯達製造的，因為他要為起兵造反製造輿論。永元元年（西元四九九年）十一月，陳顯達正式在潯陽舉兵造反。

陳顯達有著遠比其他造反者豐富的軍事經驗，制定了正確的策略：趁蕭寶卷準備不足，突襲建康！陳顯達順江而下，在採石打敗官兵，十二月就兵臨建康城下。首都震恐。勝利在望，陳顯達開始急躁，企圖率領精銳猛攻宮城，一戰定乾坤。他順利攻入外城，但在禁宮門口遭到了禁軍的頑強抵抗。戰鬥非常激烈，陳顯達身邊只帶著數百步兵，而禁軍越聚越多。陳顯達英雄不減當年，揮矛如飛，長矛斷了就拿著矛尖突刺殺敵，殺死十多人。無奈寡不敵眾，陳顯達突襲計畫失敗，撤逃到城外被殺，時年七十三歲。蕭寶卷將陳顯達滿門抄斬。

陳顯達死了，但恐懼情緒在地方藩鎮中進一步蔓延。領兵將領們人人自危。豫州刺史裴叔業在南北邊界領兵，想謀反自衛，又找不到有效的方法，就派人到襄陽找雍州刺史蕭衍串聯。裴叔業對蕭衍說，我們一道起兵造反，再向北魏稱臣，請北魏出兵相助，這樣成功了可以推翻蕭寶卷，失敗了還可以被北魏封個河南公。蕭衍不贊成。他覺得裴叔業想得太樂觀了，一旦投降北魏了就得做北魏的臣子，北魏不是傻子，不會被你牽著鼻子走。蕭衍主張萬不得已的時候發兵直取建康。裴叔業不聽蕭衍的勸告，於永元二年（五〇〇年）正月率部投降北魏。果然如蕭衍所說，北魏迅速收編了裴叔業的軍隊和地盤，卻不願為他去消滅蕭寶卷。

南北邊界又向南推移了幾個郡。

裴叔業的目的沒實現，戰戰兢兢繼續當著南齊官的同僚們則在思索著其他自衛的方法。

二

裴叔業串聯的雍正刺史蕭衍是個需要大書特書的人物。

蕭衍，時年三十六歲。他是蕭順之的兒子，蕭道成的族姪，雖然和蕭寶卷的血緣疏遠，但論輩分是蕭寶卷的父輩。蕭衍年輕的時候文才出眾，與沈約、謝朓、王融、范雲等文士交遊，是著名的「竟陵八友」之一。入仕後，蕭衍從參軍做起，在對北方的戰爭中逐步升遷，在齊明帝蕭鸞末期成為雍州刺史，駐守襄陽。

蕭衍歷經劉宋、南齊的變故和南齊內部政治變遷，對所謂的君臣倫理看得很淡漠。蕭寶卷胡作非為，蕭衍就在襄陽積蓄力量，以備不測。他暗地招募驍勇之士，積儲軍事物資，積極做起兵的準備工作。蕭衍的哥哥蕭懿擔任益州刺史，被蕭寶卷解除職務召回建康，途經襄陽。蕭衍攔住哥哥，不讓他去建康。蕭懿不聽。蕭衍進一步對哥哥蕭懿說，南齊內有連年災亂，外有北方強敵虎視眈眈，已經是內憂外患；而小皇帝蕭寶卷只顧專權胡為，國家大亂將至。蕭衍勸哥哥蕭懿一起積蓄力量，尋找機會終結南齊取而代之。蕭懿大怒，將弟弟痛罵一頓，要蕭衍好好「反省」錯誤，自己毅然踏上了前往建康的道路。蕭衍只好眼睜睜看著哥哥踏上險途。但是他的野心不是哥哥的幾句責罵能夠打消的，相反蕭衍擔心哥哥此去會招來大禍，加快了備戰步伐。他以防備北魏為名，大造器械，暗中砍伐了許多竹木沉於檀溪中，以備造船用。

那一邊，豫州刺史裴叔業降魏後，蕭寶卷命令崔慧景率軍北上討伐。崔慧景是三朝老臣，是陳顯達的老部下兼戰友，之前在建康城中過

著擔驚受怕的日子，如今受命領兵出城。他大喜過望，摸著脖子說：「此脖項終能免於被這群小輩所砍！」崔慧景虎躍山林，又領兵在手，馬上密謀造反。

離建康不遠處的京口，由蕭寶卷的三弟、江夏王蕭寶玄坐鎮把守。他是去年被蕭寶卷屠殺的尚書令徐孝嗣的女婿。徐孝嗣被族誅後，蕭寶玄的妻子也被株連殺害。蕭寶卷可能覺得對不起三弟，就送了自己的兩個嬪妃給他。如此一來，蕭寶玄更恨蕭寶卷了，一心密謀反叛。

蕭寶玄看崔慧景帶兵北伐，寫信勸他造反。兩人一拍即合。崔慧景領軍走到廣陵，就正式宣布造反，遣使奉蕭寶玄為主。全軍掉頭反攻，一路攻克石頭、白下、新亭諸城，包圍建康。蕭寶玄也派人率領軍隊隨後參戰，他自己乘八扛輿、手執絳麾幡，隨崔慧景來到建康。蕭寶玄入住東城，很多老百姓聽說江夏王來了，都來投靠他。局勢一時間對叛軍非常有利。崔慧景覺得勝利在望，於是開始輕敵。部將建議發火箭燒掉城樓，等城崩後就可直入城裡。崔慧景擔心這樣入城後又要重新造樓，太浪費，拒絕採納。他又喜好佛理，醉心清淡，戰鬥間隙竟然還去寺廟和賓客高談玄言。主帥如此，將士們的攻勢大為減弱，遲遲不能攻占全城。

蕭衍的哥哥蕭懿在趕赴建康途中，聽到戰亂的消息。他不像絕大多數官員那樣觀望，而是立刻組織軍隊，帶兵馳援建康。他在一個黎明時分攻入建康，崔慧景談了一夜玄學，毫無準備，結果被殺得一敗塗地。崔慧景被殺，蕭寶玄藏匿了起來。

官兵蒐集了朝野官員投靠蕭寶玄、崔慧景的信件，蕭寶卷下令全部燒掉，還說：「江夏王尚且如此，怎麼能罪及他人呢？」蕭寶玄誤以為蕭寶卷要寬大處理，躲藏了幾天後就出來自首了。蕭寶卷召他入後堂，

用步郭裏著他，命令隨從、侍衛數十人敲鼓吹號馳繞其外，衝著蕭寶玄喊：「前幾天你圍城的時候，我就像這樣。」沒幾天，蕭寶卷也把蕭寶玄殺了。

這一次拯救蕭寶卷，完全是蕭懿的功勞。蕭懿是亂世中少有的忠臣。在平滅崔慧景之亂後，他獲封尚書令，掌握朝政。蕭衍得到兄長入援建康的消息後，立即派人勸他，得勝之後要麼隨即廢黜昏君，要麼率兵出屯外地避禍，千萬不可以留在建康。但蕭懿忠於齊室，斷然拒絕了弟弟的好意。

蕭衍的預感很準確，很快蕭寶卷就對蕭懿動了殺心。宮廷中的一幫小人也一再慫恿蕭寶卷不要把朝政委託給蕭懿。蕭懿事先知道危險的來臨。有好心人在長江邊準備小船，勸他逃往襄陽蕭衍處。蕭懿卻大義凜然地說：「哪有尚書令逃離朝廷的？人生誰能無死，我不走。」結果，他在宮中從容接過蕭寶卷賜的毒藥自殺。自殺前，蕭懿還對蕭寶卷說：「我弟弟蕭衍現在駐兵襄陽。他聽到我的死訊，可能做出對朝廷不利的舉動來。我替朝廷擔憂啊！」蕭寶卷覺得有道理，斬草要除根，不能留下蕭懿的兄弟，於是下令將蕭懿族誅。好在蕭家兄弟們不都像蕭懿一樣愚忠，預感到危險後早早躲藏起來。除一人被捕遇害外，蕭懿其餘的兄弟子姪都避匿在百姓家裡。老百姓們恨死了蕭寶卷，不僅沒有人告發，還給予蕭家子弟很好的保護。這也可見人心向背。

對於雍州刺史蕭衍，蕭寶卷認定他手握重兵，是個禍害，就派前將軍鄭植去襄陽行刺蕭衍。鄭植的弟弟鄭紹寂正好擔任蕭衍的部屬。鄭植便快馬加鞭以探親的名義前往雍州。當時蕭懿的死訊還沒有傳到襄陽，加上鄭植官職很高，蕭衍按慣例要宴請鄭植。席前，鄭植懷揣利刃，決定在宴席上殺掉蕭衍。鄭紹寂覺察到了哥哥的陰謀，在宴會舉行前將鄭

植的來意告訴了蕭衍。蕭衍得知後，還是照常舉行宴會，還親自款待鄭植。

宴席開始後，蕭衍突然問鄭植：「鄭將軍受皇命來殺我，今天這酒席可是下手的好機會啊！」

鄭植也不是普通人物，心中雖然大驚，但面不改色，矢口否認。

蕭衍哈哈一笑，又像沒事一樣繼續觥籌交錯起來。鄭植懷裡的利刃一直沒有派上用場。

宴會散後，蕭衍邀請鄭植參觀襄陽城的軍備。鄭植同是行伍中人，發現整座城池固若金湯，糧草充足，士氣高昂。他對蕭衍的治軍能力大為嘆服，同時也折服於蕭衍坦蕩的氣度，便放棄了行刺的念頭，並把蕭懿的死訊和蕭寶卷的陰謀和盤托出。

擺在蕭衍面前的情況是：哥哥蕭懿被殺，皇帝又派刺客來刺殺自己，除了起兵造反別無選擇。永元二年（五○○年）十一月，蕭衍在襄陽正式起兵討伐蕭寶卷。

他與荊州刺史蕭穎冑聯合，以擁立南康王蕭寶融（東昏侯的兄弟）為名，立即起兵。由於早有儲備，蕭衍用藏在檀溪的竹木在十幾天內就建造了有三千艘戰艦的水師，又在百姓中招募甲士三萬人，裝備駿馬五千匹，迅速組建了規模可觀的軍隊。大軍迅速沿漢江南下，進入長江後順江直取建康。蕭寶卷早就失去人心，蕭衍一路勢如破竹，沿途官吏非走即降。

蕭寶卷命令緊鄰雍州的行荊州府事、右軍將軍蕭穎冑率軍迎戰蕭衍。蕭穎冑和蕭衍一樣，年紀相仿，也和南齊皇室有著很疏遠的血緣關係，也喜好文學，更重要的是，他也對蕭寶卷的胡作非為感到恐懼。蕭穎冑一看蕭衍大軍的勢頭，非但不抵抗，還宣布和蕭衍一起討伐蕭寶

卷。為了增加正義性，蕭衍在蕭穎冑等人的支持下，奉南康王蕭寶融為名義上的主帥。蕭寶融是齊明帝蕭鸞第八子、蕭寶卷的弟弟，當時擔任荊州刺史。永元三年（五〇一年）三月，蕭衍、蕭穎冑等人擁立蕭寶融即位，與蕭寶卷分庭抗禮。蕭寶融就是齊和帝。

三

蕭衍大軍很快就包圍了建康城，建康城中的蕭寶卷依然若無其事，繼續著他的荒誕生活。

之前，蕭寶卷經歷了三次兵變，都化險為夷，所以對這第四次兵變也沒有放在心上。蕭衍率軍攻入了建康外城，蕭寶卷就退到宮城裡躲起來。此時，宮城中還有七萬軍隊，堅守待變也不是不可能。可是蕭寶卷並不坐鎮指揮謀劃，繼續保持晝伏夜出的作息習慣，白天睡大覺，晚上爬起來，有時興致來了就穿著大紅袍登上城樓眺望觀賞城外的敵兵。為了體驗一回「御駕親征」的感覺，蕭寶卷開始熱衷在宮中玩打仗遊戲。他身著戎服，以金銀做鎧甲，遍插羽毛、寶石裝飾，騎的馬也穿上了銀製的鎧甲，還插滿了孔雀毛，然後「閃亮登場」。宮廷衛士、太監們則拿著金玉做的兵器，在蕭寶卷的指揮下互相亂打──不用說，每一回蕭寶卷都能「高奏凱歌」。

儘管對打仗遊戲一擲千金，蕭寶卷對將士們卻極其吝嗇錢財。蕭衍大軍已攻打到城外，太監跪在地上請求他賞賜將士激勵士氣，蕭寶卷則說：「難道反賊就只捉我一個人嗎？為什麼偏偏向我要賞賜？」宮廷後堂

放著數百張大木片，將士們想拿去加固城防，蕭寶卷卻捨不得，想留著做宮殿的大門，竟下令不給。正經事上捨不得花錢，擺花架子他倒有閒情逸致。他催促御府趕製三百人精仗，準備在蕭衍退兵後給慶功的儀仗隊用，又拿出大量的金銀寶物裝飾儀仗鎧甲。

皇帝身邊的寵臣近侍們在生死關頭還不忘進讒言，他們將接連戰敗的責任推卸給前線作戰的將領們。蕭寶卷一想：「原來打敗仗都是將領們不用心造成的，我說我最近怎麼會這麼倒楣呢？」於是，他準備拿負責建康城防的征虜將軍王珍國開刀，以儆效尤。王珍國害怕了，趕緊派人送給蕭衍一個明鏡，表明歸順心跡。他又密謀串通了宮內的宦官和侍衛，打算先下手為強。準備齊全後，王珍國在一天深夜率領士兵衝入蕭寶卷寢宮。

這一夜，蕭寶卷在含德殿吹笙歌作〈女兒子〉，享樂到了深夜剛剛睡下，還沒有睡熟。蕭寶卷被軍隊喧譁的聲音驚醒，連忙從北門溜出。太監黃泰平追上他，舉刀砍傷了蕭寶卷的膝蓋。蕭寶卷摔倒在地，罵道：「奴才要造反嗎？」另一名太監張齊不由分說一刀砍下他的頭。蕭寶卷時年十九歲。王珍國提上蕭寶卷的首級，大開城門，迎蕭衍大軍入城。

唐代詩人李商隱專門有〈齊宮詞〉一詩慨嘆這一幕：「永壽兵來夜不扃，金蓮無複印中庭。梁臺歌管三更罷，猶自風搖九子鈴」。這裡「永壽」宮是蕭寶卷興修的一大宮殿，此處代指齊宮；「金蓮」指的是潘妃，「夜不扃」是夜裡未關宮門，說的是宮中有內應。「九子鈴」原是建康莊嚴寺的鈴，之前被蕭寶卷剝取下來裝飾新宮了。蕭寶卷死後，蕭衍以皇太后命追廢他為東昏侯。歷史上就稱他為東昏侯。寵妃潘玉兒則被蕭衍賜給部將田安。潘玉兒堅絕不肯「下匹非類」，自縊而亡。

蕭衍此次起兵，可以說是自衛，但殺死蕭寶卷後蕭衍就開始獨攬大權，讓齊和帝封自己為大司馬、中書監、錄尚書事，開始篡位，因此可以批判他是「自衛過當」。蕭衍堅決不讓還在江陵的齊和帝進建康。第二年，他升遷為相國，晉封梁王。為了徹底擱置齊和帝蕭寶融，蕭衍捧出了宣德太后王寶明，讓宣德太后臨朝，使很多事情可以繞開合法的齊和帝直接處理。

王寶明是文惠太子蕭長懋之妻、蕭昭業之母。她並不得蕭長懋的寵愛，蕭長懋為其他宮人做華麗衣裳和首飾的時候，王寶明用的卻是舊的帷帳與舊釵。蕭昭業即位後，王寶明被尊為皇太后。蕭鸞篡位後，將王寶明逐出宮居住。蕭衍就把她迎回宮來弄了個不倫不類的「稱制」，便於自己篡位。

親信們為蕭衍設計了一批祥瑞，包括南兗州隊主陳文興在桓城內鑿井的時候挖到玉鏤騏驎、金鏤玉璧、水精環各二枚；建康令羊瞻解報告說在縣城的桐下里出現了鳳凰。宣德太后下詔說符瑞的出現都是相國蕭衍的功勞，將所有祥瑞都送到相國府去。荊州地區則出現了「行中水，為天子」的傳言，為新朝新君大造輿論。

之前中國歷史都是異姓篡位，蕭衍和南齊皇室同姓，還有血緣關係，對於篡奪同宗的江山心存疑惑。最後是親信沈約的勸說堅定了蕭衍篡位的決心。沈約勸進說：「現代與古代不同了，不可以用純樸的古風來要求當今社會了。士大夫們攀龍附鳳，都有建功立業的心思。現在連兒童牧豎都知道齊朝國祚已終。明公您正應當承其運。天文讖記都證明天心不可違，人情不可失，即使出現一些劫數，也是不得已的事情。」沈約這段冠冕堂皇的說辭，徹底打消了蕭衍的君臣大義和忠孝禮儀。蕭衍最終下定了篡位的決心。

沈約於是寫信給遠在江陵的中領軍夏侯祥，要他逼齊和帝寫禪讓詔書。齊和帝的禪讓詔書被送到建康後，蕭衍迅速表示謙讓。另一個親信范雲帶領一百一十七個大臣上書稱臣，恭請蕭衍登基稱帝。太史令再三陳述天文符讖證明篡位是合乎天意的。蕭衍「勉強」接閱人人的請求，於中興二年（五○二年）四月正式在建康稱帝，改國號為梁，史稱南梁。

　　蕭衍的受禪是非常奇怪的。當時合法的皇帝不在建康，所以蕭梁受禪的時候齊和帝蕭寶融並沒有在場。為了使改朝換代合法化，蕭衍讓宣德太后下詔說：「西詔至，帝憲章前代，敬禪神器於梁，明可臨軒，遣使恭授璽紱，未亡人歸於別宮。」太后的意思是，南齊知道自己國運已經終了，現在要效法前代將天下禪讓給梁王，但是皇帝不在建康，而在長江中流，所以太后做主，請梁王派特使來接受傳國玉璽。

　　蕭衍即位後，封蕭寶融為巴陵王，遷居姑孰，全食一郡。依照慣例，蕭寶融享有天子儀仗和全套待遇，在封國內奉行南齊正朔，郊祀天地，禮樂制度都用南齊故典。梁朝規定巴陵王排位在宋朝禪位的汝陰王之上，南齊宗室諸王都降爵為公爵。幾天後，蕭衍派親信鄭伯禽到姑孰，送給蕭寶融一大塊生金，讓他吞金自殺。蕭寶融大笑說：「我死不需金，醇酒足矣。」鄭伯禽就弄來一大罈美酒，讓蕭寶融暢飲。蕭寶融狂飲後醉得不省人事。鄭伯禽於是輕鬆地掐死了他。蕭寶融時年十五歲。

　　最初，蕭衍計劃以南海郡建立巴陵國，讓蕭寶融在巴陵自生自滅，又擔心蕭寶融在巴陵成為反對勢力的旗幟，想殺他。於是他假惺惺地以將蕭寶融送往南海的計畫詢問范雲的意見，范雲低頭不語。蕭衍於是問沈約，沈約說：「魏武帝曹操說，『不可慕虛名而受實禍』。」沈約的意思是不能為了虛名，而心存「婦人之仁」，而應該當機立斷，了結了遜帝。從四月辛酉日蕭寶融被去掉帝號到被鄭伯禽掐死前後不過七天。蕭寶融

是遜位後存活時間最短的皇帝。

蕭寶融的遭遇令人同情，但對整個南齊皇室來說，蕭衍篡位反倒不是什麼壞事。因為在蕭鸞、蕭寶卷時代，宗室諸王在皇室內亂和戰亂中被屠殺殆盡。蕭衍只是在篡位前殺害湘東王蕭寶晊兄弟，後來又殺掉齊明帝其他的兒子，即位後並沒有對他們進行大殺戮。相反，齊高帝、齊武帝子弟可以在南梁堂堂正正地做人，不用整天擔驚受怕了。

蕭鸞的大兒子、蕭寶卷的大哥蕭寶義年幼就有殘疾，不能說話，不能見人，因此沒有被立為太子，沒有參與政治。他因禍得福，在之後的歷次殺戮中倖存了下來，並在蕭寶融遇害後繼承巴陵王爵位，奉南齊正朔。巴陵國傳國至南陳。

盛極而衰，北魏也不能倖免

一

　　南方齊梁兩朝交替的時候，北方是北魏宣武帝在位之時。

　　宣武帝名叫元恪，是孝文帝的次子。元恪的即位，帶有很大的偶然性，首先是大哥因為反對父親的漢化政策被誅殺；其次是孝文帝在南征的途中突然死亡。元恪是在一片混亂中被群臣擁立為新皇帝的。

　　擁戴元恪的大功臣就是彭城王元勰。彭城王元勰和任城王元澄是孝文帝晚年最信任的兩個宗室。任城王元澄是孝文帝的叔叔，堅定支持漢化政策。元勰是孝文帝的弟弟，是孝文帝南征時的得力助手。太和二十二年（西元四九八年），孝文帝在南征途中病重，元勰內侍醫藥，外總軍國之務，掌握了實權。第二年，孝文帝在彌留之際，想將政權託付給元勰。他對元勰說：「嗣子幼弱，社稷就只能倚重你了。」元勰卻是個謹小慎微的人，不願意在政治上涉入太深。他苦苦推辭，說自古以來託孤的重臣也好，大權在握的權臣也好，幾乎都沒有好下場。元勰更不想以皇叔身分輔助幼主了，認為這是「取罪必矣」。他舉例說：「昔周公大聖，成上至明，猶不免疑，而況臣乎！」孝文帝說服不了弟弟，嘆息幾聲，不再勉強他了。元勰還主動求退，孝文帝就任命他為驃騎大將軍、定州刺史。

　　孝文帝隨即駕崩，元勰主持了南征軍隊的撤回，還堅定地擁戴姪子元恪登基繼位。之後，他主動處於退休狀態，都沒去定州辦過公。

　　元勰辭讓後，孝文帝指定了六個顧命大臣。他們分別是：廣陽王元嘉、任城王元澄、咸陽王元禧、北海王元詳和兩個漢族大臣王肅、宋弁。

其中，元嘉是太武帝的孫子，是皇室中的老長輩、老好人，他在顧命大臣團隊裡的象徵作用遠遠大於實際作用。宋弁進入團隊沒幾天就去世了。所以，真正主事的是任城王元澄、咸陽王元禧、北海王元詳和王肅。

這四個人之間，矛盾重重。元禧和元詳是親兄弟，都是孝文帝的弟弟，自然站在同一陣線。王肅是歸降的南齊大臣，在孝文帝時期深受信任，提出了不少漢化主張。但他在北魏朝野的根基很淺。孝文帝死後，王肅失去了最大的政治靠山，立刻受到了鮮卑貴族們的排擠。任城王元澄是個忠厚長者，但他對只動動嘴皮子、沒幾年就和自己並列為顧命大臣的王肅很不服氣。恰好此時有一個投降的南齊人誣告王肅是南方的奸細，一直和南方暗通情報。元澄不考核情況，就草率地上表稱王肅謀反，並且不等皇帝詔令就軟禁了王肅。這一下，事情鬧大了！咸陽王元禧等人很快查明王肅並未謀反。元禧對功勳卓著、資歷深厚的堂叔原本就心存畏忌，如今迅速抓住元澄陷害王肅的機會，以「擅禁宰輔」的罪狀讓宣武帝元恪罷了元澄的官，外貶為雍州刺史，趕出了京城。事件的另一主角王肅也被外貶為揚州刺史，鎮守壽陽。王肅在壽陽鬱鬱寡歡，於景明二年（五〇一年）去世。

至此，元禧和元詳兩兄弟掌握了北魏的實權。這二人才能平庸，對國家大事沒有什麼貢獻，卻熱衷於享受。景明二年（五〇一年）初，元禧派家奴找到領軍將軍（負責捍衛皇宮的羽林軍）于烈，要調羽林軍官兵充當自己的儀仗隊。于烈直搖頭，說這是「違制」的行為。皇帝的侍衛官兵怎麼能去替一個王爺當儀仗隊呢？元禧不甘心，第二次派人找到于烈，態度強硬地說：「我是天子的叔父，我的話同詔書沒有什麼區別。」于烈倔強得很，就是不同意。元禧大怒，調于烈當恆州刺史。于烈乾脆請了長期病假，閉門不出。

表面上看，元禧贏了。殊不知，于烈雖然官職低小，卻在羽林軍系統有不小的勢力。他早早安排兒子于忠掌握宣武帝的宿衛親兵，長期跟隨宣武帝左右。被元禧「修理」了以後，于烈授意兒子勸宣武帝「親政」。皇帝一旦親政，就不需要顧命大臣了。元禧自然就失權了。

　　宣武帝元恪已滿十八歲了，正是血氣方剛，期盼大展拳腳的年齡。他也覺得顧命大臣礙手礙腳，想要親政。北海王元詳和元禧意見不合。他看到皇帝有親政的念頭，選擇跳出來揭發元禧「專橫不法」，希望給姪子留個好印象，爭取親政後自己能「失權」不「失勢」。

　　於是，請了長期病假的于烈突然有一天全副武裝起來，帶上宮中衛士六十多人，「宣召」在京城的元勰、元禧、元詳三位王爺進宮。元禧措手不及，只得乖乖被押解入宮。宣武帝元恪宣布親政，調整三位叔叔的官職。元勰被客客氣氣地解除職務，反正他也一心求退，所以叔姪雙方都沒有意見；元禧「升任」太保，明升暗降，被剝奪了實權，元禧敢怒不敢言；元詳擔任大將軍、錄尚書事。元恪對他的主動揭發很滿意，重用了他。一場權力之爭，和平地謝幕了。

二

　　我們來看看親政的元恪的個人素養。元恪大體上還過得去，算是一個認真工作（沒發現他荒廢朝政的紀錄）、關心百姓疾苦（正史上有不少他賑災救民、警誡貪腐的詔書）的正常皇帝。《魏書》還記載了元恪射箭能射一里五十步，可見他的身體也不差。

元恪親政後，做了一些好事。比如他拒絕鮮卑遺老們返回平城故里的建議，擴建新都洛陽，繼續父親孝文帝的漢化政策。在對外政策上，元恪趁南齊末帝蕭寶卷統治荒唐造成國家動亂，頻繁南伐。北魏陸續占領了揚州、荊州等地的重要城鎮，疆域進一步擴大，拉開對南方的軍事優勢。但是，元恪也遭遇了兩次對梁朝作戰的慘敗，導致北魏軍隊元氣大傷。（詳情見下一節「南北方又打起來了！」）

《魏書》稱讚元恪「幼有大度，喜怒不形於色。臨朝淵默，端嚴若神，有人君之量」。喜怒不形於色、在朝堂上沉默不語，這些特點說好可好，說壞可壞。皇帝的確要端著架子，不能想說什麼就說什麼。但是有很多皇帝沉默不語是因為他們不知道該說什麼，對大臣們的爭論沒有準確的判斷。元恪就屬於這類皇帝。他對軍事、歷史、政治都能說上話，但對人心善惡、對政治的微觀操作了解甚少，感覺很遲鈍。這就造成元恪雖然能留下不少冠冕堂皇的詔書，卻很少有切實的政績。相反，北魏在他統治時期走上了下坡路。

卻說元恪親政後，讓北海王元詳做了大將軍、錄尚書事，主持朝政，又信任左右親隨茹皓、趙修等人。這幾個人都不是好東西：元詳能力平庸，整天不做正事，就知道貪汙受賄，聚斂錢財；茹皓、趙修等人暴得富貴，頭腦發熱，仗著元恪的寵信在外面弄權用事。他們一起將北魏的政治越弄越糟。

咸陽王元禧失勢後，也不消停。自古權臣失勢，免不了要抄家滅族。元禧很擔心自己的命運。原來聚集在他身邊的一幫人，本想仗著元禧謀取榮華富貴，如今看主子失勢了，就慫恿主子孤注一擲地造反。元禧的親信常常向他傳遞一些「宮中的消息」，今天說皇帝如何不喜歡元禧，明天說哪個大臣主張誅殺元禧。元禧為了自保，聯繫小舅子李伯尚、氐王楊集始

等人商議造反。當年五月，宣武帝元恪到洛陽郊區的北邙打獵。元禧乘機緊閉城門，商議起兵，並派長子元通到河內起兵。在政變的節骨眼上，一幫人卻在具體細節上爭論不休，意見不一。元禧當斷不斷，竟然決定暫不起事，讓大夥先散了，「從長計議」。參與謀反的楊集始見狀，覺得如此造反絕不可能成功，一出元禧的家門，就跑到北邙向元恪自首了。元恪聞訊，不打獵了，調動兵馬圍捕元禧去了。元禧身邊並無軍隊，被于烈派幾個衛士就輕易逮捕了。元恪親自審問後，責令元禧自殺，並誅殺參與謀反者十多人。咸陽王長子元通被河內地方官殺死。

元禧造反，對宣武帝元恪的刺激很大。「親叔叔都會謀反，我還能相信誰呢？」他親政前就對宗室諸王沒有好感，如今更加疑忌宗室，進一步依靠身邊親信趙修等人，同時提拔母系外戚作為新的依靠力量 —— 父親的親屬不能相信了，就只能信任母親的親屬了。

宣武帝的生母高氏，原籍渤海蓚縣（今河北景縣），遵照鮮卑族「子貴母死」的傳統，在兒子被立為太子的時候就被迫自殺了。她的兄弟親屬散落民間，默默無聞。元恪即位前從來沒有與高家的人見過面。現在，元恪在民間找到了母親的兩個兄弟高肇、高顯和一個姪兒高猛，都封為公爵。其中高肇被封為渤海郡公，最受元恪倚重。

高肇兄弟子姪三人，之前都是帝國底層的小老百姓，如今突然被召入連想都不敢想的皇宮大內，一則驚恐萬分，二則不知禮節，鬧出了不少笑話。可是在元恪看來，這卻是母系外戚純樸敦厚的優點。這又是小皇帝的天真心態。土得掉渣的人不一定就純真老實。高肇「數日之間，富貴赫弈」，變成朝廷大紅人後，心態也變了。一個人從底層突然躍升為頂端權貴，往往帶有自卑感和不安全感。他要掩飾自己的自卑，同時要加緊享受，並且聚斂更大的權力、更多的財富，來緩解內心的不安。高肇知道高家在北魏朝廷沒有根

底，本家又人丁稀少，就選擇勾結朋黨、招降納叛來壯大實力。對於主動依附投靠的人，高肇竭力拉攏、保舉，讓他們幾十天內就升官；和高家過不去的人，高肇就百般陷害，必欲除之而後快。他把社會底層那一套鉤心鬥角、爾虞我詐的流氓伎倆都搬到了帝國朝堂上來，朝野群臣們還真不是對手。在財富上，高肇進一步敗壞風氣，大把大把抓錢。咸陽王元禧伏誅後，王府的財物、珍寶、奴婢、田宅大多入了高氏的私囊。

宣武帝越來越倚重高肇。高肇的勢力膨脹得很快。當時，宣武帝的頭號親信是散騎常侍趙修；朝廷的實際主政者是北海王元詳。高肇決心扳倒二人，取而代之，讓勢力更加壯大。

趙修出身卑微，是元恪當太子時期的侍衛。元恪非常信任趙修，登基後一路將他提拔到散騎常侍的高位。趙修在家中設宴，元恪都會親自參加，還招呼許多王公貴族官僚一同前往。趙修小人得志，頓時忘乎所以。他仗著皇帝寵信，在外面胡作非為，欺負同僚。父親落葬時，趙修毫不悲痛，賓客在送葬路上竟然擄掠姦淫民間婦女，甚至把人家的衣服剝光取樂。對於這樣一個聲名狼藉的角色，高肇對付起來不費吹灰之力。他大義凜然地揭發趙修的罪行。趙修早已犯了眾怒，大家見高肇帶頭，紛紛跟進，爭先恐後地控訴趙修的罪狀。宣武帝就是想袒護趙修都不行了。景明四年（五〇三年），宣武帝元恪不得不把趙修公開審問，判決鞭打一百下，發配敦煌充軍。高肇是要取趙修性命的，所以安排了五個五大三粗的壯漢輪流鞭打趙修，實際打了三百鞭。沒想到，趙修出身侍衛，身體硬朗，吃了三百鞭竟然沒有死。雖然沒死，趙修也傷痕累累了。高肇緊跟著讓人把趙修綁在馬後，趕馬飛跑。可憐趙修重傷得不到休息，又被馬拖著跑，跑了幾十里地就血肉模糊，死了。

幾個月後，高肇又告發北海王元詳與茹皓、劉冑、常季賢、陳掃靜四

人謀反。元恪已經不信任宗室親王了，而茹皓等四人都是元詳推薦到元恪身邊的。他把兩者連繫起來一想，越來越覺得高肇的告發有道理。元恪迅速抓捕茹皓等四人，第二天就處死；派羽林軍將元詳押往華林園軟禁。宣武帝召集高陽王元雍（元詳之兄）等幾個宗室商議如何處置。大家的意見是將北海王元詳廢為庶人，嚴加圈禁。元恪很可能是想留元詳一條性命。不想，北海王府的幾個家奴策劃劫獄，非但沒有成功，反而連累元詳被殺了。

元詳「謀反」事件，讓宣武帝元恪進一步猜忌宗室諸王。高肇猜透元恪的心理，勸他加強防範宗室諸王。元恪派出禁軍駐守各王府邸，名為保護，實際上將各位王爺當做囚犯看守了起來。彭城王元勰勸諫元恪，說國家分封諸王就是為了讓諸王拱衛皇室，如今形同囚禁，怎麼讓諸王發揮作用？萬一皇上出事，誰來保護？可惜，元恪不聽。元勰心中苦悶，乾脆自我封閉起來，不與人來往了。

宗室諸王集體失勢後，元恪自然更加倚重外戚高氏。高肇的氣焰日漸囂張。他出任了尚書令，主持朝政，又娶了宣武帝的姑姑高平公主做妻子，還送姪女進宮做了貴人。不久，于皇后暴亡（很多人懷疑是高肇下的毒手），高貴人就升格為了皇后。高家的權勢多了一層保障。至此，高肇陰謀得逞，成了北魏一人之下萬人之上的實權人物。

三
———

元恪暗於識人，不擅微觀實踐，卻有很高的佛學修養。他喜歡在宮中召集名僧，親自講經論道，帶動佛法在北方的復興發展。

皇帝醉心佛法，方便了高肇在外面任意胡為。史書很不客氣地說他「每事任己，本無學識，動違禮度」。為了顯示才能，高肇特別喜歡「改革創新」。他修改了大多數的先朝舊制，又不能制定成功的新制度，造成了政務的混亂。其中，改革涉及現任官僚、貴戚們的勛位、封秩，高肇都進行了削減，造成官場上民怨沸騰。他將自己置於非常危險的地位了。

　　永平元年（五〇八年）八月，冀州刺史、京兆王元愉（宣武帝的叔叔、彭城王元勰的弟弟）在信都稱帝，公開造反了。促使元愉造反的原因很強大：他和姪子宣武帝有矛盾，宣武帝曾經逼死他所愛的女子，逼他迎娶高氏女子；他對高肇的大權獨攬很不滿，又擔心朝政被高氏敗壞；他自己也想過過當皇帝的癮等等。可惜，元愉造反的實力卻很弱小。朝廷鎮壓的大軍很快就到達冀州。元愉只抵抗了一個月，就在逃亡途中被擒。在元愉被押解往洛陽的半路上，高肇派人把他殺害了。（元愉生前沒當成皇帝，日後次子元寶炬成了西魏皇帝，他在九泉之下被追尊為了皇帝。）

　　元愉造反事件，被高肇利用來向彭城王元勰開刀。元勰才華出眾，聲譽很好，被北魏軍民公認為「賢王」。之前，孝文帝有意讓他主政，元勰主動推辭的事情，被傳為美談。高肇就覺得元勰對自己構成潛在威脅。他之前多次誣告元勰，元恪都不相信 ── 畢竟，元勰對元恪有擁立的大功。這一次，元勰推薦的長樂太守潘僧固被裹挾參加了元愉造反。高肇又一次誣告元勰，說元勰不僅暗通元愉，還聯繫南邊少數民族，參與謀反。高肇還收買元勰舊部魏偃、高祖珍做證人，一起誣告元勰。在種種似是而非的證據面前，宣武帝元恪又一次做出了錯誤判斷，無奈地接受「又一個叔叔謀反」的事實。

於是，元恪設下酒席，召高陽王元雍、彭城王元勰、清河王元懌、廣平王元懷四位皇叔，以及廣陽王元嘉和高肇赴宴。散席之後，元恪安排各位王爺分別擇地休息，然後派人帶著武士送去毒酒給元勰，逼他自殺。元勰不肯喝，力辯清白，大喊有人誣告，再三要求和告發者對質。來人不肯傳達，拔刀相威脅。元勰大呼：「冤哉皇天！忠而見殺！」最後飲毒酒自殺。來人擔心元勰不死，又命武士補上了一刀。天亮以後，元勰的屍體被一床被子包裹著，送回彭城王府。宣武帝對外宣布彭城王「醉酒而亡」，還假惺惺地痛哭流涕，賜彭城王諡號「武宣」，企圖掩人耳目。（元勰的兒子元子攸後來當了北魏皇帝，追尊他為文穆皇帝。）

高肇又一次陰謀得逞，又一次升官，當了車騎大將軍、司徒。如果按照這個狀況發展下去，高肇會加速蠶食北魏的實權，說不定還會成為第二個王莽。不過，朝野百官暗中早已對他心懷怨恨，恨他為人歹毒。特別是元勰遇害後，軍民們普遍同情元勰，認為高肇「屈殺賢王」，是幕後黑手。鮮卑貴戚們更是對高肇恨之入骨。

延昌四年（五一五年）正月，宣武帝元恪突然病故，享年三十三歲。太子元詡即位，年僅六歲。

元恪一死，宗室諸王和不滿高肇的大臣們立即策劃反擊。依附高肇的官吏也紛紛「倒戈」。前一年的十月，高肇以司徒出任大將軍、平蜀大都督，領兵進攻益州，剛好不在洛陽。于忠當時擔任領軍將軍。之前他被高肇「修理」過，處於受壓制狀態。如今，他調動羽林軍，控制局勢，又與侍中崔光等人商議，請出高陽王元雍、任城王元澄主持朝政。

新領導團隊用新皇帝的名義，召高肇回京。高肇得知洛陽的變故，知道不妙。這時候，不學無術的缺點就暴露了出來。他竟然想不出擺脫危局的方法，只得乖乖回京。高肇進宮對著元恪靈柩痛哭哀號。高陽王

元雍和于忠早已埋伏了十多個武士，等高肇哭完先帝，就把他拉出去殺了。高肇專權之禍，終於解除。

　　高肇對北魏命運造成了惡劣的影響。原本平庸的元恪帶著北魏緩慢前行，高肇就像是一股催化劑，引著大家走上了下坡路。他的攬權胡為，加劇了北魏朝野的貪腐之風；他的改制亂為，惡化了北魏帝國的政治運作；他的誣告陷害，開啟了北魏內部傾軋的大門。這些加上同期北魏對南梁作戰的兩次大敗，使得整個帝國由盛而衰，不復孝文帝時期的強盛。

南北方又打起來了！

一

南北方邊界大致上一直向南移動，從劉宋王朝初期的以黃河為界，南移到南梁前期的以淮河為界。雙方主要圍繞淮河一線的軍事重鎮展開混戰。這些重鎮從東往西分別是淮陰、鍾離（今安徽鳳陽東北）、壽陽（今安徽壽縣）和義陽（今河南信陽）四處。此外，西邊的南鄭（今陝西漢中）是南方保護巴蜀大地的屏障，南北方在此也展開拉鋸。

南方的淮河防線在南齊末期遭到了動搖。北魏宣武帝景明元年（西元五○○年），駐紮壽陽的南齊豫州刺史裴叔業怕遭荒唐皇帝蕭寶卷殺害，率軍割地，向北魏上表歸降。天下掉下一個碩大無比的餡餅，北魏朝野欣喜若狂。為防夜長夢多，彭城王元勰和重臣王肅親自領了十萬大軍去接收壽陽。途中，他們嫌步兵前進速度太慢，派出一千羽林騎兵火速趕往壽陽。果然，南齊已經派出崔慧景、蕭懿、陳伯之等軍前往收復壽陽。不想，大將崔慧景收復壽陽是假，藉機脫離蕭寶卷是真。他帶著部隊出了建康就宣布造反。結果，北魏順利接收壽陽，還打敗陳伯之等軍，進而攻占了合肥。南方的淮河防線被撕開了一個口子。北魏軍隊依託壽陽，不時對南方發動打擊，讓新建立的南梁頭疼得很。

梁朝建立後，北魏興起了一股討伐南方的聲音，其中叫得最響亮的是兩個投降的南方人。

第一個人是蕭寶夤。這是個值得大書特書的人物。

蕭寶夤出身高貴，是齊明帝蕭鸞的第六子。蕭寶夤是南齊宗室中少數幾個才能卓越的王爺。他哥哥蕭寶卷在位，荒唐胡為，底下就有人幾

次謀立蕭寶夤取代蕭寶卷。計畫沒有成功，蕭寶卷對弟弟蕭寶夤網開一面，不予追究。

蕭衍攻占建康後，起初並沒有為難蕭寶夤，還封他為鄱陽王。不久，蕭衍陸續誅殺南齊諸王。蕭寶夤被蕭衍的軍士監守，隨時可能遇害。一天半夜，蕭寶夤帶著幾個親信偷偷挖開院牆逃跑了。蕭寶夤換上底層百姓的衣服，穿著草鞋，徒步趕往長江邊。他們在江邊準備好小船。蕭寶夤爬到船上時，雙腳已經磨得沒有一塊完整的皮膚了。天明以後，蕭衍發覺蕭寶夤逃跑，派出官兵在江邊四處搜尋。蕭寶夤裝做釣魚的人，任憑小船隨波逐流，在江面上漂了十餘里，騙過了追兵。之後，蕭寶夤冒著生命危險，走小路、躲山澗、騎毛驢，晝伏夜行，終於到達北魏控制下的壽陽。此段經歷，堪比現代好萊塢大片的情節。

鎮守壽陽的北魏任城王元澄知道蕭寶夤是塊寶，忙以禮相待。蕭寶夤因為亡國，不飲酒，不吃肉，寡言少笑，十分悲痛，還身著喪服。元澄就率領北魏官僚前往赴弔 —— 之前北魏都稱南齊為「島夷」或者「齊逆」，如今覺得齊國有利用價值了，又佯裝悲痛前來弔唁了。第二年，蕭寶夤來到京城洛陽。宣武帝對他很禮遇。蕭寶夤上朝時伏地痛哭，訴說南齊亡國之痛，請求北魏出兵討伐蕭衍。北魏內部對南征有分歧，沒有當面答應。蕭寶夤就再三苦求，即使遇有狂風暴雨也不中斷上朝請求。

第二個堅定要求南伐的人是陳伯之。此人的經歷也相當傳奇。

如果說蕭寶夤是出於亡國之恨要求南征的話，那麼陳伯之就想借南征來向北魏王朝表示忠心。因為他是個投降的南梁將領。

陳伯之本是南齊的豫州刺史，被蕭寶卷派去鎮守潯陽，抵抗蕭衍。蕭衍派人勸他投降。陳伯之在蕭寶卷和蕭衍之間觀望，首鼠兩端。直到建康大勢已去，陳伯之才正式向蕭衍投降。蕭衍對他委以重任，封他做

征南將軍、江州刺史。

陳伯之出身貧寒，大字不識一個，處理公文都需要幕僚為他念字、講解，養著一群親信幫助處理政務。這些人中難免有人會藉機假公濟私、損人利己。蕭衍知道後，很擔心。一來，陳伯之不是嫡系，君臣之間終究有隔閡；二來，江州官吏壞事做得太多了，激起民怨，就不妙了。所以，蕭衍派人去取代陳伯之自己任命的江州別駕鄧繕，算是「警惕」一下陳伯之。

陳伯之及其親信卻將此事看得很重，認定蕭衍要動手了。於是，陳伯之召集文武官員，拿出事先偽造的蕭寶寅的書信，說要和蕭寶寅一起「反梁復齊」。他築起祭壇，歃血為盟，並號令州內各郡起兵。江州所屬的豫章郡（今江西南昌）太守不願跟從陳伯之造反，率本郡軍民抗命。陳伯之決定先出兵攻下豫章，以絕後顧之憂，再順江而下進攻建康。沒想到，陳伯之一時間攻打不下豫章，蕭衍卻已經派出大軍逆江而上，逼近陳伯之老巢潯陽了。陳伯之腹背受敵，無心戀戰，帶著親信和部隊一萬多人北上投降北魏了。

陳伯之堅決主張南征。他有軍隊，有實力，又了解南方軍政實情。宣武帝元恪也為蕭寶寅的愛國熱誠所感動，於是下令南征。他封蕭寶寅為齊王，任命為鎮東將軍、揚州刺史，率領一萬兵馬進駐壽陽，又任命陳伯之為平南將軍、江州刺史，屯兵陽石（今安徽霍丘東南），做好南征的準備。景明四年（五○三年）秋，北魏大舉南征，其中東路以任城王元澄為主帥，率領蕭寶寅、陳伯之等部進攻鍾離；西路以鎮南將軍元英為主帥，進攻義陽。這個元英是太武帝太子拓跋晃的孫子。父親南安王元楨因為參與了穆泰謀反，被削奪了王爵。身為謀反宗室的後代，元英頂著巨大的壓力，一心想在戰場上建功立業，光耀門楣。他在孝文帝時

期就東征西討，勇冠三軍，累積了豐富的經驗。這次，宣武帝將西線託付給他。

北魏進軍順利，東路的元澄分兵出擊，成功占領東關（今安徽含山西南）、潁川（今安徽壽縣西）、大峴（今安徽含山東北）、焦城（今河南中牟西南）、淮陵（今江蘇盱眙西）等八座城池，以主力圍攻重鎮鍾離；西路的元英則將義陽團團圍住。

南梁將軍姜慶此時成功施展了一招「圍魏救趙」，差點扭轉了戰局。

東線魏軍分兵出擊，導致後方壽陽兵力空虛。姜慶率領偏師，深入敵後，一舉攻克壽陽外城。元澄老巢有被攻陷的危險，如果真是那樣，東路魏軍可能被梁軍南北包抄，陷入大包圍之中。可是，姜慶的兵力有限，無力再進攻內城，在外城停頓了下來。而魏軍留在壽陽內城還有相當一部分軍隊，主要是裴叔業投降時的南齊部隊和北魏接收的部隊。這些部隊內部矛盾重重，不能組織有效的反擊。緊要關頭，元澄的母親孟太妃毅然站了出來主持大局。她臨危不懼，指派將領嚴守內城，並對全城官兵不分新舊、民族一視同仁，賞罰分明，激勵大家共同守城。孟太妃還親自登城檢視，冒著矢石指揮作戰。北魏官兵士氣大振。附近的蕭寶夤的軍隊也及時趕來增援。攻入壽陽的姜慶部隊反而陷入了包圍，激戰一日，落荒而逃。

梁軍分兵禦敵。在東路，蕭衍派冠軍將軍張惠紹救援鍾離。張惠紹在邵陽洲（今安徽鳳陽東北淮河中的一個沙洲）一帶遭到北魏平遠將軍劉思祖的攔截，一敗塗地。張惠紹等十餘名將領被擒。到了第二年春夏之交，淮河流域降雨增加，水位暴漲，攻打鍾離的魏軍無法駐紮，只好撤還壽陽。東路梁軍僥倖擺脫了危局。

在西路，蕭衍派平西將軍曹景宗、後將軍王僧炳率兵三萬救援義

陽。元英獲知梁軍行蹤後，派將軍元逞等人在樊城（今湖北襄樊一帶）
阻擊王僧炳的梁軍前鋒。兩軍交戰，梁軍大敗，戰死、被俘的有四千多
人，其餘人作鳥獸散。曹景宗聽說前鋒挫敗，裹足不前，只在外線遊
弋，不敢靠近義陽。義陽城內，梁朝的司州刺史蔡道恭率領不滿五千守
城官兵，已經堅持了大半年時間，打退了魏軍一次又一次的進攻。魏軍
死傷不計其數，元英開始打退堂鼓了。誰知，蔡道恭突然病逝。元英下
令猛攻義陽。南梁守軍彈盡糧絕，把所有希望都寄託在建康方面的援軍
身上了。這個援軍自然不是曹景宗的部隊，而是蕭衍新派出的寧朔將軍
馬仙琕。

馬仙琕是南方名將，被世人看做三國時期的關羽、張飛。可惜的
是，馬仙琕勇猛有餘，謀略不足，一味貪功冒進。元英在義陽城東埋伏
主力，再派小股軍隊出陣向馬仙琕示弱。馬仙琕以為魏軍不堪一擊，直
撲元英。元英佯敗，率部北退，引誘梁軍鑽入包圍圈後忽然掉轉馬頭，
發出訊號。只見漫山遍野的魏軍同時殺出，向梁軍湧來。馬仙琕雖然拼
死抵抗，無奈準備不足、軍心渙散，大敗而逃。內外交困的義陽守軍見
狀，失去了抵抗的意志，開城投降。周邊梁朝關隘的守軍，聞訊紛紛棄
地而逃。梁朝在淮河防線的西段完全崩潰，失去了所有現在河南地區的
領土，不得不在湖北地區組織第二道防線。

義陽大捷，宣武帝元恪大喜過望，封元英為中山王，並在義陽設立
郢州，與東面的壽陽呼應，在淮南地區形成一對鉗子。淮河防線的重鎮
就只剩東面的鍾離還在南梁控制之下了。這是西元五○四年的事情。一
年後（五○五年），本是裴叔業舊部、鎮守漢中的夏侯道遷向北魏投降。
北魏邁過秦嶺，攻占了梁州十四郡（今陝南地區）。梁朝統治下的四川
（當時稱益州）也岌岌可危了。

二

梁武帝蕭衍剛當上皇帝兩三年，就遭遇一連串的敗仗，領土接連喪失。他自然是不甘心。

天監四年（五〇五年）十月，蕭衍任命六弟、臨川王蕭宏為主帥，尚書右僕射柳惔為副手，統領大軍進駐洛口（今安徽淮南東北），大舉北伐。這是自劉宋元嘉北伐之後的又一次強勢北伐，蕭衍幾乎動員了南方所有的精兵強將，總兵力達數十萬之多，旌旗招展，氣勢恢弘。北魏方面壓力很大，不得不承認這是「百數十年所未之有」。

蕭衍的北伐計畫也氣勢宏大：第一步，攻克重鎮壽陽；第二步，兵分兩路，一路出徐州，平定中原，一路出義陽，奪取關中；第三步，各路大軍會師洛陽，生擒元恪；第四步，掃蕩河北，統一天下！

但是戰鬥現實總比軍事計畫要複雜及困難。戰士們再怎麼流血流汗，也跟不上帝王在沙盤上的推演。梁軍此次北伐，開局就相當不利。前鋒、徐州刺史昌義之攻打壽陽外圍的梁城（今安徽壽縣東），就被陳伯之打敗。

陳伯之是投降北魏的南方人，猜想留在南方的同僚、熟人比較多。這些人了解陳伯之的性格，就建議蕭宏招降陳伯之。蕭宏讓記室（機要祕書）丘遲修書一封給陳伯之，展開招降。丘遲是南齊、南梁時期的一個「筆桿子」，投入蕭衍的幕府，南齊末年朝野臣工一應勸進文書均為丘遲所作。他寫給陳伯之的勸降書信，聲情並茂、入情入理，堪稱美文，後人取名為〈與陳伯之書〉列入文學史冊。

此信寫於天監五年（五〇六年）三月，開頭先大誇陳伯之：「將軍勇冠三軍，才為世出。棄燕雀之小志，慕鴻鵠以高翔。昔因機變化，遭逢明主，立功立事，開國承家，朱輪華轂，擁旄萬里，何其壯也！」幾乎將陳伯之捧上天了。接著，丘遲筆鋒一轉，將軍如此神武，為什麼「為奔亡之虜，聞鳴鏑而股戰，對穹廬以屈膝」，為什麼要當北方蠻夷的走狗呢？猜想陳伯之軍人的榮譽感一下子被刺激了起來。

緊接著，丘遲主動為陳伯之之前的投降行為辯護，說陳伯之降魏是受小人的蠱惑，將他的責任推卸掉了。丘遲說「聖朝赦罪論功，棄瑕錄用，收赤心於天下，安反側於萬物」，梁武帝蕭衍寬厚大度，既往不咎，只要陳伯之迷途知返，皇上「重恩不重刑」，不會怪罪的。為了防止陳伯之猶豫，丘遲還舉了前人朱鮪、張繡迷途知返修成善果的例子。

再接著，丘遲展開了親情攻勢，告訴陳伯之：將軍祖墳、住宅都完好無損，留在南梁的親戚安居、愛妾尚在，「悠悠爾心，亦何可述」。陳伯之在南方生活了幾十年，根基在南方，不可能對此不留戀。丘遲又抓緊時機大談南方的和諧局面和光明前景，「今功臣名將，雁行有序。懷黃佩紫，贊帷幄之謀；乘軺建節，奉疆場之任」，暗示陳伯之要建功立業、揚名立萬，還是要回到南方來。

最後，丘遲動情地寫道：「暮春三月，江南草長，雜花生樹，群鶯亂飛。見故國之旗鼓，感平生於疇日，撫弦登陴，豈不愴恨。」這幾句話著實煽情，「將軍獨無情哉！」總之一句話，丘遲建議陳伯之「早勵良圖，自求多福」。

陳伯之接到書信，讓手下唸給他聽。他和他周圍那些南方投降的官兵，不可能不為信中內容所感動。後人不知道陳伯之的具體感受，反正他一聽完書信，就率領能夠控制的八千軍隊向梁軍投降了。（陳伯之投降

後，蕭衍果然既往不咎，還封他為侯，不過剝奪了他的軍隊，再也不讓他帶兵了。）

梁軍輕鬆扳回一局，乘勝在五月到七月間兩線並進，先後拿下宿預（今江蘇宿遷南）、梁城、合肥、霍丘、朐山（今江蘇連雲港西）等十幾座城池。梁軍士氣高漲。在這一系列勝利中，值得一提的是豫州刺史韋叡率軍攻克了淮河防線東段重鎮合肥。

韋叡參戰時已經六十歲了。他之前宦海沉浮幾十年，一直沒有得到施展拳腳的機會。官場上有許多人將年華都耗費在繁冗的行政事務中，韋叡畢竟幸運地在晚年得到了奔赴沙場的機會。據說，他當時的身體已經很差了，不但不能騎馬橫搶，還只能由兵士抬著上陣指揮。在攻打合肥外圍的軍鎮小峴時，韋叡帶著一支軍隊偵查敵軍的圍柵。敵營中忽然殺出數百人。部下都建議撤回去披掛整齊，再來迎敵。韋叡卻下令立刻迎戰。他解釋說：「小峴城池小，城中只有兩千多守兵。按理說，他們應該閉門堅守，如今卻主動衝出幾百人，必然是城中的精銳。如果我們能夠打敗這支精兵，小峴就會不戰自敗了。」部下們半信半疑，韋叡正色說：「朝廷符節在我手中，絕非擺設，眾軍不得違命！大家力戰，必能克敵！」在韋叡的指揮下，梁軍官兵奮勇爭先，果然把出城的魏軍殺得一塌糊塗。韋叡率部隊乘勢猛攻城池，不到半天就攻克了小峴。

北魏派將軍楊靈胤領軍五萬趕赴合肥增援。韋叡部下認為敵我兵力相差懸殊，建議韋叡向朝廷請求增兵。韋叡笑道：「敵我已經刀兵相見，現在我們再求增兵，於事無補。就算援兵從後方趕到，敵人的援兵也會源源不斷而來，我們還是得不到優勢。」他主動進攻，打敗魏兵，又在合肥城外的淝水上修建高堰大壩，積蓄河水，不斷抬高水位，準備水灌合肥。韋叡還在岸邊築新城守衛堰壩。魏軍也不示弱，乘梁軍立足不穩

攻陷了新城，殺到堰壩前要將其鑿毀。情況危急，韋叡親自上陣，帶領守堰官兵擊退魏兵，然後指揮大型戰船駛入淝水，居高臨下圍攻合肥。當時水位已經和城牆一般高了，梁軍在船上萬弩齊發，將督戰的北魏守將杜元倫射死。魏軍心理崩潰，棄城而逃。韋叡順利占領合肥。

到此為止，梁軍捷報頻傳，看似掌握了戰場主動權。南梁此次北伐能夠大功告成嗎？

戰場無贏家，大家都收手吧！

一

北魏對南梁的大舉北伐不敢怠慢。宣武帝元恪任命在西線有突出表現的中山王元英為征南將軍，負責東線軍事。元英點起十多萬軍馬，浩浩蕩蕩地來增援壽陽了。

南北方主力匯聚壽陽附近，決戰在即。狹路相逢勇者勝，決定惡戰勝負的往往是參戰者的勇氣。遺憾的是，南方的主帥、臨川王蕭宏是個繡花枕頭，膽小得很。他能當主帥，完全是因為哥哥梁武帝蕭衍最信任他。其實，蕭宏並無軍事經驗，他的特長在於貪汙斂財，即便是在北伐途中也不忘剋扣軍款、販運私貨。當他聽說對手是身經百戰、取得義陽大捷的元英時，蕭宏寢食難安。他根本就沒有獲勝的信心。

思前想後，蕭宏覺得最保險的做法就是撤軍。他召開軍事會議，公開提議撤退。來參加的將領們面對一片大好的形勢，滿心以為主帥是叫大家來商量作戰計畫的，沒想到會議只有一項議題：如何撤退！柳惔、裴邃、馬仙琕等人不同意。他們七嘴八舌地說：「我軍旗開得勝，攻守態勢有利於我方。我們為什麼要在這個時候撤退？」「魏軍連敗，又遠道而來，攻破他們並不困難。」一些將領甚至以死相要挾，堅決不同意退兵。軍事會議最終不歡而散。眾怒難違，蕭宏不再提撤軍了，可是也不許軍隊進攻壽陽。他還是明令：「人馬有前行者，斬！」

官兵士氣旺盛，不想統帥潑來一大盆冷水，梁軍上下頓時氣洩。

北魏主帥元英則顧忌梁軍數量眾多、挾新勝之威，且有韋叡、馬仙琕等名將指揮，也不敢輕舉妄動，下令全軍靜觀其變。南北兩軍在洛口

附近對峙了起來。

　　半個月後，九月底的一天夜晚，洛口地區突降暴雨，水位暴漲。洪水漫進了梁軍的部分營房。駐紮的梁軍騷動起來。本就畏敵如虎、整天膽顫心驚的蕭宏以為魏軍趁著夜幕和洪水突襲來了，魂飛魄散，只帶了幾個貼身侍從，跳上馬就往南逃。他這是棄軍而逃，部將們都不知道主帥已經逃跑了。等將領們四處尋找不到蕭宏蹤跡的時候，大為震驚。消息一傳十，十傳百，各部官兵四散奔逃。由洪水引發的一場騷動作為源頭，以蕭宏逃跑為導火線，梁軍上演了一場混亂的大逃亡。途中，光是自相踐踏就死了將近五萬人。元英得知梁軍自動崩潰，起初還不相信，考核消息後喜出望外，立刻向梁軍發起全面反攻。梁軍被殺得落花流水，戰死和被俘的又有幾萬人。

　　魏軍輕鬆獲勝，要感謝蕭宏。因為蕭宏貌美而柔懦，北魏此後「親切」地稱呼他為「蕭娘」。蕭娘逃回後方後，竟然陸續升遷太尉、驃騎大將軍等職，領揚州刺史二十餘年。他在任期間極盡搜括聚斂之能，斂得贓物存了上百間庫房。其所作所為連姪子、豫章王蕭綜都看不下去了，寫了一篇〈錢愚論〉嘲諷他。不過，梁武帝蕭衍見這個弟弟雖然無能，卻沒有政治野心，亦不加罪。

　　梁朝的北伐，就這麼糊裡糊塗地潰敗了。正在淮陽、義陽等地奮力攻城的偏師聞訊，被迫後撤，先前占領的宿預、梁城等軍鎮也紛紛棄守。梁軍主力沿著淮水向東南方向撤退，淮河防線幾乎形同虛設。好在大混亂中，還有一些梁軍將軍保持了相對冷靜。鎮守梁城的將軍昌義之聽說主力潰退後，判斷魏軍會乘勝進攻重鎮鍾離。於是，昌義之主動放棄梁城，帶領三千守軍進駐鍾離。果然，元英隨即指揮北魏大軍兵臨城下，將鍾離圍了個水洩不通。

鍾離成了南梁淮河防線上的最後一個據點。為了保衛淮南、保衛江南、保衛南朝的社稷，鍾離絕不能丟！梁武帝蕭衍深知鍾離保衛戰的重要性。考慮到前線梁軍處於絕對劣勢，蕭衍派將軍曹景宗率領二十萬援軍從建康救援鍾離，又下令駐守合肥的韋叡前往增援。南北方的主力決戰不經意間轉移到了鍾離爆發。

天監六年（西元五○七年）二月，韋曹二部在鍾離城下會師。此時，魏軍已經圍攻鍾離城四個多月了。昌義之以三千士兵拚死抵擋百倍於己的敵人，成功地守住了鍾離城。這一方面要歸功於梁軍將士的英勇，殺得魏軍的屍體堆得差不多和城牆一般高；另一方面要歸功於這段時間淮河流域斷斷續續在下雨，淮河和雨水將鍾離城罩上了一道天然的屏障。期間，洛陽的宣武帝元恪一度擔心師久兵疲，下詔元英退兵。元英反覆上表，堅決要求攻克鍾離。元恪就不再勉強，督促元英早日凱旋。

梁軍老將韋睿來到鍾離城下後，指揮部隊迅速登陸邵陽洲，逼近魏軍營壘，連夜挖長溝、搭鹿角，造了一座甲明槍亮的梁軍大營。第二天，元英醒來，愕然發現眼前出現了一座敵軍營壘。他改變計畫，決定先消滅梁朝援軍，再攻鍾離城。元英派出猛將楊大眼，率領鐵騎，氣勢洶洶地殺向韋叡的部隊。楊大眼是出了名的氐族勇將，在戰場上以視死如歸的衝鋒而聞名。韋叡則不慌不忙地將兩千輛戰車結集在外圍，排成車陣。每輛戰車上都安排了一隻強弩。等楊大眼的騎兵靠近，梁軍強弩一齊連發，殺得魏軍人仰馬翻。楊大眼的騎兵傷亡慘重，敗下陣來。幾天後，淮水因連天降水暴漲。梁軍出動水師沿淮而上。梁軍在水戰方面是內行，他們的大船體積巨大，和營壘一般高，裡面載滿武士，同時又有許多小船，裡面裝滿乾草澆油，準備火攻。魏軍在淮河兩岸都紮下營

壘，以淮河中的邵陽洲為支點，南北各搭建橋梁相連線。梁軍放火燒橋，火借風勢，迅速蔓延到邵陽洲和兩岸的魏軍營壘。被分割為幾段的魏軍陷入火海之中，梁軍士兵又下船登陸，猛殺狂砍。魏軍亂成一團，橋梁和營壘塌毀，官兵四散而逃。燒死、淹死、踩死、砍死的魏軍超過了二十萬人，淮河兩岸沿途一百多里到處可見魏軍的屍體。主帥元英單騎逃往梁城。

鍾離保衛戰以梁朝完勝告終。這是繼劉裕北伐告捷之後，南朝又一場輝煌的勝利。戰後，曹景宗因功受封公爵，韋睿因功晉爵為侯。

同時，鍾離之敗是北魏對南朝作戰以來前所未有的慘敗。雖然沒有像淝水之戰一樣引發北魏的崩潰，卻也造成魏軍精銳損失大半。帝國元氣大傷，朝野譁然。元英因為損兵折將，蕭寶寅因為支援不力，按律當斬。考慮到二人之前的軍功，赦免死罪，雙雙削爵罷官為民。

二

慘敗後，北魏沒有能力對南方發動全面進攻了，於是尋找「區域性突破」。

永平四年（五一一年），海邊發生了有利於北方的突發性事件。邊界軍鎮、南梁的朐山城（今江蘇連雲港西南）發生內亂，守將被民眾王萬壽所殺。後者向北魏稱臣，並向北魏的徐州刺史盧昶求援。盧昶想都沒想，派兵占領了朐山。梁朝聞訊，迅速反攻朐山。

此時，北魏方面對朐山的重要性判斷失誤。徐州刺史盧昶出身著名

世族范陽盧氏，在寫文章方面很有一套，但在軍事策略上很生疏。朐山緊挨著鬱洲（在今連雲港，當時只是海上一座島嶼）。南朝失去了對今河北、山東地區的控制後，在鬱洲僑置了青、冀兩州，在名義上保留對北方的統治。盧昶過分看重鬱洲的重要性，進而高估朐山的重要性，認為鞏固了朐山，可以攻克鬱洲，進而徹底消除南朝對北方的統治 —— 其實，南朝只是在一座海島上虛搭了兩個州政府的架子而已，朝廷自己都不重視，盧昶反而異常重視。盧昶上奏宣武帝，要求重兵爭奪朐山。宣武帝聽從了盧昶的意見，陸續派出多支軍隊，總兵力累計超過十萬，力圖守住朐山。

魏軍統帥盧昶在作戰方面一竅不通，手握重兵，既不能突破梁軍對朐山的包圍，甚至連糧草也運送不入朐山。結果，梁軍在馬仙琕的指揮下，從容不迫地圍攻朐山城。十二月天降大雪，雪花漫天飛舞，困守朐山的魏軍彈盡糧絕，主動投降。盧昶見朐山丟失，扭頭就跑，帶動十萬魏軍跟著潰散。當時大雪封路、天寒地凍，北魏士兵沿途因傷凍減員很多，馬仙琕指揮梁軍隨後追殺，最終只有一萬多魏軍逃回後方。朐山之敗是鍾離之後北魏又一大慘敗，所剩不多的精銳又一次橫屍海濱。（盧昶逃回後，和蕭宏一樣繼續當官，繼續寫文章。）

不知道是受兩次大捷的鼓舞，還是雄心尚在，蕭衍在三年後（天監十三年，五一四年）決定反攻。有個投降的魏人（王足）向蕭衍獻策，說淮河下游的浮山（今安徽五河一帶）地勢很適合修築大壩，以此抬高淮水來水灌壽陽。蕭衍欣然採納，決定攔淮修築「浮山堰」，除掉壽陽這個心頭之患。「浮山堰國家工程」正式開始。在此後近兩年時間裡，梁朝從徐、揚二州大肆徵發民工，每四戶出一人參加工程。施工環境惡劣，監工催促又急，民工們不斷因為勞累、飢餓、疾病而死。工地上隨處可

見屍體和奄奄一息的百姓。此段淮河泥土鬆軟，堵塞河道很不容易，經常是砂石填下去就被水流沖走了。官府就想用鐵器堵塞河道，從後方徵用了上千萬斤的鐵器，效果也不理想，又想到伐樹做木籠，裝上石頭填埋河道，為此幾乎砍光了淮南的樹木。

浮山堰搞得北魏很緊張，派遣李平到壽陽負責迎戰，又起用蕭寶夤專門破壞浮山堰。蕭寶夤想到的方法就是去進攻工地，結果被重兵以待的梁軍擊退。眼看堰壩將淮水抬得越來越高，北魏有意派遣大軍增援。前線統帥李平不以為然，上奏說：「所謂的浮山堰就是一個異想天開的工程，終究要垮掉。我們根本不用派兵，就看著南朝出洋相就可以了。」北魏朝廷採納了李平的建議，只是在壽陽城附近的八公山上建築城池，防備壽陽一旦被淹後可以轉移軍民，並不做其他準備。

天監十五年（五一六年）夏，被寄予厚望的浮山堰終於建成。堰壩總長九里，高二十丈（三十多公尺），是當時世界上最高的土石大壩。大壩抬高了上游水位，形成了一個方圓幾百里的人工湖，相當壯觀。壽陽城果然被水圍困，北魏軍民被迫棄城上了八公山躲避。

梁武帝蕭衍的計畫看似成功了。不過，其中有一個小小的問題：梁軍如何去占領汪洋之中的壽陽城呢？占領後，又有何用呢？

更糟糕的是，浮山堰腰斬了奔流的淮河，上游一片汪洋，人工湖的面積不斷擴大，水位持續上漲，很快就和堰頂相平了 —— 蕭衍造大壩的時候，忘記還有洩洪這回事了！

眼看著大壩要決堤了，駐守的梁軍慌成一團。有人看到八公山上的水位也在不斷上漲，利用魏軍怕淹的心理四處散布說：「梁軍不怕打仗，就怕有人把水洩掉。」魏軍一聽，果然開始在人工湖邊上挖渠洩水。可是，魏軍洩洪的速度遠遠趕不上淮河上流來水的速度，浮山堰的險情日

益嚴重。四個月以後，西元五一六年的秋天，人工湖洪水泛濫，史上最大大壩——浮山堰轟然坍塌。堰垮之時，聲響如雷，三百里內都可以聽到。壽陽被洪水淹沒，此段淮河及其下游的城鎮、村落幾乎無一倖免，全部沒入水底，數以十萬計的百姓被奔騰的洪水沖入大海。

壯志滿懷的浮山堰工程以一幕幕人間悲劇收場。

洪水退後，在八公山上躲避的魏軍不慌不忙地回到壽陽城。對他們而言，只是出去躲了四個月洪水而已。但是梁朝軍民損失慘重。蕭衍為北伐徵發的將士、軍需全部付諸洪水，頃刻間輸得一塌糊塗。從此，他再也不輕言北伐，也北伐不起了。

在南梁專注浮山堰期間，孝武帝元恪在西邊也有大動作。他利用梁軍主力集中東線，巴蜀地區守備空虛之機，於延昌三年（五一四年）底任命高肇為大將軍、平蜀大都督，率軍十五萬攻打巴蜀。元恪本有把握在四川有所斬獲，不想大軍還在路上，他自己就在延昌四年（五一五年）的正月病逝了。之後，北魏統治階層忙於誅殺高肇，西征一事不了了之。其實，經過之前兩次慘敗的北魏確實也沒有力量發動大規模的戰爭。

戰場無贏家。無論勝負，各方都要付出沉重的人力和物質損失。互有勝負、持續拉鋸的北魏和南梁更是如此。五世紀末和六世紀初的連年鏖戰，消耗了南北方巨大的實力，加上各自內部爭鬥接踵而來，雙方把注意力都收回朝堂之上。直至北魏滅亡，南北方沿著淮河一線保持了十多年的短暫和平。客觀上，當時的南北方誰都不具備統一的實力。均勢的天平，以淮河為支點，基本保持著平衡。

於是，雙方任由淮河南北上百里的拉鋸地帶荒蕪著，雜草叢生，虎狼出沒……

三

這一次休戰，似乎也象徵著猛將輩出的南北爭雄階段的結束。元英、韋睿、馬仙琕、曹景宗等人沒有等到下一次戰鬥的開始，就陸續逝世了。之後的南北戰爭，再也沒有出現五世紀那樣在戰場上猛將一抓一大把的盛況。

蕭寶夤在北魏的表現，則要長得多。他年少亡國寓居他人屋簷之下，個性低調穩重。其日常生活稱得上簡單枯燥：不食酒肉，絕不嬉笑，不事華服，慘淡見人。蕭寶夤對故國南齊念念不忘，志在復國，得到了一部分人的敬重。梁武帝蕭衍曾手詔勸降蕭寶夤，他不為所動。北魏朝廷對蕭寶夤也相當不錯。蕭寶夤屢次請求邊任，北魏就任命他為徐州刺史，將東線託付給他。蕭寶夤在任上，勤於政事，官聲不錯。北魏還將公主下嫁給蕭寶夤。

北魏末年，起義頻繁，局勢動盪。羌族人莫折大提在關中地區自稱秦王，屢敗官軍。莫折大提死去，第四子莫折念生自稱天子，繼續擴張勢力，滲透到隴東、雍州等地。蕭寶夤是北魏朝廷當時少數可用的將才之一。朝廷任命蕭寶夤為大都督，率軍西征。蕭寶夤在關中與起義軍英勇作戰多年，遏制了莫折念生勢力的壯大。北魏能夠保全關中，主要賴蕭寶夤之力。

孝昌二年（五二六年），北魏加封蕭寶夤為假大將軍、尚書令，將軍政兩方面的頂端職位都給他了，以示籠絡。沒想到，蕭寶夤看到北魏境內烽煙四起，動亂日益蔓延，朝廷衰落不堪，對北魏的前途喪失了信

心，同時內心萌生了割據自立的想法。北魏朝廷對他也不是真正信任，加派御史中尉酈道元（就是寫《水經注》的那位）為關中大使，監視蕭寶夤。蕭寶夤感到既委屈不滿又恐懼，認定酈道元是來暗算自己的。一些部下也慫恿他在亂世中割據。有人說：「大王本是皇室貴冑（南齊的皇室），天下所歸，割據稱帝也是合情合理的事情。」有人編造民謠說：「鸞生十子九子殂，一子不殂關中亂。」（蕭寶夤是蕭鸞之子。）於是，蕭寶夤聽信勸告，準備造反。他祕密派部將攻殺酈道元。酈道元剛走到今陝西臨潼附近的驛站，遭到圍攻後，率小部隊力戰而死。之後，蕭寶夤正式稱帝，設立百官，遣將四出攻城略地，意圖割據關中。一時間，南齊政權似乎要在遙遠的長安復活了。可惜，蕭寶夤的實力太弱，外有北魏朝廷派軍自東向西進剿，內有起義軍和陝西郡縣抗命。蕭寶夤派部將侯終德攻打陝北，侯終德戰鬥失利後投降北魏，回師反攻蕭寶夤。蕭寶夤慌亂中迎戰，被侯終德打敗，只好帶著妻子和部下百餘騎逃跑，投奔起義軍萬俟醜奴部。醜奴任命他為太傅。

永安三年（五三〇年），萬俟醜奴部起義軍被魏軍剿滅。醜奴和蕭寶夤都成了階下囚，被押送京城洛陽。北魏莊帝下詔將蕭寶夤在京城大街上示眾，任由軍民人等圍觀三天後賜死。

亡也太后：胡作非為胡太后

一

　　延昌四年（西元五一五年），只有六歲的北魏孝明帝元詡登基。顯然，朝廷又要出現一個皇權旁落、內訌不斷的局面。

　　北魏版的故事一開頭比較特殊。之前，外戚高肇擅權，搞得朝野天怒人怨，成了眾矢之的。皇位更替之時，高肇偏偏不在洛陽，被派去攻打四川了。大臣們很快結成了「反高同盟」。朝中做主的是中書監崔光和領軍將軍于忠。他們請出被高肇監視居住的宗室們，壯大力量。任城王元澄、高陽王元雍、清河王元懌、廣平王元懷等人都參與決策。大家很快就將高肇送上了西天，開始撥亂反正。

　　元詡的生母胡氏在元恪期間遭到高肇的無情打壓。高肇的女兒高皇后不能生育，在後宮一直想置胡氏於死地。「敵人的敵人就是朋友」，群臣當然認為胡氏「政治可靠」，先是尊她為皇太妃，很快升為皇太后，請她臨朝聽政。

　　胡太后是隴西安定人，祖輩曾在後秦、大夏當官，到父親胡國珍時，胡家只是普通人家。胡氏年輕時一度入佛寺為尼，後因為美貌之名傳至宮廷，被召入後宮封為低階嬪妃。鮮卑民族入主中原後學習漢族的政治制度，對漢武帝預防後宮專權而賜死太子生母的殘酷做法非常欣賞，並且明定為宮廷制度。此後，北魏的妃子們都生活在矛盾之中。她們既希望生育兒子，因為那是她們將來地位的基礎；同時她們又擔心生出的孩子日後被選立為太子。那樣年輕母親就要被迫服毒，也就永遠享受不到榮華富貴了。胡氏卻非常希望生育皇子，沒有表現出一絲對死亡

的恐懼。也許是她這種「冒死生子」的氣魄得到了宣武帝元恪的好感，元恪在高皇后的高壓下親近胡氏。二人生下了元詡。元詡是元恪唯一的兒子，元恪計劃立他為太子。按律，胡氏應該先被處死。但元恪非常喜愛胡氏，赦免了她。從此以後，中國宮廷「子貴母亡」的做法就走入了歷史。

當時有傳言說元恪的前皇后于氏和其他皇子都被高皇后謀害了，元恪雖半信半疑，但為了留下血脈，對元詡特別愛護。他親自照料兒子的生活，既不讓高皇后過問，也不讓胡氏插手，挑選外面忠實可靠又有經驗的保母照顧元詡長大成人。

如今，元詡順利登基了。北魏帝國先輩擔心的太后掌權的局面不幸終於出現了。胡太后的胡作非為，很快將北魏帝國推向了墳墓。由此可見古代歷史上一些看似殘酷無理的制度是有其合理性在裡面的。以宮廷婦人的死來防止皇權的旁落和國家的動盪，是以小代價防範未然的有效選擇。

朝臣們很快發現，剛剛拋頭露面的胡太后並非恪守婦道的一介女流，而是深諳政壇、手腕高超的權力玩家。推翻高肇的勢力，以崔光、于忠領頭。崔光是個明哲保身的老官僚，于忠則行為粗暴，掌握了實權。他把持政令，又負責宮廷宿衛，權力極大，重大決策幾乎由他一個人說了算。宗室王爺們被軟禁多年剛被放出來，即便對于忠不滿，也無力抗衡。結果，于忠表面上尊貴無比，人見人怕，實際上自我孤立了。胡太后看準機會，趁于忠疏於防範，當眾解除他的侍中和領軍將軍的職務，外放為冀州刺史。一鳴驚人後，胡太后不等朝臣們看明白她的招式，迅速任命妹夫元乂為侍中、領軍將軍，並提拔身邊宦官劉騰擔任衛將軍，掌握了實權。她又見清河王元懌英俊瀟灑，和元懌勾搭成奸，引

元懌為外援控制朝政。元懌背上了「男寵」之名，卻不影響精明勤政的作風，全面地協助胡太后掌控了朝政。北魏進入了胡太后當權時代。

胡太后接手的是一個國勢不斷下滑、各種矛盾開始顯現的帝國。她對這一切視若無睹，對拯救頹勢沒有尺寸之功，卻一心享受。

胡太后佞佛。北魏後期歷代帝王都信佛，但胡太后將對佛教的推崇發揮到了極致。也許是早年做過尼姑的緣故，胡太后深信佛教可以贖罪。她大把大把地投資佛寺、助長寺院勢力的擴充，希望以此來贖罪孽、積功德。胡太后在洛陽主持興建了永寧寺、太上公寺等佛教工程。其中永寧寺規模宏大，寺中有一座佛塔，高九十丈，塔上立柱高十丈，離京城百里之遙都能看到；塔四面窗扉上綴滿金釘，有風的夜晚，鐘鈴和鳴，聲聞十餘里。又鑄丈八金佛像一尊，中等金佛像十尊，玉佛像兩尊。佛剎上有金寶瓶，瓶下有容露盤三十重，周圍皆垂以金鐸。該寺有僧房多達千間，僧人過萬。胡太后還熱衷參加佛教活動，大小佛事有空必到，每次都少不了施捨，錢數動輒數以萬計。上行下效，地方官府也紛紛興建佛寺，資助佛事。不用說，這些大小工程和活動，都是官府出錢買單。

官府因佛事而大興土木、徵發無度，百姓疲於徭役之苦，市場上金銀價格攀升，嚴重破壞了正常的經濟活動，影響了國庫和官府的行政能力。官民都不滿。任城王元澄看不下去，就勸姪孫媳婦胡太后說「章臺麗而楚力衰（春秋時，楚靈王興建章華宮導致國力衰落），阿宮壯而秦財竭（秦朝亡於阿房宮）」，希望她以史為鑑。元澄輩分高、功勞大、資歷老，胡太后惹不起，對他優答禮遇，但就是不採納意見。時間長了，元澄也懶得說了，乾脆閉門不出，落得個眼不見心不煩。神龜二年（五一九年），元澄病逝。胡太后加以殊禮，備九錫，以帝王之禮安葬了這位經歷四朝的老

王爺。她親自送靈柩到郊外，停輿悲哭，哀動左右。百官千餘人參加葬禮，莫不歔欷。這一系列哀榮過後，北魏帝國再也沒有出現像元澄那代人一樣忠勇能幹的人物，再也沒有人勇於直言勸諫了。

就在元澄病逝的這一年，朝廷採納征西將軍張彝之子張仲瑀的建議，宣布改革人事制度，武人不得擔任清要的官職。北魏以武力興國，起初文武官職劃分並不明確，官員在文武官職之間調動很自然。漢化之後，「文武分治」開始固定，文官序列開始壓過武將序列。官職開始分「清濁」，文官職位比較清要，發展前途廣闊；武將職位升轉調任不易。漸漸地，朝野出現重文輕武的趨勢，文官輕視武將。張仲瑀的建議，就是在制度上將對武將的歧視固定化了。消息傳出，洛陽城中駐紮的羽林、虎賁將士們（都屬於禁衛軍）一片譁然。他們在街上定期集會，張貼告示，宣稱要殺張氏全家。張彝父子認為是武士們虛聲恫嚇，不以為意。二月二十日，近千名羽林、虎賁在尚書省（最高行政機關）前大鬧大罵，指名要找張仲瑀之兄張始均。尚書省的大小官吏嚇得緊閉大門，不敢進出，同時也沒有其他官吏趕來處理這場群體性事件。事情越鬧越大，將士們開始用磚瓦石塊砸尚書省大門，砸了好一會兒後又向張家奔去。他們一路上拾取柴草，收集木棒石塊，衝到張家就四處打砸，點燃火堆要燒房子。征西將軍張彝被拖到堂下，任意打罵；張始均已爬牆逃到外面，見狀返回向亂黨叩頭，哀求將士們饒父親性命，竟被抓起來丟到火裡活活燒死。始作俑者張仲瑀被打得身受重傷，僥倖逃脫。張彝被打得奄奄一息，兩天後不治身亡。事後，胡太后只將為首的八人斬首了事，其餘人等一概不問，充分暴露出姑息的作風。更惡劣的是，胡太后取消了已經頒布的禁止武人到任清要官職的制度，下詔大赦，宣布准許武官參選。

這次禁衛軍鬧事，朝廷相關部門毫無作為，事後胡太后輕描淡寫，實際上屈從了鬧事者。朝廷的威信蕩然無存。不僅洛陽的禁衛軍不念胡太后的好，還讓有識之士捕捉到了天下將亂的徵兆。

　　事件發生時，一個叫做高歡的北方軍鎮信使，因傳遞檔案恰好滯留洛陽，目睹了整場事件。他斷定天下將亂，返回軍鎮後散盡錢財結交朋友。親朋好友好奇地問他，高歡回答：「我在洛陽看到禁衛官兵焚燒將軍宅邸，朝廷怕出事而不聞不問。為政如此，政府的前途可想而知。天下都要亂了，財物還有什麼可留戀的？」在高歡結交的朋友中，多數是和他一樣的低階軍官，比如司馬子如、孫騰、侯景等人。這些人將在此後掀起驚濤駭浪。

二

　　事變的第二年（神龜三年，五二〇年），洛陽就爆發了內訌。掌權的元叉、劉騰發動政變，殺死清河王元懌，幽禁了胡太后。

　　昔日的親密夥伴和親戚，怎麼就刀兵相見了呢？原來，胡太后越來越喜歡元懌這個美男子，日益倚重，用他輔政。元叉、劉騰的權力受到了限制。而元懌很有才幹，平日常常批評元叉、劉騰違法亂紀的行為。元叉、劉騰二人就恨上了元懌，必欲去之而後快。他們先是指使他人告發有人要擁立清河王元懌做皇帝，可是胡太后壓根就不信這樣的誣告。元叉、劉騰知道只要胡太后在就扳不倒元懌，於是他們決定利用十一歲的小皇帝元詡，將胡太后和元懌一塊扳倒。

二人先買通主食中黃門（管皇帝食物的宦官），由他向元懌「自首」：「清河王收買小人，要毒死陛下。」元詡信以為真。他慢慢長大，開始對元懌和母親的「醜事」看不下去了，知道元懌要害自己後更是氣憤。元乂、劉騰趁機靠近小皇帝，為他出謀劃策，教他如何這般這般。七月的一天，元乂突然請出孝明帝元詡升殿召見群臣，劉騰關上後宮大門把胡太后軟禁起來。清河王元懌隨著大臣們進宮，立即被抓起來。劉騰宣布詔書，宣布元懌謀反。當晚，元懌即被殺害。元乂、劉騰又假造胡太后詔書，說她因病不能理事，還政給皇帝。群臣在錯愕之餘，都不敢反對。元乂、劉騰戲劇性登臺掌權了。

　　此後幾年，大小政事都由元乂與劉騰二人決定。元乂及其父親、京兆王元繼貪財好貨，一味斂財。刺史、太守到縣令、縣長，絕大部分官職都可以用錢購買。北魏吏治敗壞到了極點，對老百姓的壓迫也到了極點。而劉騰想做事，有權謀，就以太監之身出任司空，每天對中央各部門發號施令。整個朝廷唯他馬首是瞻。在宮廷內，劉騰十分留意囚禁胡太后。內宮宮門緊閉，鑰匙由劉騰親自掌管，即便是皇帝元詡也不能進去看母親。胡太后終日幽居深宮，很少有人過問，甚至有時缺衣少食，生活在飢寒之中。

　　正光四年（五二三年），劉騰死了。劉騰死後，對胡太后的囚禁開始鬆弛。小皇帝元詡可以去探望胡太后了。也就是在這一年，北方六鎮起義開始爆發，天下局勢開始動盪。朝野對元乂等人的專權、貪腐紛紛表示不滿。這些因素都便於胡太后東山再起。正光五年（五二四年）秋天，胡太后趁著兒子和群臣來探望自己，發脾氣說：「你們不准我們母子往來，防我像防賊一樣，我待在這裡做什麼！我決意出家，去嵩山當尼姑。」說著，她就動手剪起頭髮。元詡和大臣們叩頭勸阻，胡太后反而

鬧得更凶了。元叉見狀，居然不疑心，答應胡太后、元詡母子可以自由往來。胡太后因此留元詡在身邊住了好幾天，逐漸挽回了兒子的好感，把小皇帝在之後的爭鬥中拉到自己的一邊。

正光六年（五二五年）二月，胡太后和孝明帝元詡出遊洛水。途中，高陽王元雍邀請太后和皇上到他家中。三人祕密商定共同對付元叉。元叉兼任著領軍將軍一職，指揮著禁衛軍，讓政敵忌憚三分。好在元叉對政治遲鈍又麻痺大意，胡太后找了個機會對元叉說：「你既然忠於朝廷，操心國事，為什麼不解除領軍一職，集中精力輔政？」元叉聽了這話，還是不起疑心，竟然乖乖請求卸任領軍將軍。胡太后求之不得，當然「恩准」。兵權一沒，胡太后馬上動手。四月初二，胡太后宣布重新臨朝攝政，下詔追削劉騰官爵，免掉元叉一切官職。有人隨即上書為清河王元懌申冤，又有人告發元叉勾結六鎮、陰謀造反，結果元叉被賜死，其父元繼被廢黜。

胡太后過了四五年苦日子後，重操權柄。她此時面臨的局面，比上一次掌權時更惡劣、更危急。北方六鎮起義導致的造反活動愈演愈烈，南方梁朝趁火打劫，連年騷擾邊界，攻克了北魏壽陽等數十座軍鎮。胡太后非但不奮發圖強、收拾殘局，依舊貪圖享受。她自欺欺人，在朝堂上聞喜不聽憂。上下官僚就都向胡太后匯報北魏境內一派安居樂業的景象；對日益壯大的造反勢力，他們輕描淡寫地說是少數盜賊騷動，很快就會被地方官吏肅清。胡太后就生活在虛假的保溫箱、無菌室中，渾然不知所作所為助長了造反者的氣焰、惡化了局勢。

胡太后似乎要把「失去的時光」奪回來，愛上了化妝打扮，縱情聲色，蓄養男寵。她之前就與父親胡國珍的屬員鄭儼相好，再次臨朝後任命鄭儼為諫議大夫、中書舍人，又讓他兼任嘗食典御一職，經常留在宮

裡淫亂。中書舍人徐紇是個善於察言觀色的小人，看到鄭儼得勢，就委身投靠。鄭儼見他有才有謀，遇事可以商量，也真心與他結為一黨。鄭儼很快升到中書令、車騎將軍。而徐紇升為黃門侍郎，仍兼舍人，實際把持了帝國政令。

　　胡太后、鄭儼、徐紇等人對一些日常性的政務也沒有正確的理解，舉止失措。比如胡太后對「文武分治」趨勢無動於衷，對可能引發的嚴重後果沒有任何預期，自然談不上改正了。結果，作為王朝武力支柱的軍隊，和胡太后離心離德。又比如，胡太后等人輕視世族大家，侵犯他們的既得利益，招致豪門大族的憤怒。胡太后為兒子元詡選妃。北方大家族，比如博陵崔孝芬、范陽盧道約、隴西李瓚等，都送女兒參選。這些大家閨秀都入選了，可是都只被封為低階嬪妃（世婦），讓各大豪門覺得顏面盡失。

　　正史很不客氣地說胡太后掌權期間，「朝政疏緩，威恩不立，天下牧守，所在貪婪。鄭儼汙亂宮掖，勢傾海內；李神軌、徐紇並見親侍。一二年中，位總禁要，手握王爵，輕重在心，宣淫於朝，為四方之所厭穢」。政治黑暗引起了朝野的普遍不滿。

北魏社會分裂了

一

時隔一百多年後，洛陽城中又出現了「鬥富大賽」。這次的主角不是西晉的王公顯貴，換成了北魏的統治階層。

高陽王元雍是孝文帝的弟弟，長期位列宰輔，財富堪比皇帝。高陽王王府的園林和皇帝的宮殿差不多，「飛第簷反宇，輷輔周通」，擺設奢華，「林魚池侔於禁苑，芳草如積，珍木連陰」。元雍家中「僮僕六千，妓女五百。隋珠（傳說中的蛇珠，是稀世之物）照日，羅衣從風」。他身邊常隨虎賁甲士百人，打著用鳥羽裝飾的傘，「出則隨從唱道，儀仗成行，鐃歌響發，笳聲哀轉，入則歌姬舞女，擊築吹笙，絲管迭奏，連霄盡月」，稱得上「貴極人臣，富兼山海」，「從漢晉以來，諸王豪侈，未之有也」。做一個比較，元雍吃一頓飯，怎麼也得花數萬錢，相當於一般官宦家庭一年的夥食費。大臣李崇和元雍財富不相上下，但很吝嗇，猜想家中夥食費很省。他對人說：「高陽王的一頓飯，要頂我一千天呢！」

問題是：高陽王這麼多錢，是哪來的？答案是：貪汙腐敗，巧取豪奪而來。

元雍攬財的具體手段，後人不得而知。但與他同時期的河間王元琛的所作所為，足可以讓後人大開眼界。宣武帝時期，元琛擔任定州刺史，任上以貪婪而聞名，任滿回京時大車小車載著金銀珠寶往家裡拉，轟動一時。胡太后知道了，說他：「元琛在定州做官，就差沒把中山宮搬回來，其餘沒有不弄到手的。這樣的人怎麼能再用！」於是把他廢置在家。後來，元琛拿出一部分錢行賄劉騰，又做了秦州刺史。秦州近西

域，元琛在任上政績全無，卻遣使向西域求名馬，遠至波斯國求得千里馬，號曰「追風赤驥」。此外，元琛還有能跑七百里的良馬十餘匹。他有工夫為每匹馬都取名字，就是沒時間操心政務。

元琛回到洛陽，看到大家都在羨慕元雍的富有，很不服氣，暗中與元雍比富。他高調地在家裡陳列藝伎、車駕和不可勝數的金銀珠寶，其中有金瓶、銀甕百餘口，以金為韁頭，用銀槽餵馬，總之是怎麼奢華怎麼做。他還發揮自己在秦州做官的優勢，擺滿西域珍品，都是中原沒有的稀世之物。河間王府房屋的華美就更不用說了，窗戶上裝飾著用黃金做的飛龍、美玉做的鳳凰，房前遍栽各種果樹，條枝入簷，人們坐在樓上就能摘食。

元琛故意動不動就邀請宗室、貴族、大臣到家裡宴會，請客時專用從異域買來的水晶缽、瑪瑙杯、琉璃碗、赤玉卮，每一件都工藝精緻，出奇的華麗。他還喜歡請賓客參觀家裡堆滿金銀綢緞的府庫，炫耀令人眼花撩亂的羊毛毯、蜀錦、珠璣、繡纈、綢絲彩、越葛等，四方珍品應有盡有。一次，章武王元融應邀到元琛府上做客。元琛對元融說：「我不恨沒看到石崇的富有，只恨石崇沒看到我的富有。」元融也是鉅富，可是依然在元琛家裡大受刺激，忌妒壞了。他把自己的動產、不動產算來算去，都比不上元琛的財產多。元融為此氣得臥床不起，三天三夜起不了床。京兆王元繼去探望他，安慰道：「章武王，你的財富並不比元琛少多少，就不要妒忌他了。」元融說：「我之前以為在『北魏富豪排行榜』上我能排第二名，僅次於元雍，沒想到元琛也在我上面，我只能居第三，真是氣死我了！」

一百多年前西晉富豪鬥富的時候，晉武帝司馬炎還插手相助。胡太后在這一點上不偏不倚，對所有「參賽選手」都公平對待。一次，胡太

后領著群臣巡查後宮，看到後宮庫存的布帛太多，有的已經發生黴變，有的因無處堆放，只好在門廊邊堆著。她便對大臣們說要獎賞有功之臣，後宮的布帛誰能拿多少就拿走多少。眾人一聽，爭先恐後地衝上去搶奪布帛。一百多人拚命地搬取，有人捲走一百多匹，而尚書令李崇和章武王元融乾脆用背的，每人都背了近二百匹，結果沒走多遠，元融就跌倒在地，扭傷了腳，李崇則扭傷了腰。

鬥富行為惡化了朝廷風氣。官吏們一心向「錢」看，變著法子地斂財。正始三年（西元五○六年），吏部尚書元暉公開標價賣官：太守大郡兩千匹絹，次郡一千匹絹，下郡五百匹絹；其他官職也按等級不同，售價不同。元修義做吏部尚書時，上黨太守出缺，中散大夫高居向皇帝請求補缺，皇帝答應了。但元修義已經把上黨太守「賣」給別人了，就是不讓高居去上任。高居急得在公堂上大喊：「有賊！」有人問他：「光天化日，哪來的賊？」高居指著元修義說：「就是坐在堂上的人。皇上已答應我擔任上黨太守，但因為他收受了別人的賄賂，就不聽皇帝命令，不讓我上任，這難道不是白日行劫嗎？」賣官鬻爵嚴重衝擊了官場的正常秩序，加上官多職少，大量人員升職無望，甚至有當官資格卻補不上缺。為解決矛盾，崔亮擔任吏部尚書時，奏請「停年格」，即不問官員才能，一律按照資歷來決定當官和升官的先後；凡有空缺職位，不問賢愚，擇資歷老的人優先敘用。這種機械又不負責任的人事改革，竟然得到了上下的一致稱讚——畢竟這是最客觀，也相對公平的方法。

貴族官僚在鬥富，北魏的普通百姓卻過著食不果腹、衣不蔽體的赤貧生活。此外，他們還要供官府驅使勞動，妻離子散，終年得不到休息。憤怒在百姓心底堆積，一旦遇到合適的環境就會噴發出來！

二

北魏的外敵，除了南朝，還有北方的柔然。

柔然最強盛的時候，勢力東起大興安嶺，南到黃河河套和山西北部，與北魏相峙，西逾阿爾泰山，北至今貝加爾湖，大致上囊括了現在的蒙古高原、內蒙古和新疆地區。柔然擁有「風馳鳥赴，倏來忽往」的騎兵隊伍，威震漠北，幾乎年年侵擾北魏邊境。北魏偉大的皇帝、太武帝拓跋燾登基之初，柔然曾南下侵略，將太武帝包圍了五十多重。也就是在太武帝時期，北魏取得了對柔然戰爭的多次勝利，柔然元氣大傷，對北魏的威脅降低。太武帝拓跋燾將柔然稱為「蠕蠕」，嘲諷柔然智力低下，是不會思考的蟲子，他下令全國軍民都對柔然改稱「蠕蠕」。

此後，柔然雖然開始沒落，但還保留相當可觀的武裝力量，對北魏構成威脅。為防禦柔然、拱衛京都平城（平城離北方邊境不遠），北魏積極防禦，修築長城，在東起河北，西至黃河河套地區，延袤兩千餘里的邊境線上設定軍鎮，調兵遣將駐守。北魏設立了六大軍鎮，稱為「六鎮」：沃野（今內蒙古五原北）、懷朔（今內蒙古固陽北）、武川（今內蒙古武川西）、撫冥（今內蒙古四子王旗東南）、柔玄（今內蒙古興和西北）和懷荒（今河北張北）。

初期，北魏朝野非常重視六鎮。六鎮的將領都從北魏貴族豪強，甚至是宗室子弟中挑選；官兵也是鮮卑族的精壯。他們地位崇高，待遇優厚，經常能得到朝廷的封賞和恩賜。六鎮將領被視為「國之肺腑」，升遷的機會比內地的同僚要高，如果不願意繼續任職隨時可以返回首都當京官；士

兵們被視為「國家精銳」，根本不用為生計發愁，在一片尚武的風氣中可以耀武揚威地馳騁四方。女子們都以能嫁給六鎮的邊將和士兵為榮。

孝文帝遷都洛陽並大規模漢化後，六鎮官兵的待遇完全逆轉。柔然對洛陽的威脅極少，且漢化後國家崇文輕武，政壇上游戲規則也變了。過去在疆場上的英勇斬殺不再被人稱道，漢族的詩書禮樂和朝堂上的權力鬥爭變成了遊戲的核心規則。六鎮的政治、軍事地位不斷降低。邊將們在漢化改革過程中被「拋棄」了，同樣是拓跋族宗室和鮮卑貴族的他們逐漸被排擠出權力核心，一般軍官也被排斥在「清流」之外，他們的升遷和待遇遠遠落後於內地的同族、同僚們。大多數人一輩子也不用指望升遷到內地去了。當時只有六鎮還保留著「鎮」的特殊行政區劃，其他地區都奉行州縣制，六鎮被視為另類。洛陽的貴族們將邊將看做鄙夷的粗俗軍人，傲慢得很。一般人也將去六鎮視做畏途。

至於士兵們，特權沒有了，優厚待遇也沒有了，連吃穿都失去了保障，只好轉而聚斂錢財。精壯的士兵到境外去擄掠財物，老弱的則砍伐山林、耕種田地，辛辛苦苦一整年收入微不足道。更可悲的是，許多士兵拖家帶口，常年滯留邊鎮，生活困難且得不到改善，類似於流放。運氣好的士兵，從軍一輩子可以做到軍主，其他人就只能老死邊關了。鮮卑精壯和漢族地主子弟自然不願意再去邊鎮當兵，朝廷就把犯官、囚犯、流民等人發配到六鎮去補充缺額，後者最後成了六鎮軍官和士兵的主要成分。

值得欣慰的是，六鎮的軍隊因為戰鬥頻仍、行政特殊，漢化潮流並沒有湧動到這一區域。相反，六鎮的漢人反過來被鮮卑化、胡化了，不讀書不耕種，也跨馬橫刀，還改姓鮮卑姓氏。官兵們保留了草原民族驍勇善戰的作風，戰鬥力較強。

幾十年間，六鎮官兵從天堂跌入了地獄、從光榮的國家棟梁變為了羞恥的監獄苦役。被背叛、被忽視的情緒和怨恨、迫切希望改善處境的想法，充斥在六鎮之中。

　　北魏內部分裂成了兩個不同的區域：一個是以洛陽為中心的漢化區域，面積廣大，以農耕文化為主。統治的鮮卑人經過漢化提高了文明程度，可是也沾染了漢族柔弱、內鬥和中庸等等特性；一個是以六鎮為核心的北方區域，面積狹長，籠罩在這一個區域的北方，以草原文化為主。兩個區域制度不同，文化不同，交流越來越少。可怕的是，雙方相互仇視，隔閡日益深重。這是非常危險的。（內地和六鎮的對立又和北魏內部早已有之的「文武分治」的矛盾糾纏在一起。洛陽的禁衛官兵雖然境遇比六鎮官兵要好許多，但也日益邊緣化，和文官集團及朝廷離心離德。他們在感情上傾向邊鎮官兵。）

　　任城王元澄就向胡太后指出：北方邊將的地位越來越輕，恐怕對禦敵固邊不利，進而危及社稷，請求朝廷嚴格挑選邊將，整頓六鎮軍隊。大臣李崇則進一步指出：取消六鎮軍民一體的特殊政區，像內地一樣劃分為州縣，同時進行漢化改革，與內地一視同仁。胡太后對這些意見一律束之高閣，不聞不問。

　　胡太后的精力止放在建造佛教石窟上。現存的洛陽龍門石窟，就是胡太后主導的傑作。石窟在洛陽南十二公里、洛水邊的龍門懸崖上，其中的佛像浮雕難以確數，有數萬個之多。這些鬼斧神工之作是胡太后傾全國之力的宏大工程，主要完成於四九〇年代北魏遷都之後的三十年間。這三十年之後，北魏帝國迅速走上了衰亡之路……

六鎮起義：大動亂中的小人物

一

北魏末期的一項人事任命，激發了一場掏空帝國的大起義。

在宣武朝有「突出表現」的將領于忠有個弟弟于景。于景在武衛將軍任上祕密籌劃推翻專權的元叉，事情敗露後元叉「客氣」地留了于景一條性命，只是將他調任懷荒鎮去守邊關。于景做鎮將，一肚子不滿意，將怨氣發洩到了官兵身上。我們知道，六鎮官兵的待遇每況愈下，已經怨聲載道了，于景一來，懷荒的上下關係更是雪上加霜。正光四年（西元五二三年），柔然攻掠邊境，于景組織懷荒鎮軍民抵抗。官兵們一直吃不飽肚子，此時就請求于景發糧，讓大夥填飽肚子有力氣打仗。于景用一貫的粗暴態度斷然拒絕，憤恨的官兵們一哄而上，將于景殺死，然後乾脆宣布造反。

懷荒鎮的造反是一起突發性群體事件，事前缺乏嚴密的組織，事後沒有計畫，沒有什麼大動作。但是它激發了六鎮官兵埋藏已久的怒吼，在懷荒鎮造反以後，其他北方邊關紛紛揭竿而起。不僅沃野、高平、懷朔、柔玄各軍鎮造反了，秦州（今甘肅天水）、營州（今遼寧朝陽）等地方州縣也旗幟變換、人頭落地。就連在如今河南地區的北魏南方邊界北荊、西荊、西郢三個州也出現了內戰烽火。幾個月時間，懷荒的星星之火變成了燎原的熊熊烈焰。

這些造反組織首領不是稱帝就是稱王，著名的有：秦州的羌族兵士莫折大提起兵稱王，他死後兒子莫折念生進而稱帝，動搖了北魏在關中地區的統治；孝昌元年（五二五年），柔玄鎮士兵杜洛周在上谷（今北

京延慶）起兵，隊伍發展迅速，很快擁兵近十萬，使得長城東段不再在北魏控制之下。其中實力最強、對北魏威脅最大的是匈奴人破六韓拔陵（破六韓是姓，拔陵是名）的軍隊。沃野鎮的官兵在破六韓拔陵的率領下殺死鎮將，起兵造反，年號真王，得到長城中西部各鎮軍民的響應。破六韓拔陵不滿足於在邊關割據，很快整軍向東、向南前進，擺出一副要與北魏爭奪天下的態勢。他的軍隊很快東進到懷朔、武川兩鎮。懷朔鎮很快被攻克，破六韓拔陵的部隊在武川鎮則受到了挫折。

武川鎮還有一些不願意附和造反的官兵。其中有的人是依然忠於北魏朝廷，有的人是不看好造反的前途，有的人是想過安穩的日子，只要日子還沒有到過不下去的地步，他們都不想動刀動槍，拿命去賭虛緲的藍圖。這樣的人在武川占了很大的比例，所以當其他各鎮都起義後，武川卻沒有動靜。破六韓拔陵的部將衛可孤很快兵臨武川城下。城裡很多軍民逃跑了，剩下的軍民就商議抵抗，形成了以軍主（隊長）賀拔度拔和低階軍官（一說士兵）宇文肱兩個人為核心的骨幹力量。

賀拔度拔是敕勒族人，世代在武川鎮當兵。他有三個兒子，分別是賀拔允、賀拔勝和賀拔岳，都勇猛過人，能左右開弓。其中小兒子賀拔岳尤其出色，賀拔度拔早年曾勒緊褲帶支持小兒子去洛陽太學讀過書，稱得上文武雙全。

宇文肱是鮮卑族宇文部落人。宇文部落被拓拔部落打敗後，很多人被安置在北方邊鎮從軍。宇文肱家也是世代在武川鎮當兵，他有四個兒子，分別是宇文顥、宇文連、宇文洛生、宇文泰。巧的是，宇文家的四個兒子也是勇猛過人。宇文肱最喜歡的是小兒子宇文泰。宇文泰，小名黑獺，出生於西元五〇七年，當時只有十六七歲，也不得不和父兄們一道持刀搭弓，上陣迎敵。

敵我實力相差懸殊，賀拔度拔、宇文肱等人覺得困守武川鎮只會坐以待斃，只有出其不意對破六韓拔陵的部隊發動突襲才有可能僥倖取勝。於是，兩個人帶上兒子和少數人，埋伏在衛可孤必經的道路上。突襲開始了！賀拔家的小兒子賀拔岳一箭就射中衛可孤的肩膀，宇文肱帶著兒子衝殺過去，將衛可孤殺死。雖然旗開得勝，無奈敵軍人數實在太多，賀拔度拔、宇文肱等人很快就陷入了重圍。宇文顥看到父親宇文肱被敵兵層層圍困，奮勇殺入重圍，所向披靡，一連殺死了數十名敵兵，救出父親。不幸的是，宇文顥在撤退時，精疲力竭，被敵人追上殺死。他們的突襲失敗了，武川還是被起義軍占領了。

宇文肱、賀拔度拔擺脫敵人後，會合一處，商議出路。他們決定原地休整，同時派賀拔度拔的次子賀拔勝趕往五原（今內蒙古包頭西北），向駐紮在該處的北魏官軍通報襲殺衛可孤的消息，同時請示下一步的行動。賀拔勝剛走，一隊造反的敕勒族騎兵席捲而來。賀拔度拔、宇文肱這支殘軍猝不及防，賀拔度拔戰死，其餘人馬失散。賀拔度拔的另兩個兒子賀拔允、賀拔岳南下五原，追趕賀拔勝去了。宇文肱則帶著三個兒子向東逃，前往河北討生活……

二

北魏對破六韓拔陵的壯大憂心忡忡，調兵遣將要把他消滅掉。正光五年（五二四年），臨淮王元彧、安北將軍李叔仁先後被破六韓拔陵打敗。政府軍非但沒能消滅起義，反而為起義軍送去了大批軍械、兵源，

把造反者「餵養」得越來越大。三朝老臣李崇之前提出過將六鎮改為州縣、未雨綢繆的建議，朝廷如今趕緊宣布將六鎮改為州縣，使軍民、將領待遇與內地相同。可是起義已經發生，造反者不會因為這個遲到的改革而束手投降。朝廷又加派李崇去征討起義軍。可憐李崇已經七十歲了，雖然有心殺敵，可也無力上陣，所能做的就是勉強阻擋起義軍南下而已。不久，廣陽王元淵上表彈劾李崇軍中長史詐增功級、盜沒軍資，李崇因負有領導責任而被免去官爵。朝廷改派元淵率領主力，進駐五原。

在關中地區，北魏朝廷信任降將蕭寶夤，授權他征討四方。孝昌元年（五二五年），蕭寶夤在馬嵬（今陝西興平西）大破莫折念生。但是北魏軍隊軍紀太差，大肆擄掠城池，還抓居民來當奴婢，把老百姓都逼到造反者陣營去了。莫折念生戰場失利，在人心上卻大獲全勝。在安定，蕭寶夤和造反的萬俟醜奴的部隊又打了一仗。這一仗，魏軍已經打勝了，卻急於擄掠，自亂陣腳，遭到起義軍反撲，大敗而逃。魏軍勇將崔延伯在此戰中陣亡。崔延伯英勇無敵，蕭寶夤將他倚為左膀右臂。他死後，魏軍士氣大受打擊。

關中兩軍拉鋸時，接任魏軍主帥的廣陽王元淵取得了一場輝煌的勝利。他主動聯繫宿敵柔然，和柔然君主阿那瓌結成了鎮壓六鎮起義的聯盟。北魏設定六鎮，本為防範柔然，如今卻和柔然結盟來進攻六鎮，真是諷刺。柔然出兵十萬，在從武川到沃野的廣闊戰線上對起義軍發動進攻。破六韓拔陵面臨阿那瓌和元淵的南北夾擊，抵擋不住。起義軍二十多萬人遭到元淵包圍而投降。起義軍主力失敗，破六韓拔陵不知所蹤。

這場勝利大大緩解了北魏的危急境況。朝廷收復多處重鎮，為防止軍民降而復叛，將幾十萬人口遷徙到內地，安置在現在河北省中南部地

區。這些百姓就被稱為「降戶」。他們都是六鎮貧苦的百姓和士兵，剛剛經歷了一場動亂的洗禮，如今又不得不背井離鄉，被逼迫到一個陌生的環境中生活。官府只負責遷徙降戶，卻不提供安置和幫助，造成降戶們在河北衣食無著，寄人籬下，陷入赤貧境地。原本起義只是在六鎮邊關暴發，範圍有限，北魏此舉無異於將六鎮的怒火引到了華北。降戶們走到哪裡，就迅速和當地的不滿勢力相融合，到處播撒反叛的種子。元淵眼睜睜看著朝廷移民，悲憤地感嘆，幾年征戰的成果就要付之東流了！

果然，第二年（孝昌二年，五二六年）降戶鮮于修禮（丁零族人，原為懷朔鎮兵）率流民在定州左人城（今河北唐縣西北）起兵。河北各地的降戶馬上響應，在河北遊蕩多時的宇文肱父子四人也參加了起義；原本沒被徹底鎮壓的杜洛周在北方死灰復燃，和鮮于修禮南北呼應。

鮮于修禮率軍進攻定州。魏軍都督楊津聞訊，搶先進入定州抵抗。針對起義軍多是烏合之眾的特點，楊津等起義軍衝到城下後，突然大開城門，主動出擊。起義軍始料不及，被衝殺得七零八落，潰散而逃。宇文肱和次子宇文連不幸死在定州城下。宇文洛生、宇文泰兩兄弟則含悲隨大軍南撤到了呼沱河畔（今河北正定一帶）。北魏朝廷加派揚州刺史長孫稚和河間王元琛北上，想趁機徹底解決新敗的鮮于修禮。結果，鮮于修禮沒被剿滅，長孫稚和元琛卻被打得稀裡嘩啦。大隊魏軍成了起義軍的「運輸隊」，送來了大批軍械、糧草。起義軍敗中求勝，迅速壯大為十萬人的隊伍。

鮮于修禮的軍隊壯大後，內部矛盾也爆發了。部將元洪業想要降魏，殺死鮮于修禮。另一個部將葛榮原本是懷朔鎮的鎮將，出身鮮卑貴族，按說應該附和元洪業，卻不願意投降，殺了元洪業，被起義部眾推為新領袖。

葛榮的軍事能力遠在士兵出身的鮮于修禮等人之上。他繼任領袖後，整頓起義軍，提升戰鬥力，和政府軍展開了激戰，接連斬殺章武王元融、廣陽王元淵、河間王元琛，聲勢大漲。其中，元淵之前鎮壓了破六韓拔陵，在六鎮降戶中威望很高。他的死，大大激勵了降戶的士氣。葛榮乘勝稱帝，建立了齊國。六鎮餘眾、底層百姓不斷歸附，起義軍日益增多，號稱有百萬之眾。當時已經降附杜洛周的高歡，就南下投靠了葛榮。日後在政壇上叱吒一時的高歡集團、宇文集團的許多人，當時都匯聚在葛榮的隊伍中。不過，葛榮起義軍毫無紀律和長遠規畫可言，占領一地後不從事建設，卻到處屠殺擄掠，甚至上演了屠城的慘劇。他們劫掠一地後，就裹脅著物資、糧食前往下一個地方，老是「在路上」，所以注定不能發展為一個成熟的固定政權。

在關中，莫折念生被叛徒殺害，萬俟醜奴被各路起義軍推舉為新首領。萬俟醜奴的部隊氣勢高漲，將魏軍壓縮在少數據點。蕭寶夤迷茫無所出路，索性在長安稱帝，在北方復辟了南齊。關中的局勢急轉直下。

三

隱藏在六鎮大動盪中的年輕人高歡，需要額外的關注。透過他的經歷，後人能更容易理解六鎮起義前後的歷史。

高歡於西元四九五年生於懷朔鎮。發跡後，他說懷朔高家出自渤海高氏，是北方漢族豪門之後，並攀附上西晉玄菟太守高隱為六世祖、北魏右將軍高湖為三世祖。這極可能是高歡自我貼金的謊話。魏晉南北朝

時期，北方動盪不安，世族大家們的譜牒管理不嚴，親屬遷徙頻繁，因此經常出現冒認現象。客觀上，各大家族為了在亂世立足，同姓之間特別團結。他們對家世血緣也不嚴格講求，甚至出現同姓之人萍水相逢就認親的舉動。渤海高氏應該很歡迎高歡這樣的風雲人物「認祖歸宗」。

可事實上，高歡只是一個怎麼看都像是個鮮卑人的懷朔鎮的草民，生活在帝國的最底層。在他使用「高歡」這個名字之前，人們都叫他鮮卑名字「賀六渾」。祖輩的福蔭一點都沒有惠及他。高歡日後解釋說，祖父、北魏侍御史高謐因犯法被遷居到懷朔鎮，所以高家長期居住邊陲，沾染了胡人聚居區的習俗，從語言到習俗逐漸與鮮卑人沒有什麼差別了。高謐生子高樹，高樹生下了高歡。

日後被追封為「文穆皇帝」的高樹其實是一個生活非常潦倒的父親（正史的說法是「不事生產」），除了似乎短暫當過底層士兵就沒有其他的經歷可查了。他連最基本的物質條件都無法提供給兒子。高歡年幼時，生母韓氏去世。高家的生活更加混亂。幸虧高歡的姐姐已經嫁給了鎮上的獄官尉景，高樹就把高歡送給女兒、女婿撫養。高歡就是在姐夫家長大的。擺在他面前最現實、最穩妥的職業就是當兵，扛槍吃糧。當時，六鎮士兵都被要求自備武裝。高歡想當騎兵，當騎兵就要自帶馬匹、裝甲。可是姐夫家很窮，除了一桿長矛其他都提供不起，高歡就只好扛著長矛入伍，當了一名看守城牆的無名小卒。

高歡長得一表人才，唇紅齒白，長頭高顴骨，尤其是一雙眼睛炯炯有神。這樣的帥哥杵在城牆上非常醒目。一天，懷朔富戶婁家的小姐婁昭君路過，看到在城牆之上的高歡，一見鍾情，情不自禁地叫出聲來：「這才是我要嫁的丈夫！」女有情男有意，兩人很快談婚論嫁起來。可惜，婁家的長輩實在看不出士兵高歡有什麼前途，就提出了非常苛刻的

彩禮要求，想逼退高歡。婁昭君就暗地偷出家裡的金銀財物，搬到高歡家。高歡轉手送回婁家，當做彩禮。二人終結良緣，譜寫了一曲千古佳話。婁昭君是中國歷史上著名的賢內助。她顧全大局，為了丈夫的事業能夠委曲求全。婁昭君是高歡的髮妻，高歡日後發達後也應該立她為正室。但高歡為了與柔然緩和關係，需要娶柔然公主為妻。高歡覺得過意不去，猶豫著要不要這麼做。婁昭君知道後，以丈夫事業為重，主動勸高歡不要遲疑。高歡娶柔然公主為正妻後，婁昭君主動騰出正室，讓高歡合婚。

娶妻成家後，高歡在婁家的支持下置辦了馬匹、裝備，在懷朔鎮當上了一名隊主（小隊長），不久又升為函使，負責在懷朔和洛陽之間往來傳遞信函。也就是在這個職位上，高歡目睹了洛陽禁衛軍的騷亂事件，判定北魏將亂，早早做起了結交豪傑、迎接亂世的準備。在他結交的同鄉和底層官兵中，最有名的就是幾十年後把江南攪得一塌糊塗的侯景。侯景比高歡小八歲，是世居懷朔已經鮮卑化的羯族人，從小頑劣不羈，沒人敢惹，但是和高歡能對上脾氣。侯景身高不滿七尺，而且左腳生有肉瘤，連路都走不穩，但卻擅長騎射，膂力過人，因此被軍隊特招入伍，逐步提升為功曹史、外兵史等小官職，算是高歡的同事。高歡、侯景等人是六鎮中的不安定分子。和大多數為生活而掙扎又溫良內斂、排斥動亂的百姓不同，他們認為即將到來的大動盪是巨大的機遇。

但是在風暴來臨之前，高歡只能繼續待在社會底層，做一名貧困低微的小軍官。一次，高歡去洛陽洽公。洛陽令史麻祥送給他一塊肉吃。高歡謝過之後，坐下就吃了起來。麻祥認為高歡膽敢坐在自己面前吃肉，而不是謙卑地站著吃，是輕慢自己，竟然把高歡捆綁起來，鞭笞了四十下（可見當時六鎮官兵地位之低）。高歡背無完膚，踉踉蹌蹌地回

到懷朔，傷口都流膿腐爛了，婁昭君心疼地晝夜服侍。當然，並不是所有人都看低高歡，時任懷朔的鎮將段長對高歡說：「你有康濟時世的才能！我老了，活不到你發達的時候了。希望你日後富貴了，多多照顧我的兒孫啊！」段長的這番話可能對很多年輕軍官都說過，也可能是對高歡特別的欣賞，但是高歡將它看做對自己的高度評價和巨大鼓勵，一生不忘。高歡掌國後，追贈段長為司空，並提拔段長的兒子段寧為官。期間，高歡做了六年函使，常年奔忙在北方各地，進出洛陽，逐漸開闊了眼界。

六鎮起義爆發後，懷朔鎮沒有出現叱吒一時的領袖人物。當地的起義形勢不太火熱，高歡就和同伴尉景、段榮、孫騰、侯景等人在孝昌元年（五二五年）投到杜洛周麾下。他們不是討生活去的，而是尋找飛黃騰達的機會。可是，高歡發現杜洛周並不是一個能夠稱王稱霸的領導者。既然領導者沒能耐，高歡就思索著取而代之，奪權自己作主。杜洛周提前發覺奪權計畫了，派兵捕殺高歡等人。高歡只好拖家帶口地逃亡。他騎著家裡唯一的馬，婁昭君抱著兒子高澄和女兒騎在牛上，跟在後面。後有追兵，牛又跑不快，高歡心焦地騎一段路，就停馬等妻兒跟上來。小兒子高澄途中幾次落牛，高歡心急如焚，最後搭弓要射死兒子，嚇得婁昭君在牛上大喊大叫。高歡弓都拉開了，隨後逃亡的段榮及時趕到，將高澄救起，和高歡一家一同脫身。

離開了杜洛周後，高歡等人投奔如日中天的葛榮。但是，高歡看到葛榮也不是能成大事的領袖，毅然脫離葛榮，帶著一幫子人西投爾朱榮。

爾朱榮是羯族人，和十六國後趙的石勒是同族。爾朱榮的部落投降拓拔鮮卑較早，被安置在秀容（今山西忻州），就在此繁衍生息。爾朱

榮家族世代為酋長，穩步累積實力，到北魏末年已經發展到牛馬漫山遍野，依照毛色不同放牧在不同山區的地步了。六鎮起義帶動華北地方動亂不止，爾朱榮趁機散家財「招合義勇，給其衣馬」，組織起數千人的騎兵隊伍與起義軍為敵。短短幾年中，爾朱榮是北魏朝廷穩定山西地區的主要依靠力量。朝廷雖然對爾朱榮有戒心，但不得不任命他為大都督，負責山西事務。爾朱榮就以晉陽（山西太原）為老巢，建立了根據地。

高歡的舊相識劉貴早已投入爾朱榮麾下，竭力向他推薦高歡。不過爾朱榮看到高歡時，正是高歡兩經流亡、形容憔悴的時候。爾朱榮對高歡的「尊榮」大失所望，沒有重用他，只是安排他做些雜活。一次，爾朱榮在馬廄裡看到一批暴烈的劣馬，想測測高歡的本事，就叫他去梳理馬鬃。沒想到，高歡是馴馬高手，很快就把劣馬梳理得煥然一新、容光煥發，完成任務後高歡還對爾朱榮說：「馭人同養馬是一樣的道理。」爾朱榮對他刮目相看，拉他談論時事。兩人越談越投機，從中午一直聊到半夜才歇。高歡建議爾朱榮：「方今天子愚弱，太后淫亂，寵臣專權，朝政不行。明公雄才武略，乘時清帝側，霸業舉鞭可成。」高歡建議爾朱榮乘朝政大亂的時候起兵，推翻北魏朝廷自立。這個建議正中爾朱榮下懷，令他重視起高歡來，讓高歡參與軍政大事。高歡這幫人，也就將前途綁到了爾朱榮的戰車上了。

河陰之變：
大屠殺是如何釀成的？

一

　　胡太后第二次臨朝後，和兒子元詡的關係很快惡化。元詡年紀越來越大，不甘心做有名無實的君主，又對母親淫亂宮廷很厭惡。他想培養親信，可是胡太后不希望兒子有所作為，找個機會將兒子的親信都殺死了。母子倆的關係越來越壞。

　　武泰元年（西元五二八年），元詡的妃子生下一個女兒。胡太后竟然宣稱生了一位皇子，還大赦天下 —— 元詡沒有兒子，胡太后可能迫切想要一個皇孫。元詡那時已經十九歲了，對母后傷害帝國的種種行徑痛心疾首。現在，他再也不能忍受了。元詡計劃驅逐朝廷中的奸佞，限制母親。可是環顧朝廷，元詡都沒有可以信任的大臣。缺乏經驗的元詡竟然選擇引進外藩將領來清除母親的勢力。

　　被選中的外藩將領就是晉陽的大將爾朱榮。如前所述，爾朱榮是在鎮壓六鎮起義過程中崛起的地方實力派。經過兩三年的征戰，爾朱榮基本撲滅了今山西地區的起義烈焰，成為黃河以北最強大的，尚且忠於朝廷的地方勢力。爾朱榮的軍隊人數不滿一萬人，但能騎善射，又有高歡、賀拔兄弟等幹將指揮，真可謂是「精兵強將」。胡太后對他有所忌憚，雖然任命他為大都督，但把他的力量局限在山西地區。爾朱榮上表，主動要求去河北鎮壓六鎮起義，胡太后就沒有答應 —— 這一點可能讓元詡覺得爾朱榮會站在自己一邊。而接到元詡向洛陽進兵的密令後，爾朱榮馬上整軍南下。就在爾朱榮大軍到達上黨時，元詡卻猶豫起來，命令他就地駐紮。

元詡優柔寡斷之間，消息早已經洩漏。胡太后聯合情夫，殘忍地將親生兒子元詡毒死。可是，胡太后他們進行得太不嚴密，皇帝暴亡，朝野都知道是誰做的。胡太后此舉不僅殘忍，也為自己造成了巨大的麻煩。她執掌朝政的法律依據就是因為她是皇帝的生母。元詡死時尚未生育兒子。這就為胡太后繼續執掌朝政設定了障礙。按理，元詡死後，不久前向天下宣布是王子的女兒應該即位為新皇帝。事到如今，胡太后不得不宣布所謂皇子其實並不存在，而是女兒身。她選擇元詡的姪子、年僅三歲的元釗為新皇帝，想平息來自北方的進攻。胡太后將爾朱榮想得太簡單了。爾朱榮早在起兵之時，就想做第二個董卓了。皇帝的死只是提供了他絕佳藉口而已。他根本就不承認洛陽的新政權，反而通告天下要追查元詡的死因。

爾朱榮的精兵很快逼近黃河北岸，洛陽掌權的徐紇等人並不以為意，認為：「爾朱榮是馬邑小胡，人才卑劣，自不量力來冒犯天顏，簡直是自取滅亡。我們只要發動禁衛將士，就足以一戰。爾朱榮不遠千里揮兵南下，軍隊疲憊，我們不用做什麼準備，以逸待勞就能打敗他們。」爾朱榮率領幾千人的部隊長途征戰，的確讓人覺得不太可靠。胡太后採納了情夫的意見，派遣黃門侍郎李神軌為大都督；派遣鄭儼的族兄弟鄭季明、鄭先護二人駐守黃河河橋；派遣武衛將軍費穆駐守黃河渡口小平津，採取守勢。

爾朱榮想做董卓第二，卻比董卓有頭腦得多。他深知，要想在政壇上有大作為，政治永遠比軍事重要。四月十一日，爾朱榮在河陰（今河南洛陽東北）擁立元詡的叔叔、長樂王元子攸登基稱帝，和洛陽的元釗對峙。這是一招好棋，一下子讓爾朱榮從叛亂者躍升為「挾天子以令天下」的正義之師。

早在起兵之初，爾朱榮就開始物色政治上的盟友。他派姪子爾朱天光潛入洛陽。爾朱榮的堂弟爾朱世隆在朝中任直閤將軍。直閤將軍屬於近衛軍官。胡太后竟然讓爾朱榮的堂弟在朝堂之上，可見她政治上實在幼稚。爾朱世隆向爾朱天光推薦了一個人選：長樂王元子攸。元子攸是「賢王」彭城王元勰的第三子，受到胡太后一黨的排擠，和胡太后等人有矛盾。此外，元子攸長期擔任禁衛軍將領，在朝廷中有相當的根基。不僅有一幫禁衛軍官兵支持他，清流世族和文官集團也擁戴他，元子攸是個不錯的人選。他既有當新皇帝的資格，又可以讓爾朱榮集團爭取到洛陽禁衛軍和世族大家們的支持。

爾朱天光祕密會見了元子攸，將爾朱榮的橄欖枝傳遞了過去。元子攸欣然應允，帶著家眷跟著爾朱天光逃出了洛陽。

爾朱榮有心改立新君，但人選還不確定。當時北方少數民族擇立君主有一個傳統：將所有的候選人鑄銅像，請示天意，如果銅像鑄成說明此人受命於天，可立為君；如果鑄像不成，則上天不認可此人。爾朱榮挑選了六位王爺作為候選人，一一鑄像，只有元子攸的銅像一舉成功。爾朱榮這才擁戴元子攸為皇帝。元子攸就是孝莊帝，封爾朱榮為都督中外諸軍事、大將軍、尚書令等，晉爵太原王。

孝莊帝登基後，局勢就明朗了。胡太后立的小皇帝元釗原本就不為朝野所接受，人們普遍覺得他即位沒有合法性。聽說元子攸登基後，洛陽的禁衛軍官兵、清流文官和世族大家本來就和胡太后離心離德，現在紛紛爭相出迎，向新皇帝表示效忠。在他登基的當天，鎮守黃河的鄭先護、費穆等人就主動歸附，導致洛陽門戶大開，大都督李神軌不戰而退。消息傳到洛陽，禁衛官兵四處潰散。戰爭不用打了，爾朱榮兵不血刃就提前鎖定勝局了。

爾朱榮大獲全勝，洛陽禁衛軍的倒戈發揮了決定性作用。在洛陽的族弟爾朱世隆等人就不用說了。領軍將軍元鷙是禁衛軍的最高長官，也暗中投靠了爾朱榮。爾朱榮起兵前後，密探細作頻繁往來於晉陽和洛陽之間，胡太后等人都被蒙在鼓裡。

勝負已定後，鄭儼和徐紇兩個男寵跑得比誰都快。鄭儼逃歸鄉里，想在地方起兵，結果被部下所殺；徐紇逃到江南歸降蕭衍，因為好慕權利、奴顏媚骨，為時人所斥。眾叛親離的胡太后在絕望中要重新出家為尼，還強迫宮中所有的嬪妃隨自己一起削髮出家。她逃入佛寺出家，寄希望於佛祖。洛陽的皇室貴族和文武百官群龍無首，第二天就拿著皇帝璽綬、擺出皇帝法駕，公開出城去迎接新皇帝元子攸了。北魏朝野承認了元子攸，也就承認了爾朱榮造反的勝利果實。到此為止，爾朱榮起兵可以勝利、平靜地收場了。但是，平靜之中醞釀著波瀾。

二

爾朱榮年輕時，在洛陽當人質待過一段時間。武衛將軍費穆當時就和爾朱榮認識，如今歸降爾朱榮，兩人久別重逢，都很高興。

費穆不知是為了表示忠心，還是發洩因為「文武分治」導致的對文官集團的不滿，向爾朱榮出了一個殘忍的主意：「您的兵馬不到萬人，如今輕易長驅直入洛陽，既然沒有戰勝之威，恐怕不能長久服眾。京師之眾，百官之盛，一旦知道您的虛實，必然會產生輕侮之心。如果不『大行誅罰』，樹立親信，恐怕等您北歸之後洛陽就會發生變故。到時候，您

就前功盡棄了。」費穆所說的百官「輕侮之心」指的是文官集團對軍官們的輕視，爾朱榮久居軍陣，自然感同身受。他對費穆的意見很認同。客觀上，爾朱榮面對不費吹灰之力得來的勝利老覺得不踏實，對自身實力沒信心。

於是，爾朱榮私下對部將說：「洛陽人物繁盛，驕侈成性，不除掉他們恐怕難以控制。我想趁著百官出迎新皇帝之時，『悉誅之』，如何？」爾朱榮已經把費穆的「大行誅罰」發展為「悉誅百官」了。部將慕容紹宗反對說：「我們之所以取勝，是因為太后無道，失去了民心。主公以正義之師入洛陽，突然要誅殺百官，不是良策。」爾朱榮沒有採納慕容紹宗的意見，還是決心大開殺戒來立威。

元子攸登基的第三天，爾朱榮以「祭天」為名，命令洛陽的百官到河陰行宮的西北集合參加。文武官員們陸續趕到河陰。當時的場面非常混亂，大臣們越聚越多，既沒有人出面組織，也談不上任何祭天的準備工作，反而有騎兵橫刀、氣勢洶洶地圍繞著群臣。

宣稱已經出家的胡太后被從寺廟中搜了出來，連同她立的幼帝元釗一道被爾朱榮的騎兵押送到了河陰。胡太后看到殺氣騰騰的爾朱榮，「多所陳說」，試圖為自己的為所欲為辯解。爾朱榮沒聽幾句就拂袖而去，下令把帝后扔到黃河裡去。於是，士兵們把胡太后和元釗裝入竹籠，溺死在黃河裡了。

接著，爾朱榮把宗室諸王集合起來，開始訓話。他大聲追問王爺們「天下喪亂」、「明帝卒崩」的原因，諸位王爺無言以對。爾朱榮直言：「這都是你們貪腐暴虐，不相匡弼導致的惡果！」隨即，他揮手示意屠殺在場的所有王公。高陽王兼丞相元雍（炫富的那位）、司空元欽、儀同三司元恆芝、東平王元略、廣平王元悌、常山王元邵、北平王元超、任城王

元彝、趙郡王元毓、中山王元叔仁、齊郡王元溫等人遇害。其中，遇害的東平王元略是爾朱榮的內姪。元略平日自詡為皇親國戚，又是清流大臣，對赳赳武夫的姑父爾朱榮很輕慢，所以雖然是爾朱榮的近親，也遭到無情殺戮。

宗室王公被殺，引起了雲集的大臣們的恐慌。場面出現了騷動。爾朱榮又指揮外圍的騎兵，對手無寸鐵的文武百官展開了屠殺。頓時，河陰的土地上屍體相陳，血流成河。遇害的官員人數在兩千人左右，超過京官人數的一半，且都是有資格參與迎駕和祭天儀式的高級官員。被亂兵殺害的大臣不僅包括了素來為武人厭惡的眾多世族大家子弟和奉行「文武分治」、鄙視虐待武人的文官（難怪士兵們殺起來那麼起勁，一點都不含糊），也包括了很多追隨元子攸、對爾朱榮有功的大臣，比如獻出黃河投降的鄭季明、李遐等人。

有一百多位「祭天」遲到的大臣，被騎兵包圍起來。士兵們舉刀正要殺戮、大臣們伏地求饒的時候，有將領高喊：「你們誰能寫禪文，可以饒他一命。」所謂的禪文，自然是讓北魏皇帝禪讓天下給他人。當時在包圍圈中的隴西李神俊、頓丘李諧、太原溫子升等人都寫得一手好文章、名聲在外，但不願當亂臣賊子、恥於從命，趴在地上不吭聲。御史趙元則很怕死，連忙爬出來說自己能寫禪文。於是，爾朱榮的將士授意他寫了一篇北魏國運已絕、爾朱榮堪當大任的文章。

在屠殺之前，爾朱榮有選擇地保留了一批大臣，並不是對所有人都大開殺戒。元順是個耿直忠心的大臣，在萬馬齊喑的大環境中多次不合時宜地死諫。爾朱榮很讚賞元順的品格，事先派人傳話給元順：「大人留在洛陽辦公，不必去祭天。」一些曾經對外地官兵有恩或者為武人鳴不平的官員，事先也得到了關照。比如江陽王元繼對爾朱榮之前多方照顧

和提攜，被告知留在洛陽；大臣山偉曾經建議提高北方將士的待遇，被爾朱榮的士兵們認為是「好人」，屠殺當天特意被安排在洛陽值班。

還有一點容易被遺漏的史實是：部分大臣參與了對同僚的屠殺。這些人主要是不掌權的疏遠宗室和洛陽的禁衛軍將領。由於宗室繁衍以及朝廷對宗室成員的恩賞隨著血緣的疏遠而遞交，越來越多的「皇親貴冑」被排除出權貴行列。那些血脈疏遠的元氏宗室生活並不如意，充滿失落和嫉妒。最終，他們加入爾朱氏的陣營，參與骨肉殘殺。比如宗室元禹早在爾朱榮起兵前就投入麾下，參與了大屠殺的醞釀和實施；并州刺史元天穆也是宗室，老早就和爾朱榮結為異姓兄弟，元天穆年紀大，爾朱榮稱他為兄，但在政治上元天穆緊跟爾朱榮。爾朱榮起兵後，并州的政務就全權委託給了元天穆。此外，領軍將軍元鷙也是宗室，投靠爾朱榮後，在大屠殺當天還和爾朱榮一同登上高塚俯瞰血淋淋的屠殺現場。

在不遠處行宮中的孝莊帝元子攸在屠殺中又如何表現呢？

元子攸對爾朱榮殺戮大臣的計畫是知情的。（爾朱榮以元子攸的名義召集群臣，事前動靜鬧得很大，說元子攸不知情說不過去。）而且，元子攸甚至可能參與了謀劃。和爾朱榮一樣，元子攸也是輕而易舉獲得勝利，當上了皇帝。他同樣對自己沒信心，害怕日後被人推翻，所以贊同用殺戮來立威——他也有仇家，也有殺心。然而，元子攸萬萬沒想到，爾朱榮的動作這麼大、這麼殘忍。原本是一場有限的誅罰，卻惡化成了一場慘烈的大屠殺，而且連忠於自己的大臣也被爾朱榮殺了，元子攸始料莫及、追悔莫及。元子攸知道：千萬不要用血腥屠殺來立威，那樣做非但對帝王的威望不利，反而會動搖人心、危及政治根本。

當聲聲慘叫傳來時，元子攸和哥哥、彭城王元劭及弟弟、霸城王元子正一起走出帳外，正要看個究竟。迎面走來二三十個持刀武士。元子

攸強裝鎮定，喝問來者。衝過來的武士藉口護駕，幾個人抱起元子攸就往帳裡走。剩下的人亂刀齊下，將彭城王、霸城王殺死。這些武士也是爾朱榮派遣的，將元子攸緊緊看管起來。至此，元子攸命懸一線，就看爾朱榮的意思了。

　　眼看著王朝很可能要滅亡在自己手中，元子攸恨自己助紂為虐，又很擔心自身安危。他不是一個懦弱無能、束手等死的人，於是他寫了一道詔書，買通武士傳遞給爾朱榮。詔書說：「帝王迭襲，盛衰無常，既屬屯運，四方瓦解。將軍仗義而起，前無橫陳，此乃天意，非人力也。我本相投，規存性命，帝王重位，豈敢妄希？直是將軍見逼，權順所請耳。今璽運已移，天命有在，宜時即尊號。將軍必若推而不居，存魏社稷，亦任更擇親賢，共相輔戴。」元子攸屈身說自己對帝位無所留戀，如果爾朱榮再緊緊相逼就將帝位傳給爾朱榮，如果爾朱榮想存留北魏社稷就聽任爾朱榮掌權。同時，元子攸又搬出「天意」、「天命」來，提醒爾朱榮之所以能大獲全勝，是天意使然，不要逆天而為。這番話柔中帶剛，以退為進，把球踢給了爾朱榮。

　　清洗了大臣、草擬了禪讓詔書，皇帝元子攸也服軟了，爾朱榮接下來怎麼做呢？他會不會滅亡北魏呢？

河陰之變：大屠殺如何善後？

一

爾朱榮屠戮群臣的本意是要立威，要殺死一批老人換上親信，可是隨著鮮血越流越多，他的野心也在不斷膨脹。

北魏的中央政府在河陰基本上被全部摧毀了。面對唾手而得的洛陽，暢想搭建一個新王朝的美好前景，爾朱榮心想：為什麼我不自己當皇帝呢？他的部下已經在高呼：「元氏既滅，爾朱氏興！」都督高歡公開勸爾朱榮稱帝。

爾朱榮決定為自己鑄銅像，看看「天意」如何。第一次，沒成功；爾朱榮又鑄了一次，還是沒成功；爾朱榮寄希望於第三次，依然沒成功；爾朱榮還是想當皇帝，就鑄了第四尊銅像，還是失敗了。「難道天意不讓我當皇帝？」爾朱榮不甘心，又讓平日最信任的陰陽術士占卜吉凶。結果，占辭說：「今時人事未可。」鑄銅像不成，占卜又不吉，爾朱榮灰心喪氣了。部將賀拔岳於是從容勸諫說，天不亡魏，主公登基還為時尚早，不如先尊立元子攸。

在爾朱榮稱帝問題上，以高歡為首的懷朔集團和以賀拔岳為首的武川集團的態度截然不同。他們雖然都棲身爾朱榮麾下，但都想獨霸一方，追逐更大的利益。高歡等人一直唯恐天下不亂，慫恿爾朱榮登基是想把已經夠亂的局勢攪和得更亂，方便自己渾水摸魚。賀拔岳等人走的是中規中矩的路線，希望爾朱榮能平穩發展壯大，自己隨著爾朱榮的發達而發達，然後再計劃獨立或者稱霸。這兩批人馬此時就已經暴露出了性格和策略的差異，也埋下了矛盾的種子。

爾朱榮在賀拔岳等人的勸說下，決心等待，繼續當北魏的「忠臣」。賀拔岳趁熱打鐵，馬上指出高歡勸爾朱榮當皇帝，居心叵測，應該殺高歡以謝天下。高歡黨羽和其他將領趕緊替高歡說話：「高歡是個粗人，言語難免不周全。如今四方多事，正是用人的時候，請主公放過高歡這一回，以觀後效。」爾朱榮順水推舟，放過了高歡。

打定主意後，爾朱榮來到元子攸的營帳，「叩首請死」。元子攸自然不會讓他死，相反熱淚盈眶地扶起爾朱榮，說了很多安慰的話。爾朱榮就再一次自我批判，又說了許多效忠朝廷、死而後已的話。最後，君臣倆皆大歡喜，約定「起駕回宮」。但是，屠殺對元子攸的心理造成了巨大創傷，難以撫平。在思想上，他和爾朱榮的政治同盟已經終結了。

走到洛陽背面的邙山，爾朱榮看著洛陽城闕，心虛起來。城中家家戶戶幾乎都有人被殺，籠罩在一片愁雲淒雨之中。悲痛的氣氛讓爾朱榮心懷畏懼，不敢上前。武衛將軍泛禮（又一個投靠的禁衛軍將領）苦苦相勸，爾朱榮這才答應入城。入城後，爾朱榮及其部隊人不卸甲、馬不歇腳，連進入宮殿都全副武裝、騎馬進出 —— 可見他們緊張到了何種程度。

爾朱榮部隊怕洛陽官民，洛陽百姓更怕湧進來的胡騎，爆發了大規模的恐慌。大屠殺的消息傳來，人們驚駭萬分。等到鐵騎入城，謠言四起，有的說爾朱榮要遷都晉陽，有的說胡騎要大掠洛陽城，還有的說要強迫洛陽百姓遷往北方，官民人等少數閉門不出，多數人離城而逃。僥倖躲過大屠殺的文武官員更是驚弓之鳥，攜家帶口地逃亡。那個受到爾朱榮尊重的元順，事先得到通知留在洛陽，但聽說大屠殺後還是嚇得離城而逃，在途中被亂軍所殺。「洛中草草，猶自不安，死生相怨，人懷異慮。貴室豪家，並宅競竄。貧夫賤士，襁負爭逃。」洛陽城中人口很快只剩下一二成。

元子攸回宮，發現「直衛空虛，官守廢曠」，官衙和宮殿裡空空如也。皇帝進宮時，只有「值班」的散騎常侍山偉一個人跪拜迎接。

　　河陰之變的消息傳到外地，郢州刺史元顯、汝南王元悅、臨淮王元彧、北青州刺史元世俊、南荊州刺史元志等宗室嚇得魂飛魄散，一溜煙地都向南方的梁朝投降。他們不是攜家帶口逃往南方，就是割據轄區、率領軍隊集體倒戈。梁武帝蕭衍賺到了，笑得合不攏嘴。而北魏對南朝的防線全線崩潰，沒有成形的防衛可言了。

　　爾朱榮急需恢復洛陽的秩序、維護國家的正常運作，並鎮壓北方越燃越旺的起義烈火和南方的梁軍的侵擾。大屠殺的善後工作千頭萬緒，非常繁重！

二

　　既然要留存北魏王朝，就要聚集在元子攸的旗幟下，維護朝廷的權威。爾朱榮入洛陽後，在明光殿參拜元子攸，主動就河陰之變請罪，誓言對朝廷沒有二心。元子攸當然沒有治爾朱榮的罪，拉著他的手說自己從來不起疑心。

　　接著，爾朱榮調整了中央官員。江陽王元繼升為太師、司州牧，居百僚之首；實際負責行政的是爾朱榮的死黨元天穆，元天穆還受封上黨王。爾朱榮還拉了李延實、楊椿則進入中樞要津，這兩人都是元子攸的親信。此外，北海王元顥之前領兵在河北鎮壓起義，爾朱榮想繼續重用他。不想，元顥已成驚弓之鳥，沒幾天就棄軍南逃，投降蕭衍去了。（此

後，爾朱榮只好無奈地親自領兵去鎮壓河北起義了。）將軍長孫稚在南方邊界領軍，爾朱榮就將南方事務繼續委託給他了。

骨幹確定後，具體辦事的中下級官員比較難找。大屠殺之後，官員缺額實在太多，而大多數倖存者對爾朱榮政權避猶不及，寧願隱居、出家也不願出來當官。爾朱榮找不到足夠的人選，只好將秀容部落的大批軍官任命為京官，填補了河陰屠殺留下的官缺。跟從他起兵的官兵們，無不加官晉爵。爾朱榮又讓元子攸下詔，讓地方官員訪求人才，凡有在德行、文藝、政事任何一方面有所長者都可推薦為官。推薦三人以上的縣令、太守、刺史可得獎賞，未達成任務的要降官。如此一來，不少行伍士卒和鄉間豪強都被拉上朝堂，暴得高位。「起家為公卿牧守者，不可勝數。」正常的人事制度和升遷、先前的門第才學等等都被拋棄了，世族大家和門閥清流們更加恥於和爾朱榮等人為伍。

元子攸對狗尾續貂、拉人當官的行為很厭惡。一次，爾朱榮舉薦了一大批武士擔任河南諸州的地方官，元子攸沒有批准，鬧得雙方不太愉快。元天穆勸他說：「大將軍有大功，就是將全天下的官屬都替換一遍，恐怕陛下也無法違抗。如今，大將軍只是推薦數人而已，陛下何必生氣？」元子攸想想也對，誰讓自己是無權無勢的傀儡皇帝呢！

對於河陰的遇害者，爾朱榮大肆追贈死者，對官僚家庭進行安撫。爾朱榮上疏，將無上王追尊帝號，遇害的諸王、刺史都贈三司，其餘三品以上官員都追贈尚書令或者尚書僕射，五品以上官員都追贈地方刺史，六品及其以下（包括少數遇難的百姓、僕人）都追贈太守。死者無後的，都允許家族過繼，由過繼之人襲封官爵。

經過這一方大刀闊斧的整頓，洛陽秩序逐漸恢復正常，北魏國家機器逐漸恢復運轉。

洛陽穩定後，爾朱榮返回晉陽，遙控北魏朝政。一方面，他在洛陽還是感到心虛，有危機感；另一方面，河北的葛榮勢力迅速壯大，需要爾朱榮傾注全部心力去鎮壓。

　　一年前（孝昌三年，西元五二七年），葛榮率軍攻破信都，圍攻鄴城。元子攸繼位後，葛榮又一次圍攻鄴城（今河北臨漳）。這一次，起義軍號稱百萬，刨除掉其中不少隨軍移動的流民，有戰鬥力的將士也有幾十萬人。

　　爾朱榮能調動的，只有侯景等部的七千騎兵。他毅然率領這支小部隊東進救鄴。為了趕速度，爾朱榮下令每人都備副馬，兩匹馬輪著騎，急速向起義軍殺去。葛榮偵察到爾朱榮的兵力後，自認為勝券在握，對部下說：「多帶長繩，等爾朱榮到了把他們綁起來就行了。」他將百萬大軍在鄴城城下列陣數十里，企圖仗著數量上的絕對優勢，將爾朱榮的部隊圍殲。可惜，起義軍人數太多，列陣範圍過大，葛榮事實上並不能指揮全部部隊，只能調動少數親信部隊。而起義軍缺乏訓練，紀律鬆散，大敵當前還是亂糟糟的。爾朱榮殺近後，把部隊分成若干股，每股幾百名騎兵，在山谷間到處揚塵鼓譟，產生馬蹄陣陣、塵土飛揚的效果，使起義軍弄不清楚敵人到底有多少、將從何處進攻。在氣勢上，爾朱榮就先勝一籌。他又下令本次作戰不以斬殺的敵人首級的多少來計功，只以最後結果論功。秀容騎兵每人帶一根棒，見人就打，不准下馬斬級，以衝垮起義軍為目的，避免起義軍發揮出數量優勢來。

　　決戰開始了，爾朱榮身先士卒，帶頭衝入敵陣。侯景領著數千鐵騎緊隨其後，左衝右突，來往猛擊，竟將幾十萬起義軍衝散。起義軍亂不成形，葛榮緊急聚攏親信部隊，試圖扭轉敗局。可惜，爾朱榮搶先集中所有騎兵，向葛榮圍攻過來。葛榮力不能敵，被侯景生擒。（侯景因此嶄

露頭角，戰後被封濮陽郡公，出任定州刺史。）主帥被擒，起義軍全線崩潰，全部投降。葛榮被押到洛陽，舉辦過「獻俘儀式」後被斬首。他的死，象徵著六鎮起義最大的一股烈火被撲滅。元子攸為此改年號為「永安」。

爾朱榮大勝後，又面臨著如何處理俘虜的問題。投降的起義軍將近一百萬人，而爾朱榮的部隊只有七千人，不可能看守、不可能殺戮，連押送遣散都成問題。弄不好，俘虜們會再次起義。爾朱榮的高明之處就在於他先高調下令將起義軍就地遣散，任由他們攜帶親屬、財物四散回家，去處一概不問。於是，百萬俘虜們大喜，一朝散盡。他們離鄴城越來越遠，散得越來越開。暗地裡，爾朱榮在百里之外埋伏了官兵，堵住了各條路口。俘虜們絡繹不絕而來，來一群被爾朱榮的官兵截一群，集中起來安置。爾朱榮挑選其中的精壯，對原來的首領量才錄用，把降兵編入自己軍隊。爾朱榮成功地解決了俘虜難題，還幾何倍數地壯大了部隊。

浩浩蕩蕩的降兵隊伍中，就有宇文泰。宇文泰正好二十出頭，身材健壯，屬於優質兵源。爾朱榮將他們帶回老巢晉陽，編入骨幹隊伍。巧合的是，宇文泰被編入賀拔岳的麾下。宇文、賀拔兩戶武川的舊交，經過幾年的顛沛流離，又奇蹟般地會合在一起了。

北方剛安定了一些，南方又裂開了一個大窟窿。北魏宗室汝南王元悅、北海王元顥、臨淮王元彧和部分大臣投降梁朝後，梁朝決定以敵制敵，扶植這些人回北方「復國」── 當然是梁朝的藩屬國。鄴城大戰後的第二個月，梁武帝蕭衍以北海王元顥為魏王，派將軍陳慶之護送他北伐爭奪北方。第二年（五二九年），梁朝軍隊在中原腹地連戰連捷，四月元顥在睢陽城南稱帝，五月梁軍攻克洛陽東部重鎮滎陽，元子攸慌忙

渡過黃河逃到上黨，洛陽隨即被元顥占領。元顥進入洛陽，改元建武。
（將軍費穆投降元顥。元顥等人對河陰之變耿耿於懷，認定費穆是始作俑
者，難辭其咎，派人詰問後將他殺死。）局勢萬分危急了，爾朱榮果斷到
上黨勤王，勸說元子攸擺出返往洛陽的姿態。爾朱榮在十幾天時間裡聚
集軍隊，在黃河北岸對梁軍構成巨大壓力。黃河決戰，爾朱榮戰勝梁朝
軍隊。元顥被迫逃亡，在臨潁被縣卒江豐斬首。元子攸重新回到洛陽。
爾朱榮又樹立了「再造朝廷」的大功。

　　關東基本安定後，爾朱榮著眼尚在沸騰的關中。爾朱榮任命姪子爾
朱天光為統帥，以賀拔岳為左大都督，侯莫陳悅為右大都督西進討伐萬
俟醜奴。時任步兵校尉的宇文泰跟隨賀拔岳進入關中。爾朱天光等人很
快清剿了萬俟醜奴起義。爾朱天光留鎮關中，賀拔岳和侯莫陳悅則分別
做了涇州刺史和渭州刺史。宇文泰因為奮勇殺敵軍功不小，升為征西將
軍，代理原州事務。

　　隨著一連串的勝利接踵而來，爾朱榮牢固控制了北魏政權。鎮壓了
葛榮起義後，元子攸封爾朱榮為大丞相、太師、太原王，封邑由二萬戶
增加到十萬戶。打退梁軍後，元子攸加封他為天柱大將軍，封邑又增至
二十萬戶。爾朱榮依舊盤踞在晉陽，不時派人往來洛陽聯繫。每次爾朱
榮的使節到洛陽，不論身分貴賤，朝廷權貴見之莫不傾靡。爾朱榮的權
勢達到頂峰。

　　爾朱榮篡國稱帝的心思又萌芽了。但北魏內亂不斷，民怨沸騰，限
制了爾朱榮篡位野心的實現。爾朱榮在戰場上連戰連捷，在內政和經濟
建設上卻罕有建樹。北魏經受多年戰亂，急需休養生息。但爾朱榮一味
窮兵黷武，不事生產，弄得民不聊生，人心惶惶。他又專橫跋扈，任人
唯親。其弟爾朱仲遠坐鎮徐州，在東南一帶作惡多端，殺人如麻。為了

撈取不義之財，爾朱仲遠常常誣陷達官顯貴和豪門大族謀反，橫加殘害。他抄沒他人府邸，將男子殺害後投入河流，將家產占為己有。因此家破人亡的人家，不可勝數。徐州百姓和地方官恨他入骨，將他比做豺狼。爾朱家的其他人也好不到哪裡去，橫行不法，魚肉百姓，干擾朝政。久經動亂的北方大地，黑暗非但沒有散去，反而更重更深了。軍事上的輝煌並沒有轉化為崇高的聲望，爾朱榮權勢是穩固了，聲望卻依舊在低位徘徊。

想必爾朱榮自己也明白實情，所以遲遲沒有篡位。

煙花與戎馬，南北朝的紛亂歲月：

從拓跋崛起到河陰之變

作　　　者：張程
發 行 人：黃振庭
出 版 者：崧燁文化事業有限公司
發 行 者：崧燁文化事業有限公司
E - m a i l：sonbookservice@gmail.
　　　　　com
粉 絲 頁：https://www.facebook.
　　　　　com/sonbookss/
網　　　址：https://sonbook.net/
地　　　址：台北市中正區重慶南路一段
　　　　　61 號 8 樓
8F., No.61, Sec. 1, Chongqing S. Rd.,
Zhongzheng Dist., Taipei City 100, Taiwan

電　　　話：(02)2370-3310
傳　　　真：(02)2388-1990
印　　　刷：京峯數位服務有限公司
律 師 顧 問：廣華律師事務所 張珮琦律師

-版權聲明
本書版權為淞博數字科技所有授權崧燁文化
事業有限公司獨家發行電子書及繁體書繁體
字版。若有其他相關權利及授權需求請與本
公司聯繫。
未經書面許可，不得複製、發行。

定　　　價：399 元
發 行 日 期：2024 年 06 月第一版
◎本書以 POD 印製
Design Assets from Freepik.com

國家圖書館出版品預行編目資料

煙花與戎馬，南北朝的紛亂歲月：
從拓跋崛起到河陰之變 / 張程 著 . --
第一版 . -- 臺北市：崧燁文化事業有
限公司 , 2024.06
面；　公分
POD 版
ISBN 978-626-394-376-6(平裝)
1.CST: 南北朝史 2.CST: 通俗史話
623.4　　113007535

電子書購買

爽讀 APP

臉書